JN161264

高速化プログラミング入門

北山洋幸●著

■サンプルファイルのダウンロードについて
　本書掲載のサンプルファイルは、一部を除いてインターネット上のダウンロードサービスからダウンロードすることができます。詳しい手順については、本書の巻末にある袋とじの内容をご覧ください。
　なお、ダウンロードサービスのご利用にはユーザー登録と袋とじ内に記されている番号が必要です。そのため、本書を中古書店から購入されたり、他者から貸与、譲渡された場合にはサービスをご利用いただけないことがあります。あらかじめご承知おきください。

　本書で取り上げられているシステム名／製品名は、一般に開発各社の登録商標／商品名です。本書では、™および®マークは明記していません。本書に掲載されている団体／商品に対して、その商標権を侵害する意図は一切ありません。本書で紹介しているURLや各サイトの内容は変更される場合があります。

はじめに

　コンピュータの性能追求は永遠のテーマです。本書では、主にソフトウェアからの視点で、いかにコンピュータの性能を向上させるかについて解説します。

　高速化というと難しい手法を考えがちですが、意外と簡単な方法でも効果的な場合があります。本書では、古典的な高速化手法からはじまり、キャッシュメモリの活用、並列化、ベクトル命令（SIMD）を活用した高速化手法などについて解説します。さらに、これらに付随する高速化の注意点や、これらを融合する方法、そして比較的低速なCPUや貧弱なコンパイラや開発環境に応用できる手法についても言及します。

　最初の章でCPU概論や、一般的な高速化について解説を行います。概論は最初の章に留め、以降は一般的に効果があると言われていることを実践します。概論や普遍的な高速化の議論について興味のある人は、そのような本を頼ってください。理論は大事ですが、すでに教科書的な書籍は多数存在します。本書は理論だけに走らず、実践を重要視します。単なる概論や理論を長々述べても机上の話で終わってしまい、興味も薄れると思い理論と実践を融合させた構成に努めました。具体的に学べるようサンプルプログラムなどを示し、実践的な学習へ重きを置きます。高価なコンパイラや開発環境を用意することなく、小規模で身近な環境で利用できる例を紹介します。高速化の分野は奥が深いため、それぞれを極めようとすると膨大なページ数を必要とします。本書は、なるべく実務で使用できそうなトピックに絞り、その入門程度に留め、高速なプログラムを開発するためのきっかけになるよう心掛けます。

　IT技術の発展により、現在は少しの費用負担で、一般家庭に一昔前のスーパーコンピュータ並のシステムを導入できる時代となりました。高速なメニーコアCPU、高速で大容量のメモリ、SSDなどの高速記憶装置、GPUやGPGPUを搭載したボード、そして高機能なコンパイラやプロファイラが容易に入手可能です。

　どうぞ、このような環境を土台にして、自宅で高度なシミュレーションや科学技術計算に挑戦してください。きっと素晴らしい発見ができるでしょう。一昔前に比べ、容易に高速なコンピューティング環境を利用できます。この、恵まれた環境を活用し、新しい発明や考案、そして発見ができることを期待します。きっと、先人の努力に感謝するとともに、後に続く人の礎となることでしょう。

対象読者
- 高速化プログラミング入門者
- 並列化を用いて高速化したい人
- ベクトル演算を用いて高速化したい人
- キャッシュメモリを制御して高速化したい人
- わずかな出費で高度なシミュレーションや科学技術計算に挑戦したい人

謝辞
　出版にあたり、お世話になった株式会社カットシステムの石塚勝敏氏に深く感謝いたします。

2015年秋　立川市緑町のコーヒーショップにて　北山洋幸

■ 参考文献、参考サイト、参考資料

1. 『最適化手法の適用』、株式会社エクセルソフト、https://www.xlsoft.com/jp/products/intel/compilers/ccw/12/ug/optaps/common/optaps_perf_optstrats.htm
2. 『高速化プログラミング』、AGLK.NET、http://fast-programming.aglk.net/
3. 『C プログラム高速化研究班—コードを高速化する 20 の実験と達人の技』、片山善夫、USP 研究所
4. 『インパルス応答の畳み込み』、株式会社エー・アール・アイ、http://www.ari-web.com/service/soft/reverb-4.htm
5. FFTW ウェブサイト、http://www.fftw.org/
6. 石川高専 山田洋士 研究室ホームページ、http://momiji.i.ishikawa-nct.ac.jp/
7. 『x86/x64 SIMD 命令一覧表』、オフィスデイタイム、http://www.officedaytime.com/
8. 『AVX 命令入門』、北山洋幸、カットシステム
9. 『OpenMP 入門』、北山洋幸、秀和システム
10. 『64 ビットアセンブラ入門』、北山洋幸、カットシステム
11. 『WAV プログラミング』、北山洋幸、カットシステム
12. 『3D Vector Normalization Using 256-Bit Intel AVX』、Intel 社、https://software.intel.com/en-us/articles/3d-vector-normalization-using-256-bit-intel-advanced-vector-extensions-intel-avx
13. Intel 社 Web サイト（IA-32、IA-64 などの解説）、http://www.intel.co.jp/
14. 『IA-32 SIMD リファレンスブック、上下巻』、中田潤也、北山洋幸、カットシステム

■ 本書の使用にあたって

開発環境、および、実行環境の説明を行います。

環境

ベンチマークの実行や C++ ソースの機械語への翻訳において特定の環境を使用していますが、あくまで一例を示しただけです。本書は特定の環境について述べたものではないので、環境について詳細は解説しません。SIMD 命令を使用したプログラムは、SIMD 命令非対応 CPU では動作しません。

URL

URL の記載がありますが、執筆時点のものであり変更される可能性もあります。リンク先が存在しない場合、キーワードなどから自身で検索してください。

用語

用語の使用に関して説明を行います。

メモリとメモリー

最近は、語尾の「ー」を付けるのが一般的になっていますが、本書では従来のように、基本的に「メモリー」は「メモリ」と表記します。他の用語も同じで、例えば、「コンパイラー」なども「コンパイラ」と語尾の「ー」は付けません。

ソースコードとソースファイル

基本的に同じものを指します。まとまったものをソースファイル、ソースファイルの一部を指すときにソースコードと表現します。

キャッシュとキャッシュメモリ

本来ならキャッシュメモリと表現した方が良い場合でも、キャッシュと略している場合があります。

行列と配列

本来なら行列と表現した方が良い場合でも、配列と表現する場合があります。処理から考えると行列の処理なのですが、プログラミング上は単なる 2 次元配列の処理となるた

め、説明の過程でどちらか適切なものを選んでいます。

ベクトル命令とSIMD命令

厳密には異なる用語ですが、同じものを指す場合があります。SIMD命令で行う演算はベクトル演算なので混在して使用しています。

SIMD命令とAVX命令やSSE命令

AVX命令やSSE命令は固有名詞であり、あるプロセッサ特有の命令です。これに対しSIMD命令は**フリンの分類**で定義された用語です。AVX命令にはSIMD命令が多いですが、そうでない命令も含まれます。本書では、これらを混在して使用していますが、前後の文脈から用語を解釈してください。なるべく、一般化したい場合はSIMD命令を、そうでない場合はAVXやSSE命令を使用しています。

行列

行列の用語は、線形代数学などで使用されるものを使用していない場合があります。例えば転置行列なども言葉で説明しています。対象読者がプログラマを想定しているため、平易な表現を採用します。

目次

はじめに iii

第 1 章　高速化の基礎 1

1.1　CPU 概論 2
　1.1.1　CPU とは 2
　1.1.2　命令とデータで分類 6
　1.1.3　ヘテロジニアスとホモジニアスによる分類 8
　1.1.4　RISC と CISC による分類 10
　1.1.5　スカラーとベクトルによる分類 11

1.2　メモリ概論 12
　1.2.1　メモリの構成 12
　1.2.2　キャッシュメモリ 16
　1.2.3　メモリと高速化の関係 18

1.3　並列化概論 19
　1.3.1　並列処理と逐次処理 20
　1.3.2　逐次と並列 20
　1.3.3　並列化する目的 24
　1.3.4　なぜ並列化するか 25
　1.3.5　並列化の詳細 27

1.4　並列化の分類 29
　1.4.1　命令・データによる分類 29
　1.4.2　メモリの分散・共有による分類 30
　1.4.3　ヘテロジニアス・ホモジニアスによる分類 31
　1.4.4　プロセス・スレッドによる分類 33

1.5　並列化の限界 35

1.6　並列化の課題 38
　1.6.1　オーバーヘッド 38
　1.6.2　データアクセス競合 38
　1.6.3　複雑化 39
　1.6.4　ポータビリティの喪失 40
　1.6.5　スケーラビリティの喪失 40

1.7　時間軸と高速化 41

第 2 章　単純な高速化 ———————————————— 43

- 2.1　コンパイラオプション ———————————————— 44
- 2.2　コンパイラを変えてみる ———————————————— 49
- 2.3　初歩的な最適化 ———————————————— 53
  - 2.3.1　括弧でくくる ———————————————— 53
  - 2.3.2　除算を避ける ———————————————— 56
  - 2.3.3　除算を減らす ———————————————— 57
  - 2.3.4　整数の乗除算 ———————————————— 57
  - 2.3.5　半精度浮動小数点数 ———————————————— 58
  - 2.3.6　インライン展開 ———————————————— 59
  - 2.3.7　一時変数を用いた最適化 ———————————————— 60

第 3 章　ループの高速化 ———————————————— 65

- 3.1　ループアンロール ———————————————— 66
- 3.2　ベンチマークに使用したシステム ———————————————— 77

第 4 章　キャッシュメモリ ———————————————— 79

- 4.1　2 次元配列の総和 ———————————————— 80
- 4.2　2 次元配列への書き込み ———————————————— 87
- 4.3　サブブロックへ分割 ———————————————— 90
  - 4.3.1　2 次元配列の総和 ———————————————— 91
- 4.4　プリフェッチ ———————————————— 96

第 5 章　並列化 ———————————————— 105

- 5.1　配列に係数を乗ずる ———————————————— 106
  - 5.1.1　ブロックで分割 ———————————————— 110
- 5.2　**OpenMP 概論** ———————————————— 115
  - 5.2.1　単純な例 ———————————————— 115
  - 5.2.2　ループを並列化 ———————————————— 118

5.2.3　セクションを並列化 122
　　　5.2.4　まとめ 124
　5.3　OpenMPに対応したプログラムのビルド方法 ──────── 126

第6章　ベクトル化 ──────────────────── 135

　6.1　逐次処理 ──────────────────────── 136
　6.2　ベクトル化・128ビット ─────────────────── 137
　　　6.2.1　イントリンシックの解説 140
　6.3　ベクトル化・256ビット ─────────────────── 144
　　　6.3.1　イントリンシックの解説 146
　6.4　アライメント ────────────────────── 150
　6.5　アセンブリ言語で開発 ────────────────── 157
　6.6　Visual C++とイントリンシック ─────────────── 161
　　　6.6.1　イントリンシックを使用しSSE命令で記述したプログラム 161
　6.7　Visual C++でアセンブラ ─────────────────── 163
　　　6.7.1　32ビット環境 163
　　　6.7.2　64ビット環境 171
　　　6.7.3　呼び出し規約とレジスタ 180
　6.8　SIMD命令とメモリ管理 ─────────────────── 187
　　　6.8.1　イントリンシックを使用した変数の宣言 187
　　　6.8.2　アライメント 189
　　　6.8.3　初期化 190
　　　6.8.4　メモリの動的割り付け 192

第7章　データの整列 ─────────────────── 195

　7.1　行列を並び替え ───────────────────── 196
　7.2　3Dベクトルの正規化（AOS、SOA）─────────── 203
　　　7.2.1　AOSとSOA 203
　　　7.2.2　AOSからSOAへのシャッフル 205
　　　7.2.3　128ビットベクトル命令でAOSからSOAへのシャッフル 207
　　　7.2.4　256ビットベクトル命令でAOSからSOAへのシャッフル 211
　　　7.2.5　一般化した正規化関数 215

第 8 章　並列化とベクトル化の融合 ……………………………………… 221

- 8.1　逐次処理 ……………………………………………………………………… 222
- 8.2　128 ビット ………………………………………………………………… 223
- 8.3　256 ビット ………………………………………………………………… 225
- 8.4　ブロックで分割 ……………………………………………………………… 226

第 9 章　並列化とキャッシュ …………………………………………… 235

- 9.1　ループで分割 ………………………………………………………………… 236
- 9.2　ブロックで分割 ……………………………………………………………… 245
- 9.3　OpenMP の共有変数とプライベート変数 ……………………………… 254
  - 9.3.1　共有変数 ……………………………………………………………… 254
  - 9.3.2　プライベート変数 …………………………………………………… 256
  - 9.3.3　ループのインデックス ……………………………………………… 257
- 9.4　OpenMP の指示文 ………………………………………………………… 259
  - 9.4.1　parallel 構文 ………………………………………………………… 260
  - 9.4.2　for 構文 ……………………………………………………………… 260
  - 9.4.3　sections 構文 ………………………………………………………… 261
  - 9.4.4　parallel for 構文 …………………………………………………… 261
  - 9.4.5　parallel sections 構文 ……………………………………………… 262
- 9.5　指示句 ………………………………………………………………………… 262
  - 9.5.1　shared 指示句 ……………………………………………………… 262
  - 9.5.2　private 指示句 ……………………………………………………… 263
  - 9.5.3　firstprivate 指示句 ………………………………………………… 263
  - 9.5.4　reduction 指示句 …………………………………………………… 264

第 10 章　水平演算 …………………………………………………………… 267

- 10.1　配列の総和 ………………………………………………………………… 268
  - 10.1.1　逐次処理 …………………………………………………………… 268
- 10.2　並列化 ……………………………………………………………………… 271
- 10.3　ベクトル化 ………………………………………………………………… 272
  - 10.3.1　128 ビット ………………………………………………………… 272

- 10.3.2 256 ビット ……………………………………………… 275
- **10.4 並列化とベクトル化の融合** ……………………………………………… 277
- **10.5 最大値** ……………………………………………… 282
  - 10.5.1 逐次処理 ……………………………………………… 282
  - 10.5.2 並列化 ……………………………………………… 284
  - 10.5.3 ベクトル化 ……………………………………………… 284
  - 10.5.4 イントリンシックの解説 ……………………………………………… 288
  - 10.5.5 並列化とベクトル化の融合 ……………………………………………… 289

第 11 章　フィルタ …………………………………… 293

- **11.1 積和でフィルタ** ……………………………………………… 294
  - 11.1.1 逐次 ……………………………………………… 294
  - 11.1.2 並列化 ……………………………………………… 299
  - 11.1.3 実行方法 ……………………………………………… 300
  - 11.1.4 Cpfm クラス ……………………………………………… 302
  - 11.1.5 ベクトル化 ……………………………………………… 304
  - 11.1.6 スペクトル ……………………………………………… 309
- **11.2 FFT でフィルタ** ……………………………………………… 312
  - 11.2.1 重畳加算法（オーバーラップアッド法） ……………………………………………… 312
  - 11.2.2 スペクトル ……………………………………………… 323
- **11.3 fftw3 について** ……………………………………………… 325
  - 11.3.1 インストール ……………………………………………… 325
- **11.4 実験データ作成や評価** ……………………………………………… 328
  - 11.4.1 テキストを WAV ファイルへ変換 ……………………………………………… 329
  - 11.4.2 クラスの説明 ……………………………………………… 332
  - 11.4.3 プログラム本体の説明 ……………………………………………… 345
  - 11.4.4 使用法 ……………………………………………… 348
  - 11.4.5 WAV ファイルをテキストへ変換 ……………………………………………… 348

索　引 ……………………………………………… 351

第1章

高速化の基礎

　本章では、システムの高速化に先立ち、それに必要となる基礎を説明します。まず、CPU の概要やCPU アーキテクチャ、そしてさまざまな角度からの分類を行います。次に、メモリの基礎からキャッシュメモリについて解説します。並列化の手法や課題、そしてベクトル化などについても、ひと通り説明します。

　本章を理解することによって、高速化の基礎や、何を高速化すれば効果的かを知ることができます。CPU やメモリ、そして各種並列化の基礎知識のある人は、流し読みしても良いでしょう。

1.1 CPU 概論

高速化を議論する前に、簡単に CPU（プロセッサと表現する場合もある）の概要を解説します。

■ 1.1.1 CPU とは

CPU（Central Processing Unit）は中央処理装置のことで、コンピュータの心臓部を指します。初期のコンピュータは、CPU をたくさんの部品で構成しており、現在のワンチップで構成されているのが当然という感じではありません。マイクロプロセッサが出現した頃から半導体の集積度が急速に上がり、CPU を 1 つのチップに詰め込むようになりました。

現在ではパソコンなどを自作する人も多いでしょう。今では CPU をワンチップで購入しますが、初期の頃は、あの CPU がバラバラの部品から構成されていたわけです。もっとも、一般の人が「CPU を買う」という行為が、筆者のようなメインフレームから出発した人間には隔世の感を禁じ得ません。

近年では、複数の CPU が 1 つのチップに搭載されているのは普通になりました。それらが同一の CPU であることも、異なる CPU の場合もあります。いわゆる組み込みシステムに使用するマイコンと呼ばれる CPU（=MCU）では、CPU だけでなく周辺装置までワンチップに実装しています。さらには、大規模なキャッシュや高機能な GPU までワンチップ化しているものも存在します。これは単に集積度が上がったのが要因ではなく、バスの速度が高速になったため、キャッシュなどは同一チップ上に実装せざるを得なくなっているという側面もあります。

組み込み用の小規模 CPU（といっても正真正銘の 32 ビット CPU）などでは、周辺装置まで実装し、メモリ、A/D 変換からネットワーク、USB、タイマなどをすべてワンチップに納めるのが一般的です。このような LSI では、ただ一個の LSI を基板上に実装し、それ以外の部品はほとんど要求しないものも少なくありません。

最近は、さらに進化しメニーコア化しコア数は増え、さらに CPU の構成を静的・動的に変更できるものも出現しています。ハードウェアの進歩に伴い、オペレーティングシステムやコンパイラ、各種演算ライブラリなどを開発するソフトウェアエンジニアは、さらにコンピュータアーキテクチャの理解を深めなければなりません。

ソフトウェアエンジニアは、アプリケーションソフトを開発する抽象化された世界に住むエンジニアと、プラットフォームを支えるエンジニアで、必要とする知識に大きな違いがあり、一口でソフトウェアエンジニアと呼んでも開発に要する知識には大きな違いがあります。

CPU の内部構成

以降に、CPU の内部構成の原理を簡易化して示します。このため、細かな部分では現代の CPU と異なる部分もありますが、構成に大きな違いはありません。

図 1.1 ● CPU の内部構成

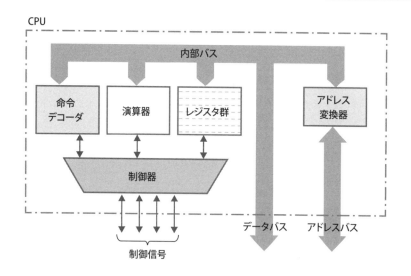

アドレス変換器

CPU は命令やデータを読み書きするため、外部とインタフェースしなければなりません。このとき CPU は、相手を識別するためアドレスを発生します。アドレス変換器は、このような役割を果たします。初期の仮想メモリを使用しない CPU（Z80、i8086 や MC68000）のアドレス変換器は単純です。しかし、仮想メモリを用いる CPU のアドレス変換器は複雑です。MMU などと連携し、ソフトウェアの保持している論理的なアドレス（ポインタ）を物理アドレスに変換しなければなりません。通常、アプリケーションエンジニアがこのような機構に配慮する必要はありません。

命令デコーダ

　命令デコーダは、名前が示すように読み込んだ命令をデコードします。CPUはオペコードで命令を判断し、次にオペランドを解釈します。RISC型CPUは、命令が固定長、かつ命令が単純に作られているため命令デコーダを単純化することができます。当然、デコード時間も短くなり速度向上が望めます。Intel社のx86系のようなCISC型CPUの命令は可変長であり、かつ命令自体も複雑で絶え間ない拡張を成されたため命令は複雑です。

図1.2 ●命令の形式

レジスタ群

　CPUは複数のレジスタを装備しています。レジスタはCPUの内部で重要な働きを行います。レジスタは、一種の高速なメモリですが、一般のメモリと違いアドレスを番号で指定することができ、演算などを高速に実行することができます。CPUは一般的に演算や比較などを行う場合、メモリ上のデータを一旦レジスタへ移動してから実行します。

　x86系のCPUはレジスタが少ないことで有名でしたが、近年のIntel社のx86延長上のCPUはレジスタが大きく変貌し、その数も増え、またビット幅の広いSIMD用のレジスタも装備しています。

　レジスタは目的別に異なる種類が用意されています。例えば演算やデータ移動などに用いる汎用レジスタ、制御に用いるフラグレジスタ、浮動小数点数計算専用の浮動小数点レジスタ、他にもオペレーティングシステムで使用する特殊なレジスタが存在します。

制御器

　CPUは算術演算や論理演算だけを行っているわけではありません。コンピュータといえば計算のイメージが強いですが、さまざまな判断や割り込み、およびメモリ転送などイベントの処理も重要な仕事です。また，CPUの全体を管理する作業もあります。このような役割を受け持つのが制御器です。

高速化の手段

　使用中のシステムが要求性能を満たさない場合、いくつかの方法で高速化する手段があります。ここでは、原点に立ち返り、費用や期間を考慮して高速化するアプローチを分類してみます。

（1）今すぐ高速化したい、費用も覚悟する。
- コンピュータシステムを高速なものに取り替える。
- コンパイラを高速化に対応したものに取り替える。
- 高速なライブラリを購入する。
- 天才を採用する。

（2）適切な期間と適切な費用で高速化したい。
- 演算数を減らす。
- メモリアクセスをシーケンシャルにする。
- 並列化を行う。
- ベクトル化を行う。
- 最良なアルゴリズムを採用する。
- 優秀なエンジニアを採用する。

（3）期間は限定しない、費用も限定しない。
- 高速コンピュータを自分で開発する。
- 高速コンパイラを自分で開発する。
- 高速アルゴリズムを自分で開発する。
- 高速CPUを自分で開発する。
- 画期的な新しいコンピュータを自分で開発する。
- 天才を採用できるまで待つ。

　上記に示すようなアプローチが考えられます。本書では（2）の方法で議論を進めます。

■1.1.2 命令とデータで分類

1つの命令で複数のデータを処理するデータの並列化と、1回のクロックで複数の命令を実行する命令の並列化による分類を説明します。

命令を並列処理（VLIW）

複数の短い命令語を1つの長い命令語にまとめ、並列実行する方法です。VLIWと呼ばれ、Very Long Instruction Wordの略です。現在主流のCPU内部には、スケジューリング機能が組み込まれており、結果に影響がなければ、プログラムされた命令順の通りではなく、実行可能なものから順次パイプラインに送り込みます。ただし、動的なスケジューリングには限界があります。VLIWは、CPU自体でこのような動的なスケジューリングを行う必要はなく、あらかじめ並列実行できる命令を生成します。つまり、コンパイラが並列処理の命令を生成します。プログラマはVLIWを意識する必要はなく、コンパイラに任せるのが普通です。

フリンの分類

コンピュータの分類はさまざまな観点からなされていますが、ここでは命令とデータの並列化を体系的にまとめた**フリンの分類**（Flynn's taxonomy）を示します。これは、マイケル・J・フリン（Michael J. Flynn）が1966年に提案したコンピュータアーキテクチャの分類法です。フリンが定義した4つの分類は、命令の並列度とデータストリームの並列度に基づくものです。

SISD	Single Instruction, Single Data stream
SIMD	Single Instruction, Multiple Data streams
MISD	Multiple Instruction, Single Data stream
MIMD	Multiple Instruction, Multiple Data streams

以降に分類の概念図を示します。

図 1.3 ●分類の概念図

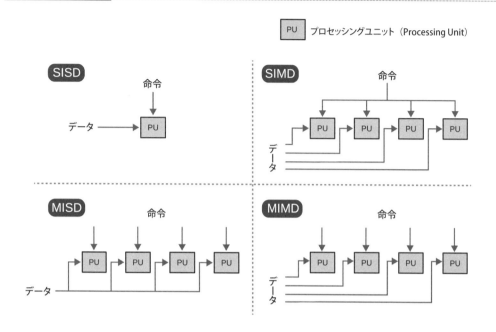

SISD

1つの命令で1つのデータに対して処理を行う命令形式のことです。最も基本的なアーキテクチャで、命令にもデータにも並列性のない逐次的なプロセッサ（CPU）です。旧式のパーソナルコンピュータや古いメインフレームで採用されています。

SIMD

1つの命令で複数のデータに対して処理を行う命令形式のことです。SISDと異なり、プロセッサ内に演算を実行する実行ユニットが複数用意されており、それぞれが異なるデータに対し並列に演算を行います。SIMDでは、読み取られた命令が各実行ユニットにブロードキャストされ、各実行ユニットが持つデータに対して同一の演算が実行されます。本書で扱うIntel社のSSE命令やAVX命令セットはSIMD命令です。

MISD

　日本語では複数命令流単一データ流などと訳されます。このモデルでは、複数のプログラムカウンタが示す命令が単一のデータに対して適用されます。このモデルは他のものに比べ若干特殊なので、実際にどういったアーキテクチャがこのモデルに属するかといった点に関しては計算機アーキテクチャの教科書に譲ります。

MIMD

　独立した複数のプロセッサを持ち、それぞれのプロセッサは、異なる命令を使って異なるデータを処理します。MIMD アーキテクチャはさまざまな分野で応用されています。一般に分散システムは MIMD 型であると言われ、単一の共有メモリを使う場合と、分散メモリを使う場合があります。Pentium4 以降で正式に利用可能となった Hyper-Threading Technology[※1] は MIMD に近い特性を狙ったものです。近年、一般的になってきたメニーコア CPU は MIMD と言って良いでしょう。

■ 1.1.3　ヘテロジニアスとホモジニアスによる分類

　現代の高速コンピュータは CPU などの演算装置を複数並べるのは一般的なことです。これまでは、多数の同一アーキテクチャのプロセッサだけを使う方法が主流でした。ところが GPGPU などの登場によって、パーソナルコンピュータからスーパーコンピュータまで GPGPU と汎用 CPU を組み合わせたシステムが出現しています。同一アーキテクチャのプロセッサだけを使ったコンピュータをホモジニアス、異なるアーキテクチャのプロセッサを組み合わせたコンピュータをヘテロジニアスと呼びます。

　ホモジニアスなシステムは、使用されるプロセッサのアーキテクチャが同一なため構成は単純化できます。規模は小さいですがパーソナルコンピュータなどに使われるメニーコア型 CPU も、この一種です。

　ヘテロジニアスなシステムは、異なるアーキテクチャのプロセッサを組み合わせた方式です。特に最近使われるようになった GPGPU によって、一気に一般化されました。ヘテロジニアスとホモジニアスは、単一アーキテクチャの演算装置を多数搭載したシステムか、あるいは異なるアーキテクチャの演算装置を混在させたシステムかを表す言葉です。

※1　HT や HTT と略されます。

ホモジニアスなシステムの概念図

　共有メモリを採用し、同一 CPU を複数実装したものです。各 CPU を同期・通信させながら 1 つの問題を解決する方法です。以降に概念図を示します。

図 1.4 ●ホモジニアスなシステムの概念図

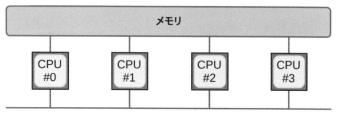

　マルチ CPU は物理的に CPU が分離しています。最近は同一シリコン上に多数の CPU を配したマルチコア CPU（メニーコア CPU）が使われています。論理的には、マルチ CPU とマルチコア CPU に違いはありません。

ヘテロジニアスなシステムの概念図

　この方法は異なるアーキテクチャのプロセッサを複数搭載してシステムを構成します。異なる処理を、異なるプロセッサに割り振って効率良く処理します。以降に概念図を示します。

図 1.5 ●ヘテロジニアスなシステムの概念図

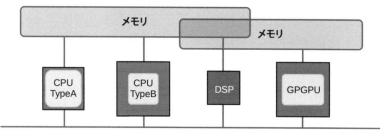

　ヘテロジニアスとホモジニアスが異なるのは、CPU のアーキテクチャが同一ではなく異なることです。例えば、浮動小数点数の演算が多い場合、その部分を DSP に任せ CPU は全体

の制御を担います。従来から使われる方法で、組み込みシステムなどでは負荷の重い処理をハードウェアで処理する代わりにDSPを使用しているものもあります。ヘテロジニアスがホモジニアスと大きく異なるのは、メモリ空間が論理的かつ物理的に分離されていることが多いことです。このような場合メモリコピーによるオーバーヘッドが大きくなります。さらに、異なるアーキテクチャを採用するため、それぞれに異なるバイナリを用意しなければなりません。つまり、ホモジニアスを採用した場合、プログラムは並列化を意識しますが、一般的なプログラム開発手法を採用できます。ヘテロジニアスを採用した場合、プログラムは並列化と各プロセッサにプログラムを記述しなければならず、それぞれのロードバランスや通信も考慮しなければなりません。これらを自動化する方法は研究されていますが、未だ途上です。

最近はCPU＋GPGPUのヘテロジニアスが注目を浴びています。GPGPUは粒度の小さな大量の演算を行うのに向いています。

1.1.4　RISCとCISCによる分類

CPUアーキテクチャの分類にRISCアーキテクチャとCISCアーキテクチャがあります。RISC型CPUは、UNIXワークステーションと同時期に現れたアーキテクチャです。RISC型CPUは、構造が単純であるためCISC型CPUを駆逐すると言われていましたが、現実にはそう単純ではありません。現在でも、CISCの代表と言われるx86系のCPUが大量に使われています。しかし、最近はハードウェアの仮想化が大きく進み、ソフトウェアのCPU依存度が低くなりARMなどが台頭してきています。

CISC（Complex Instruction Set Computer）

高度な（複雑な、と言い換えてもよいでしょう）命令セットを提供するCPUを指します。CISC型CPUは、1命令で高度な処理を行うことが可能です。ただし、高度な処理を行うため、CPU自体は複雑になります。かつ、1つの命令を処理するのに複数のクロックを要する場合もあります。一般的にCISC型CPUは、これらの要因から性能向上が難しいと言われています。

RISC（Reduced Instruction Set Computer）

命令セットを簡略化することで高速処理を可能にするCPUを指します。UNIXワークステー

ションと同時期に現れ、UNIX ワークステーションといえば RISC 型 CPU という時期もありました。現在では、サーバーの CPU やスーパーコンピュータの CPU などにも採用されています。RISC 型 CPU は、命令が簡単なため高性能化が容易と言われています。ただ、CPU クロックの周波数は、随分前に上限に達しており、もうそのような理由で高速化の難易度へ言及するのは意味のないことでしょう。

以降に一般的な RISC アーキテクチャと、CISC アーキテクチャの違いを示します。

表 1.1 ● RISC アーキテクチャと CISC アーキテクチャ

比較項目	RISC	CISC
命令の数	少ない	多い
命令の長さ	基本的に固定	可変長
命令のクロック数	固定	可変
メモリアクセス	ロード・ストアのみ	多様

1.1.5　スカラーとベクトルによる分類

CPU アーキテクチャの分類方法にスカラーで処理するアーキテクチャと、ベクトルで処理するアーキテクチャで分類します。

スカラーコンピュータ

スカラーコンピュータは、単一の実行ユニットでマシン語を逐次実行します。最も単純なアーキテクチャと呼んで良いでしょう。スカラーコンピュータの実行ユニットを増やし、複数の命令をフェッチし、複数の実行ユニットを並列に動作させ、プログラムの持つ命令レベルの並列性を利用して性能の向上を図るアーキテクチャをスーパースカラー（superscalar）と呼びます。性能向上のために並列動作させますが、実行順はスカラーでもスーパースカラーでも同じです。

ベクトルコンピュータ

ベクトルコンピュータは、ベクトル演算を行うことができるコンピュータのことです。一般的には、高性能でパイプライン化された実行ユニットを持ち、その演算能力を最大限発揮できるように設計されたコンピュータを指します。より広げて解釈すると、SIMD 命令によるベクトル演算も含みます。ベクトルコンピュータは、スーパーコンピュータに採用され、ベ

クトルプロセッサ（Vector Processor）やアレイプロセッサ（Array Processor）で、数値演算を複数のデータに対して次々と実行することができます。

1.2 メモリ概論

本節では簡単にメモリの概要を解説します。

■ 1.2.1 メモリの構成

広義にはレジスタやハードディスクも記憶装置という意味でメモリに分類できます。これらを速度の遅い順に並べてみます。ハードディスクは、一般的には外部記憶装置とする方が適切でしょう。最近では、ハードディスクドライブ（HDD）の代わりにシリコンディスクドライブ（SSD）を搭載するものも多くなりました。

図 1.6 ●メモリの分類と速度

図に示す演算回路はメモリではありませんが、速度の比較のために記入しました。

狭義にメモリと表現した場合、メインメモリからレジスタまでが適切な範囲だと思われます。これらをアクセス速度と容量を軸にして、抽象的な図を作成してみましょう。

図 1.7 ●メモリの構成

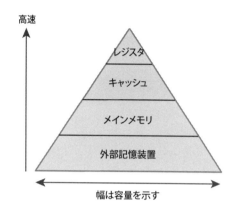

高速化に特に重要なキャッシュメモリを細分化し、さらに外部記憶装置を外して、キャッシュメモリの構成に比重を置いた図も示します。

図 1.8 ●キャッシュの構成

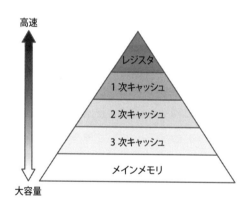

それぞれの相対的な速度差は以上の通りです。キャッシュメモリとメインメモリとの間には大きな速度差があり、もしデータがキャッシュメモリに存在しない場合、プログラムは大きなペナルティを払わなければなりません。以降に、各メモリ間の単なる順序づけではなく、どの程度の速度差があるかを図で示します。

図 1.9 ●各メモリ間の速度差

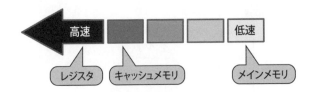

ついでに、それぞれの容量も単なる順序づけではなく、どの程度の容量差があるか図で示します。例えば、以下のようなメモリ構成のシステムについて考えます。

表 1.2 ●メモリ構成

種別	容量（キロバイト）
L1 キャッシュ	128
L2 キャッシュ	512
L3 キャッシュ	3,072
メインメモリ	4,194,304

一般的には図 1.7 のように表現されることが多いですが、具体的な数字で比較すると、実際のキャッシュメモリの容量とメインメモリの容量との間には非常に大きな差があります。上記の表の数字をそのままグラフにすると、次図に示すようにキャッシュは単なる線になってしまいます。キャッシュの容量がメインメモリに対していかに少ないかが、この図からも分かるでしょう。

図 1.10 ●メモリ構成

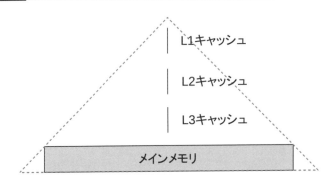

容量が少ないため、キャッシュメモリの制御は重要です。せっかくキャッシュメモリに格

納しても、アクセス順が悪いとデータがキャッシュメモリから追い出されてしまうからです。参考のために、L1、L2、L3キャッシュの容量を視覚的に捉えてみましょう。

図 1.11 ● L1、L2、L3キャッシュの容量

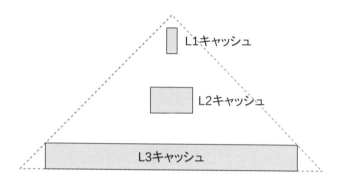

メモリの種類

　コンピュータに使われるメモリは図1.7に示すように、主にレジスタ、キャッシュメモリ、そしてメインメモリの3種類です。レジスタはCPU内にあり、アクセスがとても速いですが、容量は数バイトから数十バイトです。レジスタ内のデータしかCPUの演算の対象にならない命令があり、データは一旦レジスタへ格納されるのが一般的です。高水準言語でプログラムを記述するとき、レジスタを意識する必要はありません。コンパイラがそのプログラムを機械語に翻訳するとき、必要なデータをレジスタに移動して、演算を行う機械語へ翻訳します。必要ならレジスタの値をメインメモリに格納します。このため、一旦レジスタにロードした値は、できる限り使い回す方がプログラムは高速に動作します。

　キャッシュメモリについては、節を作り詳細を後述します。キャッシュメモリは、レジスタと遜色のない速度でアクセスできます。しかし、メインメモリに比べ、はるかに容量が小さいため、キャッシュメモリを有効利用できるか、できないかでプログラムの速度に大きな差が出ます。

　メインメモリは、一般的にメモリと言ったときに指す部分です。一般的にメモリはハードディスクなどと違い高速と思われていますが、CPUの速度に比べると考えられないくらい低速です。とはいえ、ハードディスクと比較すると、はるかに高速なためプログラムやデータを格納する場所として使用されます。アクセススピードはハードディスクより断然速いですが、キャッシュメモリやレジスタよりは遅いので、コンピュータを内部から見た場合、中速

という表現が適切でしょう。

　ハードディスクなどの外部メモリも、メモリと分類する場合もありますが、ここでは対象外としました。外部メモリは容量が非常に大きく、あらゆるデータを保存できます。アクセススピードは最も遅いです。

データの流れ

　プログラムを実行すると、まずハードディスクに存在する翻訳されたプログラム（＝機械語のプログラム）やデータをメインメモリへ読み込みます。CPU はプログラムに従ってデータをレジスタに移動し、処理を行い、その結果をメインメモリへ格納します。プログラムの実行中は、**メインメモリ⇒レジスタ⇒演算⇒レジスタ⇒メインメモリ**の処理の一連が続きます。

　CPU の演算処理速度は数 GHz ですが、メインメモリのアクセス速度は数百 MHz 程度です。つまり CPU の演算速度とメモリのアクセス速度には、大きな乖離があります。CPU は演算の前にデータをレジスタに読み込みますが、演算速度に対し、データ移動に多くの時間を要します。このようなことを繰り返すと、CPU が動作している時間より、データを待っている時間の方が長くなってしまいプログラムの実行速度は低下します。これを解決するのがキャッシュメモリの役割です。

　先ほど示した、**メインメモリ⇒レジスタ⇒演算⇒レジスタ⇒メインメモリ**は、**メインメモリ⇒レジスタ（キャッシュにも）⇒演算⇒レジスタ（キャッシュにも）⇒メインメモリ**と書き換えることができます。キャッシュメモリに一旦格納されたデータは、もうメインメモリまで取りに行く必要はなく、CPU はフルスピードで動作することができます。書き込み時にもキャッシュメモリに格納しているため、処理結果を参照する場合も高速にアクセスできます。

■ 1.2.2　キャッシュメモリ

　メモリと高速化は関係なさそうですが、実は大いに関係があります。CPU の演算速度より、メモリアクセスのスピードが断然時間を要する場合があります。メモリアクセスを頻繁に行うプログラムには、とんでもなく遅いプログラムが存在します。それはアクセスするデータがキャッシュに存在せず、毎回メインメモリをアクセスするような場合です。メインメモリのアクセスは速くありません。これを解決するには、キャッシュメモリにデータが存在するようにプログラミングすることです。最近のコンピュータには、大容量のキャッシュメモリ

が搭載されています。注意してプログラミングすると、データアクセスによる実行速度の低下は避けられます。

キャッシュメモリの役割

　CPUがデータを要求するときはメインメモリからレジスタに移す際に、キャッシュメモリにも保存します。キャッシュメモリに保存されるデータは、要求されたデータだけではなく、その周辺のデータも同時にキャッシュメモリに格納されます。いわゆるキャッシュラインと呼ばれる一定のデータが、キャッシュメモリに格納されます。この仕組みによって、同じデータを何回も利用する、あるいは近傍のデータをアクセスすると、プログラムの実行速度が向上します。

　プログラムを高速にしたければ、なるべくキャッシュに格納されたデータを利用すると効果があります。例えばメモリアクセスを連続した順にする、あるいはあるブロックに分割して、特定のデータを集中して処理し、終わったら次のブロックに移るなどの方法です。なお、キャッシュメモリにはデータキャッシュメモリと、命令キャッシュメモリが存在します。「データを要求するとき」という表現は、単にデータだけでなく命令も指します。つまり、プログラム自体も、局所化した方が高速に動作します。キャッシュがヒットしやすいプログラムや、ブロック化してデータがキャッシュに納まるように工夫した具体的なプログラムを後述します。

メモリアクセスのジャンプ

　キャッシュメモリを最大限に利用できればプログラムの実行速度が高められますが、キャッシュメモリが有効でない場合もあります。それはメモリアクセスでアドレスジャンプが頻繁に起こるときです。例えば、行列などの積を求める場合、行と列をアクセスします。このとき、なるべくメモリアドレスが連続するようにアクセスすると、データがキャッシュに存在する可能性が高くなります。ところが、メモリアドレスを飛び飛びにアクセスすると、毎回キャッシュミスが発生し、プログラムは大きなペナルティを課されます。これについても、具体例を後述します。

　なお、メモリを不連続でアクセスしても、ある特定の領域をアクセスする場合、キャッシュミスは起きません。そのデータがキャッシュメモリに納まる場合、データは不連続アドレスでも構いません。つまり、より正確には、「連続して不連続なアドレスをアクセスし続けると、キャッシュミスが発生し、プログラム速度が低下する」と記述する方が良いでしょう。

1.2.3 メモリと高速化の関係

メモリ操作はプログラムの高速化に大きな影響を与えます。高速化に影響を与えるメモリ操作の要因は以下に示すものがあります。

（1）余計なメモリコピーを避ける。
（2）キャッシュミスを避ける（局所化する）。

たいていの場合、高速化で解説されているのは（2）です。つまり、いかにキャッシュミスを避けるかが話題になります。確かに、キャッシュミスはプログラムの処理低下に大きく影響します。これに比較し、見落としがちなのがメモリコピーです。

メモリコピーを減らす

ストリームデータを扱うときや、大規模な幾データを処理するときに問題なるのがメモリのコピーです。ある処理系で、さまざまなチューニングを行っても性能が改善されない事例があり、仕方なくプロファイラを使って調査しました。アプリケーションプログラムに、これといったボトルネックは見当たりません。これはオペレーティングシステムに問題があるのか、あるいはオペレーティングシステムとアプリケーションプログラム間の処理に、何らかの問題があるのだろうと考え、カーネルのプロファイリングまで行ってみました。

このシステムは膨大なストリームデータを受け取り、それを処理後、別の処理系へ転送するシステムでした。ストリームの入力も出力もネットワークです。プロファイラで調べると、ネットワークハードウェアが受け取ったデータはカーネルのメモリに保存され、アプリケーションが扱うときに一旦、ユーザ空間にコピーされます。アプリケーションプログラムがストリームを処理すると、再びカーネルへメモリコピーが発生していました。カーネルモードを含めてプロファイルしてみると、処理時間の大部分がカーネル空間とユーザ空間のメモリコピーに費やされていることが分かりました。メモリコピーがボトルネックとなっていることが判明し、すべての処理をカーネルへ移行し速度低下を回避しました。

ヘテロジニアスなアーキテクチャ上でプログラムを開発するときも注意が必要です。例えば、CPU と GPGPU で構成されたシステムで考えてみましょう。現代のシステムでは、GPGPU のメモリと CPU のメモリは分離されています。このため、CPU から GPGPU に制御を移す場合、データもコピーしなければなりません。せっかく GPGPU が大量の PU を実装し、速度が速くても、メモリコピーが高速化を台無しにしてしまう場合があります。このため、ヘテロジニアスなアーキテクチャ上でプログラムを開発する場合、演算量とメモリコピーで

消費する処理時間や、GPGPU でデータを使い回しできるかなどを見極める必要があります。将来、CPU と GPGPU が同一メモリをアクセスできるようになると、現在のヘテロジニアスなシステムと違い、大きく性能向上することが期待されます。

キャッシュミスを減らす

すでに 1.2.2 節「キャッシュメモリ」で解説済みですが、メモリと高速化は密接な関係があります。CPU の性能を議論する前に、いかにキャッシュミスを低減するかを考えた方が良い場合もあります。CPU の演算より、メモリアクセスのスピードの方が断然遅いです。つまり、複雑な演算よりメモリの読み込みや書き込みの方が、処理時間を奪ってしまうことはよくあることです。

キャッシュメモリについては 1.2.2 節や、後述する具体的な例で丁寧に説明します。そちらも参照してください。

1.3 並列化概論

本節では、並列化の基礎を解説します。並列とは、同時に複数の処理を行うことです。近年、MPI、スレッドプログラミングに加え OpenMP、OpenCL ならびにこれらの派生技術が現れました。例えば、GPGPU などによる画像や科学技術計算を中心とした高速化から派生した技術、Cell や多数の CPU が実装するようになった SIMD 命令による高速化、MPI を代表とする分散メモリ型の並列システム、そして OpenMP などです。これによって、マルチコア CPU、メニーコア CPU、GPGPU、強力な SIMD 命令などの性能を最大限に引き出す並列化技術が提供されています。

これらは単独で使われるだけでなく、組み合わせて使われることも少なくありません。GPGPU などは、インタフェースの標準化を目指し OpenCL が制定化され、拡張が継続中です。さらには、OpenMP などと同様に、指示句だけで GPGPU のコードを自動生成するコンパイラの開発も進んでいます。また、各 CPU ベンダは OpenMP に適したマルチコア CPU の開発や、GPGPU の CPU ダイへの統合、SIMD 命令の拡張を計画するなど、CPU の速度向上の妨げとなっている壁を破ろうとする試みが続いています。

1.3.1　並列処理と逐次処理

　並列処理とは、ある瞬間を観察すると同時に2つ以上の処理を行っていることです。言葉が示すように、2つ以上のことを並んで処理します。

　これを詳しく観察すると、人間のように低速なデバイスには同時に2つの処理を行っているように見えても、実際は高速なデバイスであるCPUが瞬間的にいくつもの作業を時分割で掛け持ちし、並列に実行しているように見せかけている場合があります。このような場合、狭義には並列処理している訳ではないので処理速度が向上するとは限りません。しかし、広義にはこのような場合も並列処理と呼びます。例えば、CPUを1つしか搭載していないコンピュータが、同時に2つ以上の処理を行う場合がそれにあたります。このように短時間に、2つ以上の処理を掛け持ちしている場合もあります。このような例では並列化は実現できますが、実際の処理速度は低下することもあります。

　本書で扱う並列処理は、あくまでも狭義の並列です。ある瞬間を観察したとき、同時に2つ以上の処理を行っているものを指します。

1.3.2　逐次と並列

　逐次処理は、ある瞬間を観察したときに1つの処理しか実行していません。言葉が示すように、いくつかの処理を、順を追って次々に処理することです。

図1.12 ●単一プロセッサで逐次処理

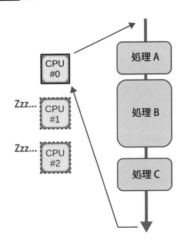

図に示すように，複数のCPU（プロセッサ）を実装したコンピュータであっても、並列化しなければ、単一のプロセッサがプログラムを最初から最後まで逐次的に順序良く処理します。処理を担当しないCPUは空き状態となり、何もせず無駄に遊びます。

　並列処理では対象ブロックを並列化します。前図の逐次処理で記述したプログラムを、並列化したときの概念を図で示します。この例では、処理Bが並列化可能な処理であるとします。

図1.13●各プロセッサで並列処理

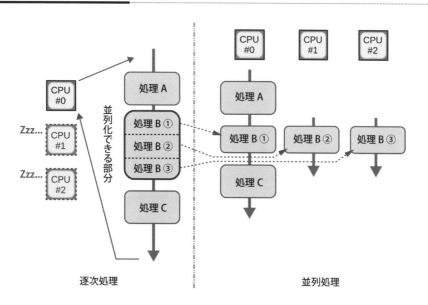

　図に示すように並列化では、CPUが複数実装されていると、1つの塊の処理を複数のCPUで分割して処理します。並列化すると、全体の処理時間は短縮され、高さは低く（=処理時間が短く）なります。上図を時間軸で表した図を以降に示します。

図1.14 ●処理時間の関係

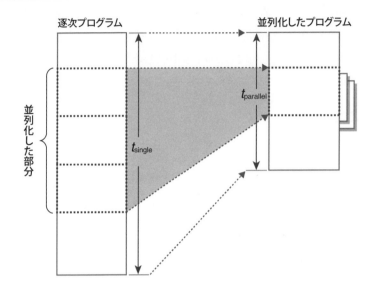

　このように並列化できる部分を多く持つプログラムは大幅に処理時間を短縮できます。並列化すると、逐次プログラムで消費する t_{single} を $t_{parallel}$ まで短縮できます。ただし、並列化困難な部分は高速化できません。このため、並列化できる部分が少ないプログラムは、並列化によって得られる速度向上は限定されます。

　もう少し時間軸を整理してみましょう。逐次処理する部分を逐次リージョン、並列処理する部分を並列リージョンと定義します。前図の並列化したプログラムを例にすると、以降の図に示すように逐次リージョンと並列リージョンへ分離できます。

図 1.15 ●逐次リージョンと並列リージョン

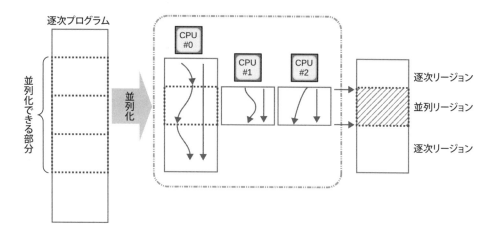

これをスレッドから観察した場合も示します。

図 1.16 ●並列プログラムと逐次プログラムのスレッド

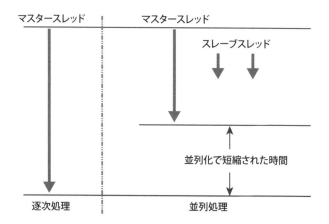

　メニーコア CPU やマルチ CPU システムでは、並列化した部分でスレッドが生成されます。スレッドが、いくつ生成されるかは、通常意識する必要はなくなりつつあります。古典的なスレッドプログラミングでは、プログラマがスレッドの生成や個数まで管理していましたが、現代の高速化を目的とした開発環境を利用すると、最適なスレッドが起動されます。一般的には、CPU コア数と同じだけスレッドが生成されます。もちろん、プログラムや環境変数な

どで明示的に並列数を指定することも可能です。

　古典的なスレッドプログラミングは、目的別で並列処理することが多いです。これはUI向上や、低速デバイスの待ち時間を有効活用するのが目的であったためです。この時代には、CPUは単一で、かつGPGPUなどのヘテロジニアスな環境も存在せず、並列化の目的は高速化ではありませんでした。広義には、待ち時間を有効活用してスループットを上げることも高速化の一部ですが、本来の高速化とは若干、目的を異とします。最近の環境では、粒度の小さな並列化が可能になりました。細かな単位を各CPUや、GPUの各PUへ分担させることができます。並列化のプログラミングも平易になりました。特にOpenMPは#pragmaを一行追加するだけで並列化できます。しかし、ヘテロジニアスな環境では、まだプログラマへ与える負荷が重く、開発環境の一層の進歩が必要でしょう。ベクトル化する場合も同様です。コンパイラの自動ベクトル化を、一般の開発者が無償、あるいは低価格で入手できる状況ではありません。

■ 1.3.3　並列化する目的

　プログラムを並列化する目的は1つではありません。並列化の目的で多いものは、やはり性能向上を目的とした並列化です。一昔前まではコンピュータに搭載されているCPUは、基本的に1個でした。大型コンピュータではマルチCPUのものが古くからありましたが、デスクトップコンピュータのCPUが複数個になったのは近年です。このような環境では、これまでの概念と異なり、いかにすべてのCPUに働いて貰うかが重要になります。特に、CPUコア数は2、4、6、8と増えていき、近い将来には数十、数百個のCPUを搭載する可能性もあります。このように多くのCPUを搭載したものはマルチコアCPUではなく、メニーコアCPUと呼ばれます。このような環境では、プログラムの各部分を並列化し、休んでいるCPUコアを活用すると、驚異的に処理速度の向上が見込めます。

　さらにGPGPUの登場によって、ヘテロジニアスな並列化も可能になり、単なるCPUコアで並列化するだけではありません。GPGPUは、CPUと違い粒度の小さな処理を大量に処理できます。さらに、近年のCPUはベクトル命令を装備しているため、命令の並列化だけでなくデータ並列も可能です。これらを組み合わせると、処理を大幅に高速化できます。

　このように、並列化の第一の目的は高速化であることは疑いがないでしょう。ただ、これだけが並列化の目的ではなく、ユーザインタフェース(UI)の向上なども並列処理の目的です。一昔前のデスクトップアプリケーションには、1つの作業を行っている際に別の要求を受け

付けることができないものが多くありました。これでは、プログラムの使い勝手に制限が出てしまうため、スレッドを多重起動し、フロントエンドとバックエンドに分けて、UIを向上させました。

他にも、通信プログラムなど外部I/Oが極端に遅く、プログラムがブロックされるような場合、その部分をスレッド化し、完了をコールバックやシグナルにしてしまう場合です。これらは非同期プログラミングでも解決できますが、プログラムを並列化させた方が、より単純化します。このように、プログラムの複数個所で、長期間の待ちが発生するプログラムも並列化が有効です。

簡単に並列化の目的を分類してみます。

（1）処理速度を向上させる。
（2）CPUの待ち時間を有効活用し、スループットを向上させる。
（3）ユーザインタフェースを向上させる。

並列と並行

しばしば、並行と並列の違いが話題になります。一般的に、並列はParallel、並行はConcurrentと訳され、普段は区別されないで混同されます。

本書では並行を用いず、並列を用います。マクロ的にはどちらも同じように振る舞いますが、並行がミクロ的には複数の処理を時分割で処理するのに対して、並列はミクロ的にも複数の処理を同時に行います。本書で扱うのは「並列」処理です。

■ 1.3.4　なぜ並列化するか

並列化の目的が速度向上であることは述べました。では、速度向上になぜ並列化を選ぶのでしょう。速度向上には、いくつもの選択肢があるはずです。ここでは、なぜ並列化するのかを説明します。

コンピュータの性能はCPUの能力だけに依存するわけではありません。ただ、コンピュータの性能がCPUの性能に比例する場合が多いことに異論を差し挟む余地はないでしょう。このような背景からコンピュータを高速化するため、CPUのビット幅の拡張、動作クロックの高周波化、キャッシュの大容量化などが図られました。これらの方法は現在も続けられていますが、徐々に限界に近づきつつあります。CPUクロックの高周波化は処理速度を直接向上

する有効な手段ですが、すでにCPUクロックは限界に達しています。これ以上CPUクロックを高速化すると、消費電力、熱、ノイズ、周辺デバイスとの性能バランスの崩壊など、多くの問題が発生するでしょう。このためCPUクロックに頼らないたくさんの高速化技術が研究・開発されています。例えば、パイプライン（pipe line）による命令の処理行程をいくつかの実行ユニットに分担させてCPUがアイドルしないような技術、分岐予測技術、out of order命令実行による高速化、バスバンド幅（bandwidth）拡大技術、CPUバスを空間分割やスイッチングする技術、キャッシュの多階層化によるキャッシュミスの低減など、多くの技術が採用されています。それでも、高速化に限界があり、最近は並列化に注目が集まっています。

プログラムを並列化する理由は1つではありません。例えば、UI（ユーザインタフェース）の向上、外部とのインタフェースが内部処理と比較して極端に遅く、プログラムがブロックされるような場合、最後に、本書の目的と重なりますが、性能向上を目的とした並列化です。以降に並列化の目的をいくつかあげてみます。

消費電力・熱の低減

いくら高速であっても電力を湯水のごとく使い、熱を大量に放出する設計は許されなくなりました。すでに、省電力化は時代の流れです。一時期、CPUやGPUに大きなファンを付けたり、水冷（液冷）まで行い、いかに高速かを冷却装置の大きさで誇示する時代もありました。現在では並列化によって消費電力を低減させることも並列化の大きな目的の1つです。

動作周波数の低減

CPUのクロック周波数を無限大に高くすることはできません。もし、CPUのクロック周波数を無限大に高くすることができれば、CPUはクロック周波数に比例して高速化するはずです。しかし、クロック周波数を高くすることは、バス速度、メモリ、周辺装置、およびキャッシュへの期待も大きくなります。このような背景から、クロック周波数の高周波化も限界に達しつつあります。CPUクロック周波数の低減も、並列化加速の大きな要因です。

高速化

前記の2つも並列化の目的ではありますが、やはり主目的は高速化であることは間違いないでしょう。これまでの手法では高速化の限界が見えつつあり、最近は並列化による高速化が見直されつつあります。また、GPGPUの出現によって個人レベルでも超並列処理を利用で

きるようになりました。

なぜ並列化するのか、その要因をいくつか記述しました。さまざまな理由がありますが、やはりコンピュータは速度を追い求めていくでしょう。

■ 1.3.5　並列化の詳細

並列化の概論を述べてきましたが、もう少しブレークダウンしてみましょう。

並列化できる部分とできない部分

一般的に、プログラム全体を並列化できることは希で、プログラムの一部を並列化できるに留まります。並列化できる部分をいかに多くするかで性能向上は大きく異なってきます。並列化する部分が多いほどスケーラビリティも高くなります。

以降に、プログラムの並列化できる部分と、できない部分を示し、CPUの数によって、どのように高速化されるか概念図で示します。まず、CPUの数が2つの場合を示します。

図1.17 ●並列化の度合いと処理時間の関係（2CPUの場合）

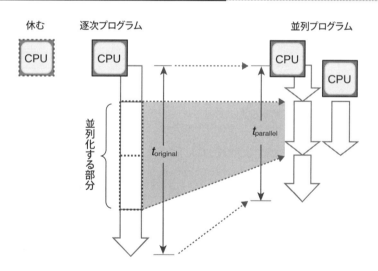

$t_{original}$はすべてを逐次処理で行ったときの時間を表します。$t_{parallel}$は並列化したプログラムの実行時間です。プログラムコード内には、並列化できる（並列化する）部分と、並列化できない（並列化しない）部分が存在します。CPUが2つあると、理想的には、並列化でき

る（並列化する）部分の処理時間が1/2まで短縮されます。ただし、並列化しない部分の処理時間は変わらないので、図に示すようにCPU数が2倍になってもプログラム全体の速度が2倍にはなりません。また、並列化部分もオーバーヘッドなどがあり、1/2まで短縮されるのは理想に近い場合です。

同じプログラムをCPUが4つ搭載されたコンピュータで実行すると、どのように高速化されるか概念図で示します。

図1.18 ●並列化の度合いと処理時間の関係（4CPUの場合）

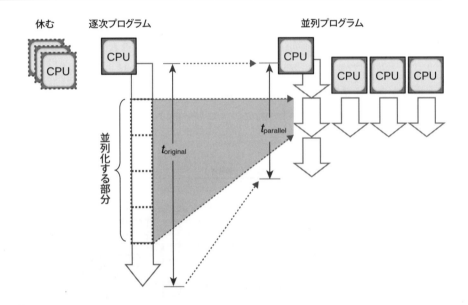

並列化する部分の処理時間が、並列化しない場合の1/4まで短縮されます。ただし、CPU数が4倍になっても、並列化しない部分の処理時間は変わらないので、図に示すようにプログラム全体の速度が4倍にはなりません。先ほどの例より高速化されますが、CPUの数が2から4へ2倍に増えたのに、プログラムの実行速度は、それほど速くなりません。

つまり、並列化できる（並列化する）部分の処理時間がプログラム全体の処理時間の、どの程度を占めるかが高速化の大きな要因となります。

ここで示した図は、プログラムコードの量ではなくプログラムの実行時間を概念化したものです。

1.4 並列化の分類

並列化の手法について簡単に考察してみましょう。並列化にはたくさんのアプローチがあります。ここでは、いくつかに分類してみます。

■ 1.4.1 命令・データによる分類

並列化を命令とデータで分類してみましょう。命令には、一回の命令で複数のデータを処理する**データ並列化**と、一回のクロックで複数の命令を実行する**命令並列化**があります。前者を SIMD、後者を VLIW と呼びます。

データを並列処理する（SIMD）

SIMD（Single Instruction Multiple Data）は、1回の命令で複数のデータを同時に処理します。本書でも具体例を紹介します。詳細は該当する節を参照してください。SIMD を使用すれば、例えば 4 回の命令が必要だった処理を 1 回の命令で処理できます。近年の CPU は、ほとんど SIMD 命令をサポートしています。便利な技術ですが、データが規則的に並んでいるような場合でないと効果を発揮できません。通常はコンパイラが対応しており、プログラマが SIMD 命令を直接記述する必要はありません。ただ、細かな調整を行うために SIMD 命令を直接記述することもあります。その場合、性能と引き替えにソースコードのポータビリティは損なわれます。大量のデータを処理するスーパーコンピュータではよく使われる手法ですが、近年は他の技術同様、パーソナルコンピュータはもちろん、組み込み機器や携帯電話用の CPU でも採用されています。SIMD 命令をさらに発展させた、データも命令も並列化する MIMD[※2] も使われつつあります。

命令を並列処理する（VLIW）

複数の短い命令語を 1 つの長い命令語にまとめ、並列実行する方法を VLIW と呼びます。VLIW は Very Long Instruction Word の略です。現代の CPU にはスケジューリング機能が組み込まれており、結果に影響がないと判断できた場合、各命令は記述された順番を守るこ

※2　Multiple Instruction/Multiple Data

となく、実行可能な命令から順次パイプラインに送り込みます。ただ、このような方法でも、動的スケジューリングには限界があります。

　VLIW は、CPU が動的にスケジューリングを行う必要はなく、あらかじめ並列実行できる命令を生成します。つまり、コンパイラが並列処理の命令を生成します。いわゆる out of order による Instruction の実行です。VLIW は、これを拡大し、1 回で複数の命令を実行します。通常、プログラマが直接 VLIW を操作することはなく、コンパイラが VLIW 命令を自動生成します。VLIW は広くは普及しませんでした。本書は VLIW の例題や解説は行いません。

■1.4.2　メモリの分散・共有による分類

　コンピュータの性能に大きく影響する要素の 1 つがメモリアクセスであることは疑いようがないでしょう。コンピュータの高速化でメモリコピーやキャッシュミスを低減させることは常に課題となります。メモリを共有するか分散させるかで、これらに大きな影響があります。ここでは、メモリの分散と共有で分類してみましょう。以降にメモリ分散型と、メモリ共有型の概念図を示します。

メモリ分散型

　メモリ分散型は、論理的に分散したシステムが通信しながら 1 つの問題を処理します。当然ですが、演算装置は、他の演算装置が管理するメモリを直接操作することはできません。必ずメッセージなどを使用し、データを受け渡す必要があります。以降に概念図を示します。

図 1.19 ●メモリ分散型の概念図

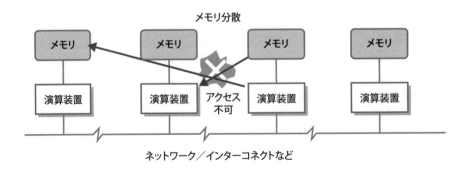

　メモリ分散型は、各処理系間の依存度や結合が粗になるため耐故障性やスケーラビリティ

が高くなります。また、空間的・物理的な制約が少なくなります。代わりに、メモリアクセスの自由度が損なわれ性能を高めにくい面があります。メモリなどの参照・更新は、必ずメッセージなどの手順を介する必要があるため、共有メモリに比べてメモリアクセスは不利です。MPI などは、このようなシステムの一例です。

メモリ共有型

メモリ共有型は、各演算装置が共通のメモリを使用します。当然ですが各演算装置はメモリ全体をアクセスできます。以降に概念図を示します。

図 1.20 ●メモリ共有型の概念図

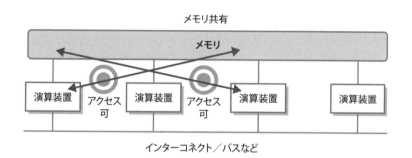

メモリ共有型は、各処理系間の依存度や結合が密になるため、一般的に高速です。また、同じ空間で動作するためデータ交換はメモリ分散型に比べ面倒なメッセージなどに頼る必要はありません。マルチ CPU 配下のスレッドや OpenMP が、この方式に分類されます。デメリットとして、演算装置の拡張などスケーラビリティに欠けます。基本的に演算装置などは同一のものでなければなりません。メモリを物理的に共有するため、当然ですが空間的・物理的に近い場所に存在する必要があります。一般的に同一筐体に納められます。

メモリ共有型としては SMP[※3] が有名ですが、近年では両者を組み合わせたハイブリッド型が多くなっています。

1.4.3 ヘテロジニアス・ホモジニアスによる分類

現代の高速コンピュータは CPU などの演算装置を複数並べるのは一般的なことです。これまでは、多数の同一アーキテクチャのプロセッサだけを使う方法が主流でした。ところが

※3　Symmetric Multiprocessing

GPGPU の登場によって、パーソナルコンピュータからスーパーコンピュータまで GPGPU と汎用 CPU を組み合わせたシステムが出現しています。

同一アーキテクチャのプロセッサだけを使ったコンピュータをホモジニアス、異なるアーキテクチャのプロセッサを組み合わせた並列コンピュータをヘテロジニアスと呼びます。

ホモジニアスなシステムは、使用されるプロセッサのアーキテクチャが同一なため構成は単純化できます。規模は小さいですがパーソナルコンピュータなどに使われるメニーコア CPU 型も、この一種です。

ヘテロジニアスなシステムは、異なるアーキテクチャのプロセッサを組み合わせた方式です。特に最近使われるようになった GPU/GPGPU が有名です。GPGPU は CPU などに比べ多数の演算装置を搭載しており、科学技術計算などの処理は得意です。かつ、マルチコア CPU やマルチ CPU で実現した場合に比べ桁違いに費用を低減できます。

ヘテロジニアス、ホモジニアスと表現しても、ヘテロジニアスにはさまざまな形態が存在するので一概に比較はできません。本書では CPU ＋ GPGPU を想定してヘテロジニアスと表現していますが、本来は、単一アーキテクチャの演算装置を多数搭載したシステムを表すホモジニアスに対して、異なるアーキテクチャの演算装置を混在させたシステムを表す言葉です。

ホモジニアスなシステムの概念図

共有メモリを採用し、同一 CPU を複数実装したものです。各 CPU を同期・通信させながら 1 つの問題を解決する方法です

図 1.21 ●ホモジニアスなシステムの概念図

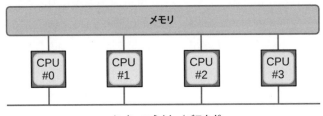

マルチ CPU は物理的に CPU が分離しています。最近は同一シリコン上に多数の CPU を配したマルチコア CPU が使われています。論理的には、マルチ CPU とマルチコア CPU の構成

に違いはありません。

ヘテロジニアスなシステムの概念図

　この方法は異なるアーキテクチャのプロセッサを複数搭載してシステムを構成します。異なる処理を、異なるプロセッサに割り振って効率良く処理します。以降に概念図を示します。

図 1.22 ●ヘテロジニアスなシステムの概念図

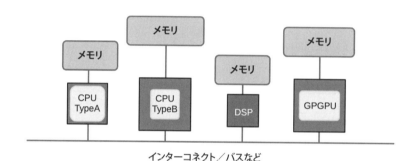

　ホモジニアスと異なるのは、CPU のアーキテクチャが同一ではなく異なることです。例えば、浮動小数点数の演算が多い場合、その部分を DSP に任せ CPU は全体の制御を担います。従来から使われる方法で、組み込みシステムなどでは負荷の重い処理をハードウェアで処理する代わりに DSP を使用していました。

　ホモジニアスと大きく異なるのは、メモリ空間が同一でない場合があることです。このような場合メモリコピーによるオーバーヘッドが大きくなります。最近は CPU + GPGPU のヘテロジニアスが注目を浴びています。

1.4.4　プロセス・スレッドによる分類

　並列化をプロセスとスレッドから分類してみます。スレッドはコンテキストを切り替えず同一プロセス内で並列処理を実現します。つまり、1 つのプログラム内で並列化を実現します。プロセスを並列化させる方法は、完全に分離された複数のプログラムが協調しながら 1 つの目的を達成します。プロセスを分離すると、プログラムは論理的に分離された空間で動作するため、並列化された部分は疎結合となり競合などの問題が低減されます。プロセスは、メッセージ使ってデータやコマンドを交換します。このため、スレッドに比べデータ交換速度は低

速です。プロセスで並列化した場合、情報交換をメッセージに頼るため、プロセスが同一コンピュータ内に存在する必要はありません。このため、スレッドによる並列化に比べスケーラビリティは高く、自由度は高いです。

　スレッドによる並列化は、同一プロセス内で並列処理を行います。このため、同一コンテキストで動作するため情報交換は高速です。また、同一メモリ空間で動作するため高速な並列処理が実現できます。ただし、同一コンテキスト内で並列動作するためデータアクセスで競合などが起こります。同期処理がプロセスによる並列化に比べ煩雑になるでしょう。以降に、プロセスによる並列化と、スレッドによる並列化の概念図を示します。

図1.23 ●プロセスによる並列化とスレッドによる並列化の概念図

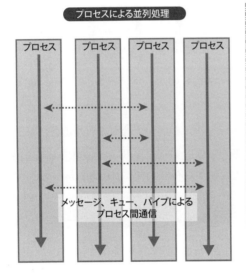 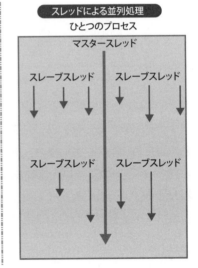

1.5 並列化の限界

すでに解説した通り、並列化は高速化の選択肢として有効な手法です。ところが並列化手法にも限界があります。プログラム内に並列化困難な部分が多いと、効果的な結果を得られません。これについては有名なアムダールの法則が存在します。

図1.24 ●アムダールが示す限界

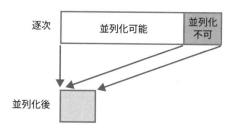
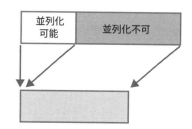

近年は、この法則にも異論も現れていますが、並列化の限界を明快に説明している法則です。アムダールの法則（Amdahl's law）は、プログラムの一部を並列化したとき、全体として期待できる性能向上の程度を説明するために採用されます。この法則は、コンピュータ技術者であるジーン・アムダール氏により提唱されました。

アムダールの法則は収穫逓減の法則の実例です。プログラムの一部を10倍に高速化できたとしても、高速化できる部分が全体の20%程度なら、全体としての性能は $1 / (1 - 0.20) = 1.25$ の性能向上しか実現できません。

並列化へアムダールの法則を適用してみましょう。並列化できない順次実行部分の実行時間の割合を F としたとき、並列化可能な部分は $(1 - F)$ です。N 個のプロセッサを使ったときの全体の性能向上率は次の式で表すことができます。

$$\frac{1}{F + (1 - F)/N}$$

N が無限大に近づくと、性能向上率は $1/F$ となります。つまり N が極端に大きいと、$(1 - F)/N$ が0に近づくためです。このことから、「$1 - F$」（並列化できる部分）が小さなプログラムは、N を増やしても性能が向上しにくくなります。例えば、並列化できる部分が

20%で、CPUが10個あるコンピュータへ適用した場合、

$$\frac{1}{0.8 + (1 - 0.8)/10}$$

となります。これから分かるように、1.21倍の性能向上に留まります。理想的には、CPUが10個になりましたので最大10倍の速度向上が期待できるはずです。しかし、並列化できる部分が少ないと、このように並列化の恩恵を十分に得られず、たった21%の性能向上しか見込めません。以降に、Fが10%、20%、30%、50%、70%のとき、並列化を50まで変化させたときの、性能向上をグラフで示します。

図1.25 ●並列化可能な割合と性能向上の関係

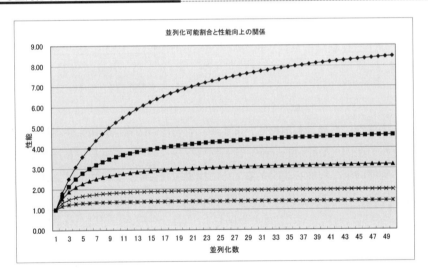

グラフの上から、Fが10%、20%、30%、50%、70%です。つまり、並列化できない部分が70%もあると並列化数をいくら増やしても性能向上は40%程度で頭打ちとなります。並列化（CPUコア数）を50にしても性能向上はたったの40%では、余りにも費用対効果が悪すぎます。

並列化できない部分がわずか10%あっても、CPUコア数が50個で性能向上は9倍強でしかありません。理想的には50倍の性能向上が見込めるはずです。しかし、並列化できない部分が10%あるだけで、たった9倍強の性能向上しか受け取ることができません。逐次処理が全体性能へ与える影響の大きさが分かります。ただし、並列化数が10程度で、並列化できな

い部分が20%〜30%程度なら、リニアとは言えませんが、それなりに並列化数と共に性能が向上します。

　このような結果を考えると、昨今のデスクトップ用CPUのコア数を100程度まで増やそうという考えが何を根拠に考えて企画されたものか分かりません。一般に、個人が使うデスクトップパソコンはアムダールの法則からCPUコア数を数十以上に増やしても効果はないと考えられていました。ところが、CPUベンダは、メニーコア化されたプロセッサが将来的にデスクトップのアプリケーションにも効果的であるとして100以上のコアを供えたCPUの開発にも積極的です（でした）。このような考えは、多数のコアを供えたコンピュータをスループットマシンとして位置づけているようです。つまり、無関係なプログラムを多数走行させ、1つのプログラムの性能向上を図るのではなく、いくつものプログラムをさせることによって、システム全体のスループットを向上させます。そのように考えるとサーバーなどが、メニーコアCPUを必要とするのは頷けます。

　アムダールの法則にも異論や、アムダールの法則以前にバスやメモリアクセスがネックになるという説もあります。例えば、IntelのCPUにはTurbo Boostを搭載したCPUが存在します。Turbo Boostは、活動しているCPUコア数が少ないとき、当該コアの動作周波数を引き上げる技術です。これによって、並列されない部分、および並列化が小さい部分は動作クロックの引き上げによって処理速度が向上します。このような例では、アムダールの法則が純粋に適用されません。ただ、このような方法を使用しても、動作周波数が数割上がる程度なので、並列化がうまく動作したときと比べると、それほど大きな性能向上は見込めません。あくまでも並列化できない部分の救済的な技術です。本書は、この話題を深く掘り下げることを目的としていません。ただ、アムダールの法則にも異論があることは理解してください。

COLUMN

閑話休題：アムダールマシン

個人的なことながら、筆者はアムダールマシンの初期開発の末席を汚していました。古い米国の友人は、当時アムダール社に所属していた人もいます。とはいえ、もう彼らも筆者も引退の年齢であり過去の人でしょう。最近の若いエンジニアは、アムダールマシンが何であるか知らない人も多いでしょう。遠い大昔の話です。

1.6 並列化の課題

並列化によって生ずる、いくつかのメリットはすでに述べた通りです。例えば消費電力を増大させることなく性能を向上できます。並列化は、多くの利点を持つ高速手法ですが、良いことばかりではありません。本節では、並列化の課題を示します。単にデメリットではなく、並列化による影響についても述べます。

■ 1.6.1　オーバーヘッド

並列化は夢のように素晴らしい技術ですが、良いことには裏があり、夢ばかりではありません。プログラムを並列化するには、並列化に先立ち準備が必要です。これを一般的に並列化のオーバーヘッドと呼びます。あまりにもオーバーヘッドが大きいと、並列化による速度向上分が相殺され、結果的に並列化したために遅くなってしまうことさえあります。本書では、そのような解説も行います。

ホモジニアスなシステムと違い、ヘテロジニアスなシステムは、比較的オーバーヘッドが大きなアーキテクチャです。なぜかというと、物理的に近距離、あるいは同じシリコン上にありながら、メモリ空間は分離されているためです。このため、メモリコピーという性能向上を阻害する永遠の課題に突き当たります。ヘテロジニアスだからメモリ空間が分離されているわけではありませんが、一般的な現在のヘテロジニアスなシステムではメモリ空間は分離されています。このため、メモリの交換を頻繁に行う並列化には不利です。

さらに、ヘテロジニアスを前提としているため、異なるバイナリ（実行ファイル）が必要です。このため、データだけでなく実行ファイルさえ別に用意する必要があります。このため、比較的オーバーヘッドは大きいと考えて良いでしょう。

■ 1.6.2　データアクセス競合

プログラムを並列化するとさまざまな問題が起きますが、データアクセスの衝突もその1つです。並列化された部分からデータアクセスを行う場合、複数の部分が同時に動作するためデータアクセスが衝突します。これによって、正常な結果が得られない場合があります。逐次プログラムでは何の問題も起きない処理が、並列化したために問題を引き起こします。通

常のプログラムを単純に並列化する場合、性能向上を云々する以前に、正しく処理が行われるか検証する必要があります。例えば、並列に処理する部分で共通のデータを使用する場合、次に示すような方法で処理やデータアクセスが競合しないようにする必要があります。

- 各並列化されたコードから排他的にデータアクセスする
- データを複製し、各並列化部を隔離する
- 並列化コードを順番に動作させる

本書では、データアクセス競合についても解説します。

1.6.3　複雑化

　基本的に、人間は物事を時系列にとらえるのは自然なことです。並列処理では、時間のとらえ方を変えなければなりません。プログラムコードが、記述されたように上から下へ、順番に実行されると考えてはなりません。さらに、同一時間に複数のコードが動作するため、データアクセスの競合も気をつけなければなりません。処理順に依存性がある場合やデータ間に依存がある場合、同期処理が必要です。

　逐次プログラムの場合、プログラムは制御が移った順に処理されます。このため、課題を理論通り処理するだけです。ところが、並列化したプログラムでは、複数のブロックが同時に動作するため、処理順に依存性がある場合はそれらを制御しなければなりません。このように、逐次プログラムでは不要だったもろもろの同期処理などが必要です。これを誤ると、正常な処理結果は得られません。

　ヘテロジニアスなシステムでは、それぞれのCPUごとの知識やデータ交換の手法も習得しなければなりません。ベクトル化も同様で、各プロセッサの決まりを理解していないとプログラミングできません。

　並列化を利用すると、システムを高速化できます。しかし、「データアクセス競合」や「同期処理」を適切にインプリメントしないと、性能以前に処理結果が正常でないという、まったく意味のないことになってしまいます。これらは逐次プログラムでは、まったく必要のなかった処理です。これだけでなく、並列化部分の通信や、前処理や後処理も必要になります。

　基本的に、並列処理は逐次処理に比べ、はるかに複雑度が増します。結果、不具合が増えるだけでなく、開発工数の増大を招きます。工数の増大は、開発期間、ひいては開発コストの増大も招きます。高速化は重要ですが、費用対効果を考え、どの程度の高速化を目指すか

を明確にしておくことは肝要です。

■ 1.6.4　ポータビリティの喪失

　並列化プログラムは、CPU依存やコンパイラ依存が存在します。どの程度、汎用性を持たせ、ポータビリティを向上させるかを考えなければなりません。ただし、性能を限界まで最適化すると、自ずとシステム依存せざるを得ません。これが並列化の欠点の1つです。例えば、ヘテロジニアスなシステムを採用した場合、その環境に適合したコンパイラとプログラムが必要です。ベクトル化を採用し、ベクトル命令を使用する場合も同様で、システムがサポートするベクトル命令を使用する必要があります。

　このような、システム依存のあるプログラムは、他の環境へ移行する場合、何らかの手を加えなればなりません。運が悪いと、単に命令やインタフェースを書き換えるだけでなく全体を作り直す必要もあります。

　ポータビリティと性能のバランスを、どの程度でバランスさせるかは重要な課題です。

■ 1.6.5　スケーラビリティの喪失

　開発する手法によっては、スケーラビリティを失います。とはいえ、逐次プログラムは、もともとスケーラビリティがあるとは言えないので、これが並列化の欠点かと問われると悩みます。並列化でも、例えばOpenMPを考えてみましょう。OpenMPは、プログラムに手を加えなくても、システムのCPU数が変化すると、自動的にCPUに応じた並列化を行ってくれます。ただ、このようなスケーラビリティを持たないものも少なくありません。

1.7 時間軸と高速化

　高速化とひとくちに表現しても、時間軸に対する考えがあります。1つは、一定の時間内になるべく多くの結果を得ることを最優先します。もう1つは、入力から結果を出すまでの時間をいかに短縮するかを考えます。高速化には以下の2つが考えられます。

（1）スループット向上
（2）レイテンシ低減

スループット

　スループット（Throughput）とは、単位時間当たりの処理能力のことを指します。スループットを向上させて効果のある分野は以下のようなものです。

- ビデオのエンコーディング
- 実験データの解析・生成
- 計測データの解析
- ビッグデータの解析

レイテンシ

　レイテンシ（latency）とは、データ入力から結果を出力するまでの遅延時間のことです。レイテンシを低減させて効果のある分野は以下のようなものです。

- ゲーム
- リアルタイム音響・画像処理
- インタラクティブな操作を行うアプリケーション

　スループットは、wallclock time（現実の実時間）に対し、それほど注意を払う必要はありません。レイテンシが問題となるシステムでは、絶えずwallclock timeを意識しなければなりません。例えば、ライブの映像に加工を行う場合、入力データと出力データの時間差は、なるべく小さくなければなりません。

　スループットは、コンピュータの単位時間あたりの処理能力を指します。データ処理にお

けるスループットは、コンピュータに搭載されるCPUの能力、CPUクロック周波数、CPUコア数、CPUのビット数やメインメモリの速度や容量、ハードディスクの速度や容量など、さまざまな要因が影響します。

　レイテンシ（latency）も上記と同様の要因が影響しますが、オペレーティングシステムは汎用ではなくリアルタイム処理用に特別に最適化されていなければなりません。処理を要求してから、その結果が返されるまでの遅延時間を短くする必要があるため、割り込みなどとオペレーティングシステムが密接に連携して動作する必要があります。レイテンシが低くなければならないシステムでは、データの精度を犠牲にして速度を優先させる場合もあります。

第2章

単純な高速化

●●●

　本章では、誰でも思いつくような高速化についてまとめてみます。ごく普通のことですが、ひと通りまとめます。高速なCPUを使用する場合、それほど初歩的なことに気をつける必要はありません。しかし、組み込み用のCPUでは、現代でも浮動小数点数をサポートしていない、あるいはサポートしていても除算などは低速なものもあります。そのような環境では、ごく原始的な最適化を行うだけで、システムの速度が向上するのはよくあることです。

　非力なCPUだけでなく、強力なCPUでも誤差の関係で浮動小数点演算は最適化を行わないことが多く、初歩的な最適化で大きな効果を得る場合があります。

　本章では、ごく一般的な最適化について解説します。

2.1 コンパイラオプション

　近年のコンパイラは優秀な最適化機能を備えています。このためプログラムを一切変更することなく高速化できます。どのように最適化するかは、コンパイラオプションを使って指定します。例えば、マイクロソフト社の Visual Studio に含まれる C++ コンパイラのオプションのいくつかを以降に示します。

表 2.1 ● Visual Studio に含まれる C++ コンパイラの最適化オプション

オプション	意味
/O1	コードを最小化します。
/O2	コードを最速化します。
/Od	最適化を無効にします。
/Og	グローバル最適化を使用します。
/Os	実行可能ファイルで、サイズの小ささを優先させます。
/Ot	実行可能ファイルで、実行速度を優先させます。
/Ox	最大限の最適化を行います。

　簡単なプログラムを /Od と /Ox を指定してコンパイルし、その速度差を比較します。以降にソースリストを示します。このプログラムは、$y_i = a \cdot x_i + b \cdot x_i + c \cdot x_i$ を処理します。

リスト 2.1 ● ソースリスト

```c
#include <stdio.h>
#include <stdlib.h>
#include <time.h>
#include <omp.h>

int
main()
{
    const int loop = 65536, n = 65536;

    volatile float a = (float)rand();
    volatile float b = (float)rand();
    volatile float c = (float)rand();
    float x[n], y[n];
```

```c
    for (int i = 0; i<n; i++)
        x[i] = (float)rand();
    
    clock_t startTime = clock();
    
    // Main calculation
    #pragma omp parallel for
    for (int j = 0; j<loop; j++)
        for (int i = 0; i<n; i++)
            y[i] = a * x[i] + b * x[i] + c * x[i];
    
    clock_t stopTime = clock();
    
    float etime = (float)(stopTime - startTime) / CLOCKS_PER_SEC;
    printf("elapsed time = %15.7f sec\n", etime);
    
    return 0;
}
```

　このような単純なプログラムを /Od と /Ox を指定してコンパイルし、その速度差を比較します。単に実行したのでは、すぐに終わってしまうのでループして時間計測を行います。

　時間計測にはさまざまな方法があります。精度を向上させようとするとCPUのレジスタを読む、あるいはプラットフォーム依存のAPIを使うなどの方法が考えられます。本書は、ベンチマークを目的としているのではなく、大まかな実行速度の変化を観察できれば良いので、一般的なclock関数を採用します。以降にベンチマークの結果を示します。

図2.1 ●ベンチマーク結果（CPU：Core i5 4210）

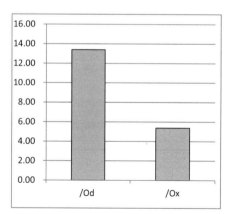

オプション	処理時間［秒］
/Od	13.40
/Ox	5.38

2 単純な高速化

単にコンパイルオプションを変更するだけで、約 2.5 倍高速に処理されています。以降に $y_i = a \cdot x_i + b \cdot x_i + c \cdot x_i$ の部分のソースコードを抜き出して示します。

```
for (int i = 0; i<n; i++)
    y[i] = a * x[i] + b * x[i] + c * x[i];
```

このコードが、どのようなアセンブリコードに翻訳されるかを示します。アセンブリ言語に詳しくない人は、何を行っているか分からないでしょうが、明らかに最適化を指定した方が、コード量が少ないのが分かるでしょう。加えて、for 文の処理も、明らかに最適化オプションを指定した方のコードがスマートです。

1 回のループに要する命令数は、最適化なしが 19 命令、最適化ありが 12 命令です。最適化を指定しなくても、Intel 社の CPU では浮動小数点数処理には SSE 命令などがデフォルトで使用されるようです。

リスト 2.2 ● /Od(最適化しない)を指定したときの翻訳コード

```
; 28   :           for (int i = 0; i<n; i++)

    mov DWORD PTR i$1[rsp], 0
    jmp SHORT $LN3@main
$LN2@main:
    mov eax, DWORD PTR i$1[rsp]
    inc eax
    mov DWORD PTR i$1[rsp], eax
$LN3@main:
    cmp DWORD PTR i$1[rsp], 65536      ; 00010000H
    jge SHORT $LN1@main

; 29   :           y[i] = a * x[i] + b * x[i] + c * x[i];

    movsxd  rax, DWORD PTR i$1[rsp]
    movss   xmm0, DWORD PTR a$[rsp]
    mulss   xmm0, DWORD PTR x$[rsp+rax*4]
    movsxd  rax, DWORD PTR i$1[rsp]
    movss   xmm1, DWORD PTR b$[rsp]
    mulss   xmm1, DWORD PTR x$[rsp+rax*4]
    addss   xmm0, xmm1
    movsxd  rax, DWORD PTR i$1[rsp]
    movss   xmm1, DWORD PTR c$[rsp]
    mulss   xmm1, DWORD PTR x$[rsp+rax*4]
```

```
        addss   xmm0, xmm1
        movsxd  rax, DWORD PTR i$1[rsp]
        movss   DWORD PTR y$[rsp+rax*4], xmm0
        jmp SHORT $LN2@main
$LN1@main:
```

リスト 2.3 ● /Ox（最大限の最適化）を指定したときの翻訳コード

```
; 28   :              for (int i = 0; i<n; i++)

        xor ecx, ecx
        mov edx, 65536                  ; 00010000H
        npad    9
$LL3@main:

; 29   :                  y[i] = a * x[i] + b * x[i] + c * x[i];

        movss   xmm1, DWORD PTR x$[rsp+rcx]
        add rcx, 4
        movaps  xmm2, xmm1
        movaps  xmm0, xmm1
        mulss   xmm2, DWORD PTR b$[rsp]
        mulss   xmm0, DWORD PTR a$[rsp]
        mulss   xmm1, DWORD PTR c$[rsp]
        addss   xmm2, xmm0
        addss   xmm2, xmm1
        movss   DWORD PTR y$[rsp+rcx-4], xmm2
        dec rdx
        jne SHORT $LL3@main
```

　最適化しない方は、ソースコードを忠実にマシン語へ翻訳しています。xmm0 レジスタに a を読み込み、これに x[i] を乗算します。これによって xmm0 レジスタには $a \cdot x_i$ が格納されます。次に、xmm1 レジスタに b を読み込み、x[i] を乗算します。これによって xmm1 レジスタには $b \cdot x_i$ が格納されます。xmm0 レジスタと xmm1 レジスタを加算し、xmm0 レジスタには $a \cdot x_i + b \cdot x_i$ が格納されます。同様に、xmm1 レジスタに c を読み込み、x[i] を乗算します。これによって xmm1 レジスタには $c \cdot x_i$ が格納されます。そして、xmm0 レジスタと xmm1 レジスタを加算し、xmm0 レジスタには $a \cdot x_i + b \cdot x_i + c \cdot x_i$ が格納されます。最後に、xmm0 レジスタに保持されている結果を、y[i] に書き込みます。

2 単純な高速化

　最適化した方はソースコードを解釈し、行いたいことを想像し、実行速度が速くなるように最適化したマシン語へ翻訳します。まず、xmm1 レジスタに x[i] を読み込み、それを xmm2 レジスタと xmm0 レジスタへコピーします。次に、xmm2 レジスタと b を乗算します。これによって xmm2 レジスタには $b \cdot x_i$ が格納されます。同様の乗算を行い、xmm0 レジスタと xmm1 レジスタに $a \cdot x_i$ と $c \cdot x_i$ が格納されます。次に、xmm2 レジスタと xmm0 を加算し、xmm2 レジスタには $a \cdot x_i + b \cdot x_i$ が格納されます。そして、xmm2 レジスタと xmm1 レジスタを加算し、xmm2 レジスタに $a \cdot x_i + b \cdot x_i + c \cdot x_i$ が格納されます。最後に、xmm2 レジスタに保持されている結果を y[i] に書き込みます。

　ついでに、IA-32 命令のみを指定したときの翻訳コードも示します。浮動小数点数の処理が FPU 命令に翻訳されます。

リスト 2.4 ● IA-32 命令のみを指定したときの翻訳コード

```
; 28   :             for (int i = 0; i<n; i++)

    mov DWORD PTR _i$3[ebp], 0
    jmp SHORT $LN3@main
$LN2@main:
    mov eax, DWORD PTR _i$3[ebp]
    add eax, 1
    mov DWORD PTR _i$3[ebp], eax
$LN3@main:
    cmp DWORD PTR _i$3[ebp], 65536     ; 00010000H
    jge SHORT $LN1@main

; 29   :             y[i] = a * x[i] + b * x[i] + c * x[i];

    fld   DWORD PTR _a$[ebp]
    mov   ecx, DWORD PTR _i$3[ebp]
    fmul  DWORD PTR _x$[ebp+ecx*4]
    fld   DWORD PTR _b$[ebp]
    mov   edx, DWORD PTR _i$3[ebp]
    fmul  DWORD PTR _x$[ebp+edx*4]
    faddp ST(1), ST(0)
    fld   DWORD PTR _c$[ebp]
    mov   eax, DWORD PTR _i$3[ebp]
    fmul  DWORD PTR _x$[ebp+eax*4]
    faddp ST(1), ST(0)
```

```
        mov     ecx, DWORD PTR _i$3[ebp]
        fstp    DWORD PTR _y$[ebp+ecx*4]
        jmp     SHORT $LN2@main
$LN1@main:
```

2.2 コンパイラを変えてみる

　コンパイラを変えて、gcc のオプションの例を示します。-O0（最適化を行わない）と -O2（最適化を行う）の比較です。Ubuntu の gcc に含まれる C++ コンパイラオプションのいくつかを以降に示します。

表 2.2 ● Ubuntu の gcc に含まれる C++ コンパイラのオプション

オプション	意味
-O0	最適化しません。
-O1	最適化します。
-O2	さらに最適化します。

　以降に gcc でコンパイルしたときのコマンドとオプションの一例を示します。

```
$ g++ -S -g -O0 Source.cpp verify.cpp
```

　以降に、それぞれ -O0 と -O2 を指定したとき、コンパイラが出力したアセンブリソースを示します。

リスト 2.5 ● -O0（最適化しない）を指定したときの翻訳コード

```
.L6:
    .loc 1 29 0 discriminator 3
    movl    -524336(%rbp), %eax
    cltq
    movss   -524304(%rbp,%rax,4), %xmm1
```

```
        movss   -524356(%rbp), %xmm0
        mulss   %xmm0, %xmm1
        movl    -524336(%rbp), %eax
        cltq
        movss   -524304(%rbp,%rax,4), %xmm2
        movss   -524352(%rbp), %xmm0
        mulss   %xmm2, %xmm0
        addss   %xmm0, %xmm1
        movl    -524336(%rbp), %eax
        cltq
        movss   -524304(%rbp,%rax,4), %xmm2
        movss   -524348(%rbp), %xmm0
        mulss   %xmm2, %xmm0
        addss   %xmm0, %xmm1
        movd    %xmm1, %eax
        movl    -524336(%rbp), %edx
        movslq  %edx, %rdx
        movl    %eax, -262160(%rbp,%rdx,4)
        .loc 1 28 0 discriminator 3
        addl    $1, -524336(%rbp)
.L5:
        .loc 1 28 0 is_stmt 0 discriminator 1
        cmpl    $65535, -524336(%rbp)
        jle .L6
```

リスト 2.6 ● -O2（最適化する）を指定したときの翻訳コード

```
.L4:
.LBB16:
.LBB10:
.LBB11:
        .loc 1 29 0 discriminator 3
        movss   16(%rsp,%rdx), %xmm3
        movss   4(%rsp), %xmm0
        movss   8(%rsp), %xmm2
        mulss   %xmm3, %xmm0
        mulss   %xmm3, %xmm2
        movss   12(%rsp), %xmm1
        mulss   %xmm3, %xmm1
        addss   %xmm0, %xmm2
        addss   %xmm1, %xmm2
        movss   %xmm2, 262160(%rsp,%rdx)
```

```
        addq     $4, %rdx
        .loc 1 28 0 discriminator 3
        cmpq     $262144, %rdx
        jne .L4
```

明らかに -O2 を指定したときの出力が、-O0 を指定したときよりコンパクトです。最適化を行わない場合と行う場合、両方とも Visual Studio に含まれる C++ コンパイラが出力したコードと、ほぼ同様です。gcc の出力コードは、Visual Studio が出力するものと比較してオペランドの並びが逆になるので、コードを参照するときに注意してください。いわゆる Intel フォーマットと ATT フォーマットの違いです。

gcc のアセンブラの出力リストには、ソースコードが含まれません。代わりに [.loc] が含まれます。これの 2 番目の数値はソースリストの行番号を表しています。ですので、リスト 2.5、2.6 はリスト 2.7、2.8 のように書き換えたのと等価です。

リスト 2.7 ● -O0（最適化しない）を指定したときの翻訳コード（含ソースコード）

```
.L6:
    ;y[i] = a * x[i] + b * x[i] + c * x[i];
    movl     -524336(%rbp), %eax
    cltq
    movss    -524304(%rbp,%rax,4), %xmm1
    movss    -524356(%rbp), %xmm0
    mulss    %xmm0, %xmm1
    movl     -524336(%rbp), %eax
    cltq
    movss    -524304(%rbp,%rax,4), %xmm2
    movss    -524352(%rbp), %xmm0
    mulss    %xmm2, %xmm0
    addss    %xmm0, %xmm1
    movl     -524336(%rbp), %eax
    cltq
    movss    -524304(%rbp,%rax,4), %xmm2
    movss    -524348(%rbp), %xmm0
    mulss    %xmm2, %xmm0
    addss    %xmm0, %xmm1
    movd     %xmm1, %eax
    movl     -524336(%rbp), %edx
    movslq   %edx, %rdx
    movl     %eax, -262160(%rbp,%rdx,4)
```

```
        ;for (int i = 0; i<n; i++)
            addl    $1, -524336(%rbp)
    .L5:
        ;for (int i = 0; i<n; i++)
            cmpl    $65535, -524336(%rbp)
            jle .L6
```

リスト 2.8 ● -O2（最適化する）を指定したときの翻訳コード（含ソースコード）

```
    .L4:
    .LBB16:
    .LBB10:
    .LBB11:
        ;y[i] = a * x[i] + b * x[i] + c * x[i];
            movss   16(%rsp,%rdx), %xmm3
            movss   4(%rsp), %xmm0
            movss   8(%rsp), %xmm2
            mulss   %xmm3, %xmm0
            mulss   %xmm3, %xmm2
            movss   12(%rsp), %xmm1
            mulss   %xmm3, %xmm1
            addss   %xmm0, %xmm2
            addss   %xmm1, %xmm2
            movss   %xmm2, 262160(%rsp,%rdx)
            addq    $4, %rdx
        ;for (int i = 0; i<n; i++)
            cmpq    $262144, %rdx
            jne .L4
```

　このように、コンパイラオプションを見直すだけで十分高速化される場合もあります。姑息な手段を使って高速化を図るより、コンパイルオプションが自身の思っているものに設定されているか確認するのは重要です。たまに、デバッグオプションを付けたままの場合もあります。ほとんどのシステムでは、デバッグオプションが付いていると、プログラムの実行速度は極端に遅くなります。他にも、実行時にスタックオーバーフローなどをチェックするオプションが存在するものもあります。不必要なチェックが入っている場合、それらを外すと良いでしょう。

　高価なコンパイラでは、最適化が更に強力で自動並列化や自動ベクトル化まで行ってくれ

2.3 初歩的な最適化

るものもあります。高価といっても数十万円程度のものもあるので、エンジニアの増員や期間の延長を考えると、コンパイラなどを購入した方が、はるかに費用対効果が高い場合もあります。目標の性能、開発環境の費用などを考慮し、何が最適の解か検討するのは重要です。開発環境は、試用期間を設けている製品も少なくないので、試すことも可能です。

2.3 初歩的な最適化

ごく一般的な最適化について説明します。コンパイラの最適化は進歩していますが、それでも少しの工夫で処理性能が向上するときがあります。また、CPUも日々進歩しているので、ここで解説する方法はコンパイラやCPUが吸収してしまう場合もあります。

■ 2.3.1 括弧でくくる

コンパイラの最適化は進歩していますが、それでも必ずしも最適化がうまく動作するとは限りません。最適化されそうな簡単なコードであっても、明示的に記述した方が速度向上するときがあります。以降に簡単な例を示します。

前節で紹介した $y_i = a \cdot x_i + b \cdot x_i + c \cdot x_i$ を $y_i = (a + b + c) \cdot x_i$ と書き換え、乗算が減るように記述します。

リスト 2.9 ●乗算が減るように記述したソースリスト

```c
#include <stdio.h>
#include <stdlib.h>
#include <time.h>
#include <omp.h>

int
main()
{
    const int loop = 65536, n = 65536;

    volatile float a = (float)rand();
```

2 単純な高速化

```
    volatile float b = (float)rand();
    volatile float c = (float)rand();
    float x[n], y[n];

    for (int i = 0; i<n; i++)
        x[i] = (float)rand();

    clock_t startTime = clock();

    // Main calculation
    for (int j = 0; j<loop; j++)
        for (int i = 0; i<n; i++)
            y[i] = (a + b + c) * x[i];

    clock_t stopTime = clock();

    float etime = (float)(stopTime - startTime) / CLOCKS_PER_SEC;
    printf("elapsed time = %15.7f sec¥n", etime);

    return 0;
}
```

　優秀なコンパイラであれば $y_i = a \cdot x_i + b \cdot x_i + c \cdot x_i$ と $y_i = (a + b + c) \cdot x_i$ は同じマシン語に翻訳される可能性が高いです。しかし、それが保証されるわけではなく、特に浮動小数点数を含む演算では、最適化されると誤差が発生するため、最適化を行わないコンパイラもあるでしょう。アプリケーションエンジニアは、誤差の許容範囲を理解しているのが一般的です。最適化をコンパイラに任せず、自身で最適化した形のコードを記述する方が確実です。

　ちなみに、これら2つの式をそれぞれ記述したプログラムにどの程度の速度差が発生するか、筆者の環境で実験してみました。コンパイラオプションは、両方とも最適化を最大にする /Ox を指定します。

図 2.2 ●式の記述の違いによる速度差

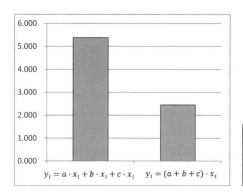

式	処理時間
$y_i = a \cdot x_i + b \cdot x_i + c \cdot x_i$	5.38 [秒]
$y_i = (a + b + c) \cdot x_i$	2.45 [秒]

　これだけのコード変更で、約2倍以上高速に処理されます。この程度の違いで2倍以上も高速化されるのは意外です。詳しくは、翻訳されたマシンコードを観察すると良いのでしょう。このような効果は、プラットフォーム、OS、CPU、コンパイラに大きく依存するでしょう。要は、小さな最適化で大きなゲインを得られることも少なくないということです。

　2つの式を記述したソースコードと、最適化を最大にした状態での両方の出力を観察してみます。

表 2.3 ●式の記述による出力の差

$y_i = a \cdot x_i + b \cdot x_i + c \cdot x_i$	$y_i = (a + b + c) \cdot x_i$
入力： y[i] = a * x[i] + b * x[i] + c * x[i];	入力： y[i] = (a + b + c) * x[i];

出力：
movss   xmm1, DWORD PTR x$[rsp+rcx]
add rcx, 4
movaps   xmm2, xmm1
movaps   xmm0, xmm1
mulss   xmm2, DWORD PTR b$[rsp]
mulss   xmm0, DWORD PTR a$[rsp]
mulss   xmm1, DWORD PTR c$[rsp]
addss   xmm2, xmm0
addss   xmm2, xmm1
movss   DWORD PTR y$[rsp+rcx-4], xmm2
	出力：
	movss xmm2, DWORD PTR b$[rsp]
	movss xmm0, DWORD PTR a$[rsp]
	movss xmm1, DWORD PTR c$[rsp]
	add rcx, 4
	addss xmm2, xmm0
	addss xmm2, xmm1
	mulss xmm2, DWORD PTR x$[rsp+rcx-4]
	movss DWORD PTR y$[rsp+rcx-4], xmm2

　比較的ソースコードに忠実に翻訳されています。括弧でくくらなかった方は、`mulss`命令（乗算）を3回行った後、それぞれを`addss`命令（加算）で加算しています。対して、括弧

でくくった方は、`movss`命令（移動）でa、b、cをレジスタに移動し、それぞれを`addss`命令（加算）で加算しています。最後に、1つの`mulss`命令で乗算します。最適化オプションを指定しているにもかかわらず、ほぼソースコード通りのマシン語へ変換されています。実は、これには理由があり、使用している変数の型が浮動小数点数のためです。浮動小数点数の場合、正確には $y_i = a \cdot x_i + b \cdot x_i + c \cdot x_i$ と $y_i = (a + b + c) \cdot x_i$ は異なるコードです。実際に両方の結果を観察すると、わずかな誤差が発生する場合があります。

ちなみに、同じようなプログラムですが、データの型が int のものを試してみました。最適化されるようにコンパイルオプションを指定すると、両方ともまったく同じ翻訳結果となります。

表 2.4 ●式の記述による出力の差（int 型の場合）

$y_i = a \cdot x_i + b \cdot x_i + c \cdot x_i$	$y_i = (a + b + c) \cdot x_i$
入力： `y[i] = a * x[i] + b * x[i] + c * x[i];`	入力： `y[i] = (a + b + c) * x[i];`

出力：
`mov edx, DWORD PTR c$[rsp]`
`mov ecx, DWORD PTR b$[rsp]`
`add r8, 4`
`add edx, ecx`
`mov ecx, DWORD PTR a$[rsp]`
`add edx, ecx`
`imul    edx, DWORD PTR x$[rsp+r8-4]`
`mov DWORD PTR y$[rsp+r8-4], edx`
	出力：
	`mov edx, DWORD PTR c$[rsp]`
	`mov ecx, DWORD PTR b$[rsp]`
	`add r8, 4`
	`add edx, ecx`
	`mov ecx, DWORD PTR a$[rsp]`
	`add edx, ecx`
	`imul    edx, DWORD PTR x$[rsp+r8-4]`
	`mov DWORD PTR y$[rsp+r8-4], edx`

整数では、演算の順序を操作しても結果が変わらないため、人間が最適化しなくても、コンパイラが最適化してくれるようです。

■ 2.3.2　除算を避ける

非力な CPU を使用する場合、なるべく除算は避けると性能が向上します。演算の中で CPU に最も負荷をかけるのは、除算命令です。プログラムを高速化したいなら、なるべく除算を避けるようにしましょう。除算が必要なら、逆数の乗算に書き換えてしまいましょう。例えば、

```
y = x / z
```

を行う必要があるなら、

```
y = z * (1.0 / z)
```

と書き換えることができます。あらかじめ z が分かっているなら、1.0 / z を求めておき、乗算へ書き換えてしまいましょう。例えば、

```
y = x / 4.0
```

なら、

```
y = x * 0.25
```

へ書き換えてしまいます。

■ 2.3.3　除算を減らす

　先に説明した方法は、あらかじめ z が分かっているときには有効ですが、z がコンパイル前に不明な場合も多いです。そのような場合でも、極力除算を減らすことが大事です。例えば、

```
y = ( a / b ) * ( c / d )
```

を行う必要があるなら、

```
y = ( a * c ) / ( b * d )
```

と書き換えることができます。これによって、2 回の除算を 1 回に減らすことができます。

　他にも、式を最適化し除算を減らすことができることは少なくありません。コンパイラは賢くなりましたが、必ずしも最適化してくれるとは限りません。また、浮動小数点数を使用する場合、元の式を変えてしまうと結果が異なるのはよくあることです。そのため、コンパイラは最適化できそうであっても、浮動小数点演算は最適化対象から外す場合もあります。演算の許容誤差を知っているのはプログラマなので、このような簡単なことでも計算の負荷が大きな部分は、可読性が多少犠牲になっても速度向上を優先するのも選択の 1 つです。

■ 2.3.4　整数の乗除算

　整数演算で、2 のべき乗の数で乗算や除算を行う場合、シフトへ変更すると実行速度が向

上します。

　整数の除算で2のべき乗の場合、シフト命令を使うと効果的です。例えば、以下のような場合、

```
Q = N / D
```

で、Dが2のべき乗なら、シフトに書き換えてしまいましょう。例えば、上記でDが8なら、

```
Q = D >> 3
```

と書き換えることができます。これによって、除算をなくすことができます。ただし、シフトと除算はマシン語レベルでは異なります。当然ですが、命令実行後のフラグ変化も異なります。このため、演算に続き判定がある場合、必ずしもシフトが速くなるとは限りません。ただ、これらはコンパイラが解決する事項なので、一般的にはシフトへ変更した方が高速です。

　乗算も同様です。以下のような場合、

```
y = x * z
```

で、zが2のべき乗なら、シフトに書き換えてしまいましょう。例えば、上記でzが4なら、

```
y = x << 2
```

と書き換えることができます。これによって、乗算をなくすことができます。

　乗算の場合、乗数が2のべき乗でなくても加算に変更できるので、上記は、

```
y = x + x
```

としても良いでしょう。乗算が極端に遅いCPUの場合、加算に置き換えるのも良い方法です。

2.3.5　半精度浮動小数点数

　整数では処理できないが、単精度浮動小数点の精度が必要ない場合があります。そのような場合は、半精度浮動小数点数を使用するのは良い方法です。半精度浮動小数点数は浮動小数点方式で表現された浮動小数点数の一種で、16ビットの形式です。

　半精度浮動小数点数は、IEEE 754でbinary16と名づけられています。これは、データ量の削減が必須で、精度を必要としない用途のためのフォーマットです。マイクロプロセッサなどには、本格的な浮動小数点はサポートしていないが、半精度浮動小数点数の演算回路を

装備しているものがあります。そのような場合で、精度に問題が発生しない場合、半精度浮動小数点数を使用するのは良い方法です。何も考えずに単精度や倍精度の浮動小数点数を使用すると、とんでもないペナルティを課せられる場合もあります。

2.3.6 インライン展開

　処理のブロックを関数化することはよくあることです。関数を使うと冗長なコードを排除でき、ソースコードはコンパクトになります。ひいては、冗長なコードが排除され、コードがコンパクトになるので保守性も増します。ただ、実行速度は関数呼び出しのオーバーヘッドによって低下します。以降にアフィン行列計算の一部を示します。

```
float a = 2.2f, b = 3.6f, radian = 0.0f, x, y;

while (radian < M_PI)
{
    x = a*cos(radian);
    y = b*cos(radian);

    radian += 0.001f;
}
```

　このようなコードで、一部のコードが複数回出てくるとします。そのような場合、以下のように、そのコードを関数化します。

```
void func(float radian, float a, float b,  float* x, float* y)
{
    *x = a*cos(radian);
    *y = b*cos(radian);
}
    ⋮
    float a = 2.2f, b = 3.6f, radian = 0.0f, x, y;

    while (radian < M_PI)
    {
        func(radian, a, b, &x, &y);

        radian += 0.001f;
    }
    ⋮
```

このようにすると冗長なコードが出ず、ある機能をブロック化できるため可読性も向上します。そして、ソースコードもコンパクトになります。静的には良いことばかりですが、動的に考えると毎回関数呼び出しが発生し、実行速度は呼び出しのオーバーヘッドのために低下します。

そこで、関数をインライン展開するようにしましょう。当然ですが、各所でインライン展開されるため、実行ファイルは大きくなります。代わりに速度が向上します。ソースコードから冗長性を排除できるのは普通の関数と代わりません。以降にソースコードを示します。関数の型の前に inline を付けるだけです。

```
inline void func(float radian, float a, float b, float* x, float* y)
{
    *x = a*cos(radian);
    *y = b*cos(radian);
}
        :
    float a = 2.2f, b = 3.6f, radian = 0.0f, x, y;

    while (radian < M_PI)
    {
        func(radian, a, b, &x, &y);

        radian += 0.001f;
    }
        :
```

■ 2.3.7　一時変数を用いた最適化

冗長な演算が繰り返し行われる場合があります。例えば、ループ内に必ず同じ結果が得られる演算が複数存在するような例が、これに相当します。

以降に、ループ内で同じ三角関数の値を求めるステートメントが複数存在する例を示します。コンパイラが最適化して1回だけ演算を行い、その値を再使用するようであれば問題はありません。ところが、必ずしもコンパイラが対応するとは限らないため、明示的に一時変数を使うのは良い方法です。

リスト 2.10 ●ソースリスト

```c
#include <stdio.h>
#include <stdlib.h>
#include <math.h>
#include <time.h>

void verify(const int length,
    const float *x, const float *y, const float *radian,
                            const float a, const float b);

int
main()
{
    const int n = 16777216;
    volatile float a = 2.2f, b = 3.6f;
    float* radian = new float[n];
    float* x = new float[n];
    float* y = new float[n];

    for (int i = 0; i < n; i++)
        radian[i] = (float)rand();

    clock_t startTime = clock();

    for (int i = 0; i < n; i++)
    {
        x[i] = a*cos(radian[i]);
        y[i] = b*cos(radian[i]);
    }

    clock_t stopTime = clock();

    verify(n, x, y, radian, a, b);

    float etime = (float)(stopTime - startTime) / CLOCKS_PER_SEC;
    printf("elapsed time = %15.7f sec\n", etime);

    delete[] x;
    delete[] y;
    delete[] radian;

    return 0;
}
```

優秀なコンパイラであれば、網掛け部分の cos() の計算は 1 回だけ行い、その値を使って y[i] に代入する値を計算するでしょう。ところが、必ずしもコンパイラがそのように処理するとは限りません。また、このような単純なコードでない場合、優秀なコンパイラであっても最適化できない場合があります。そこで、プログラマがあらかじめ一時変数を明示的に使う方法が考えられます。

以降に、プログラマが冗長な演算を、一時変数を使用して最適化したコードを示します。

リスト 2.11 ●一時変数を使用して最適化したコード（抜粋）

```
    ⋮
clock_t startTime = clock();

for (int i = 0; i < n; i++)
{
    float cosd = cos(radian[i]);
    x[i] = a*cosd;
    y[i] = b*cosd;
}

clock_t stopTime = clock();
    ⋮
```

このような単純な最適化で効果があるのか懐疑的でしたが、2 台のパソコンでベンチマークしてみました。意外にコード変更による速度差は大きい結果となりました。冗長性が大きい場合や、プログラムが複雑になるとより速度差は顕著になると予想されます。

図 2.3 ●一時変数使用の有無による速度差（CPU：Core i5）

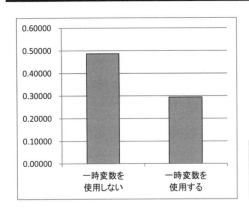

条件	処理時間［秒］
一時変数を使用しない	0.4870000
一時変数を使用する	0.2940000

図 2.4 ●一時変数使用の有無による速度差（CPU：AMD）

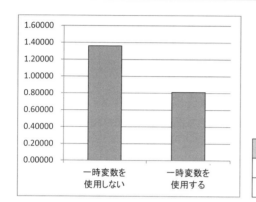

条件	処理時間［秒］
一時変数を使用しない	1.3600000
一時変数を使用する	0.8100000

volatile

テスト用のプログラムは単純化しています。このため、コンパイラが簡単に最適化できてしまいます。これを避けるため、いくつかの変数に volatile 修飾子を付けて、簡単に最適化されることを避けました。

第3章

ループの高速化

　本章では、ループの高速化について紹介します。ループの高速化には、いくつもの方法があります。ブロッキング（ストリップマイニング）や冗長性の排除などが考えられますが、それらはキャッシュの制御に分類されるので後述します。本章では、ループアンロールについて解説します。

3.1 ループアンロール

　ループアンロールは、繰り返し処理で毎回発生する終了条件のチェックを低減すること、ならびにループを制御するカウンタやポインタの更新回数を低減させ、これによって実行速度を向上させる手法です。ループアンロールはループ展開とも呼ばれます。プログラムサイズを犠牲にし、ループにかかるオーバーヘッドを減らします。

　一般的にループアンロールはプログラマが手動で意識的に記述する必要があります。コンパイラによっては、ループアンロールを採用してプログラムの実行速度を優先するものも存在しますが、#pragma などで指示する必要があります。

　ループアンロールを採用するとプログラムサイズは大きくなりますが、現代においてプログラムサイズがシステムのメモリに影響を与えることは多くありません。メモリを圧迫するのは、プログラムサイズではなくデータサイズに起因する場合がほとんどであり、プログラムのサイズがメモリを圧迫するとは考えにくいです。このため、ループアンロールを用いてプログラムの実行速度を向上させるのは良い手法でしょう。しかし、冗長なコードが増えてしまうため、別の弊害が懸念されます。冗長なコードは、ケアレスミスによる不具合の作り込みを発生させる可能性が高くなります。さらに、多少メンテナンス性の低下も心配されます。

　それでは、ループアンロールの例を考えてみましょう。コンピュータを使用して数値計算を行う場合、行列の演算は頻繁に行われます。ここでは、行列 A と行列 B の乗算を行う例を紹介します。$n \times m$ 行列 A と $m \times p$ 行列 B を示します。

$$A = \begin{pmatrix} a_{11} & a_{12} & \cdots & a_{1m} \\ a_{21} & a_{22} & \cdots & a_{2m} \\ \vdots & \vdots & \ddots & \vdots \\ a_{n1} & a_{n2} & \cdots & a_{nm} \end{pmatrix}, B = \begin{pmatrix} b_{11} & b_{12} & \cdots & b_{1p} \\ b_{21} & b_{22} & \cdots & b_{2p} \\ \vdots & \vdots & \ddots & \vdots \\ b_{m1} & b_{m2} & \cdots & b_{mp} \end{pmatrix}$$

これらの積を C に求めるには、

$$c_{ij} = \sum_{k=1}^{m} a_{ik} b_{kj}$$

を行います。行列 C を以降に示します。

$$C = AB = \begin{pmatrix} c_{11} & c_{12} & \cdots & c_{1p} \\ c_{21} & c_{22} & \cdots & c_{2p} \\ \vdots & \vdots & \ddots & \vdots \\ c_{n1} & c_{n2} & \cdots & c_{np} \end{pmatrix}$$

上記を C++ 言語で記述したコードを示します。ただ、行列 A、B ともに $n \times n$ とします。なお、行列の要素の添え字は 1 から始まりますが、C++ 言語の for 文は 0 から始まります。それを意識してコードを参照してください。また、配列名に小文字を使っているので、説明とコードの大文字・小文字は読み替えてください。

```
for (i = 0; i < n; i++)
    for (j = 0; j < n; j++)
        for (k = 0; k < n; k++)
            c[i][j] += a[i][k] * b[k][j];
```

コードだけでは分かりにくいので図を使って示します。

$$c_{ij} = \sum_{k=1}^{m} a_{ik} b_{kj}$$

を純粋に求めます。先のコードが参照する行列の様子を図に示します。行列 C の丸い要素を求めるのに、行列 A と B の参照される要素と、その参照順を図に示します。

図 3.1 ●行列 C の要素の計算

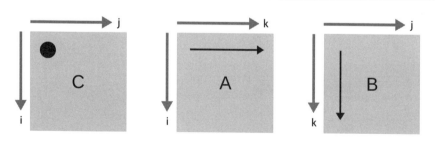

参照される要素の関係を分かりやすくしたものを、以降に示します。

図 3.2 ● 参照される要素の関係

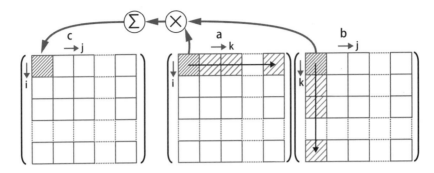

このループをアンロールしてみましょう。

```
for (i = 0; i < n; i++)
    for (j = 0; j < n; j += 2)
        for (k = 0; k < n; k++)
        {
            c[i][j] += a[i][k] * b[k][j];
            c[i][j + 1] += a[i][k] * b[k][j + 1];
        }
```

このようにすると、一番内側のループは、繰り返しのオーバーヘッドが半減されます。この例では b_{ij} と $b_{i(j+1)}$ を1回のループで処理します。これによってループのオーバーヘッドを低減できます。以降に図を使って処理を示します。

図 3.3 ● アンロールしたループの計算

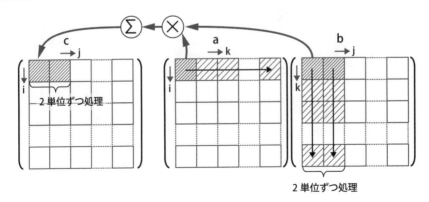

ついでに、アンロール処理したときの数式も示します。

$$c_{ij} = \sum_{k=1}^{m} a_{ik} b_{kj}$$

$$c_{i(j+1)} = \sum_{k=1}^{m} a_{ik} b_{k(j+1)}$$

さて、説明もひと通り終わりましたので、アンロールしないプログラムとアンロールを行うプログラムを紹介します。以降に、2つのソースリストを示します。

リスト 3.1 ●アンロールしないプログラム

```c
#include <stdio.h>
#include <stdlib.h>
#include <time.h>

void verify(int n, float **a, float **b, float **c);

int
main()
{
    const int n = 1024;
    int i, j, k;

    float **a = new float*[n];
    float **b = new float*[n];
    float **c = new float*[n];
    for (i = 0; i < n; i++)
    {
        a[i] = new float[n];
        b[i] = new float[n];
        c[i] = new float[n];
    }

    for (i = 0; i < n; i++)
    {
        for (j = 0; j < n; j++)
        {
            a[i][j] = (float)(int)(rand()/4096);
            b[i][j] = (float)(int)(rand()/4096);
            c[i][j] = 0.0f;
        }
```

3 ループの高速化

```
    }

    clock_t startTime = clock();

    for (i = 0; i < n; i++)
    {
        for (j = 0; j < n; j++)
        {
            for (k = 0; k < n; k++)
                c[i][j] += a[i][k] * b[k][j];
        }
    }

    clock_t stopTime = clock();

    verify(n, a, b, c);

    float etime = (float)(stopTime - startTime) / CLOCKS_PER_SEC;
    printf("elapsed time = %15.7f sec\n", etime);

    for (int i = 0; i < n; i++)
    {
        delete[] a[i];
        delete[] b[i];
        delete[] c[i];
    }
    delete[] a;
    delete[] b;
    delete[] c;

    return 0;
}
```

リスト 3.2 ● アンロールするプログラム

```
#include <stdio.h>
#include <stdlib.h>
#include <time.h>

void verify(int n, float **a, float **b, float **c);

int
```

```cpp
main()
{
    const int n = 1024;
    int i, j, k;

    float **a = new float*[n];
    float **b = new float*[n];
    float **c = new float*[n];
    for (i = 0; i < n; i++)
    {
        a[i] = new float[n];
        b[i] = new float[n];
        c[i] = new float[n];
    }

    for (i = 0; i < n; i++)
    {
        for (j = 0; j < n; j++)
        {
            a[i][j] = (float)(int)(rand()/4096);
            b[i][j] = (float)(int)(rand()/4096);
            c[i][j] = 0.0f;
        }
    }

    clock_t startTime = clock();

    for (i = 0; i < n; i++)
    {
        for (j = 0; j < n; j += 2)
        {
            for (k = 0; k < n; k++)
            {
                c[i][j] += a[i][k] * b[k][j];
                c[i][j + 1] += a[i][k] * b[k][j + 1];
            }
        }
    }

    clock_t stopTime = clock();

    verify(n, a, b, c);

    float etime = (float)(stopTime - startTime) / CLOCKS_PER_SEC;
```

3 ループの高速化

```
    printf("elapsed time = %15.7f sec\n", etime);

    for (int i = 0; i < n; i++)
    {
        delete[] a[i];
        delete[] b[i];
        delete[] c[i];
    }
    delete[] a;
    delete[] b;
    delete[] c;

    return 0;
}
```

　アンロールを行うプログラムは、行列 b の処理を 1 回のループで 2 つ処理します。2 つのプログラムの異なる部分はわずかなので、その部分を抜粋して、コードを対比させて示します。

表 3.1 ●コードの対比

アンロールしない	アンロールする

`for (i = 0; i < n; i++)`
`{`
`  for (j = 0; j < n; j++)`
`  {`
`    for (k = 0; k < n; k++)`
`      c[i][j] += a[i][k] * b[k][j];`
`  }`
`}`
	`for (i = 0; i < n; i++)`
	`{`
	`  for (j = 0; j < n; j += 2)`
	`  {`
	`    for (k = 0; k < n; k++)`
	`    {`
	`      c[i][j] += a[i][k] * b[k][j];`
	`      c[i][j + 1] += a[i][k] * b[k][j + 1];`
	`    }`
	`  }`
	`}`

　ついでに、行列 b の処理を 1 回のループで 4 つ処理するものも示します。以降に図を示します。

図 3.4 ● アンロールしたループの計算（1 回のループで 4 つ処理する）

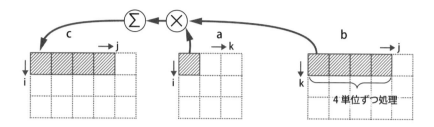

表 3.2 ● コードの対比

アンロールしない	アンロールする（1 回で 4 つ処理）
| ```
for (i = 0; i < n; i++)
{
  for (j = 0; j < n; j++)
  {
    for (k = 0; k < n; k++)
      c[i][j] += a[i][k] * b[k][j];
  }
}
``` | ```
for (i = 0; i < n; i++)
{
  for (j = 0; j < n; j += 4)
  {
    for (k = 0; k < n; k++)
    {
      c[i][j]     += a[i][k] * b[k][j];
      c[i][j + 1] += a[i][k] * b[k][j + 1];
      c[i][j + 2] += a[i][k] * b[k][j + 2];
      c[i][j + 3] += a[i][k] * b[k][j + 3];
    }
  }
}
``` |

3 ループの高速化

同じような方法で、1回のループで8つ処理するものも示します。

表 3.3 ● コードの対比

アンロールしない	アンロールする（1回で8つ処理）
```for (i = 0; i < n; i++)↵{↵ for (j = 0; j < n; j++)↵ {↵ for (k = 0; k < n; k++)↵ c[i][j] += a[i][k] * b[k][j];↵ }↵}```	```for (i = 0; i < n; i++)↵{↵ for (j = 0; j < n; j += 8)↵ {↵ for (k = 0; k < n; k++)↵ {↵ c[i][j] += a[i][k] * b[k][j];↵ c[i][j + 1] += a[i][k] * b[k][j + 1];↵ c[i][j + 2] += a[i][k] * b[k][j + 2];↵ c[i][j + 3] += a[i][k] * b[k][j + 3];↵ c[i][j + 4] += a[i][k] * b[k][j + 4];↵ c[i][j + 5] += a[i][k] * b[k][j + 5];↵ c[i][j + 6] += a[i][k] * b[k][j + 6];↵ c[i][j + 7] += a[i][k] * b[k][j + 7];↵ }↵ }↵}```

このような方法を用いると、for ループの終了を検査する処理と変数 k を更新する処理（オーバーヘッド）の回数を低減できるため、実行速度の向上が期待されます。代わりに、同じようなステートメントが並び、配列の要素を示す値が異なるため、ケアレスミスによって間違いを埋め込んでしまう場合もあります。

以上の4つのプログラムをベンチマークします。アンロールしないもの、1回のループでb行列を2つ処理するもの、4つ処理するもの、そして8つ処理するものです。縦軸の単位は秒で、処理に要した時間を表します。高さが低いほど高速です。横軸は手法の違いです。

図3.5 ● 4つのプログラムのベンチマーク

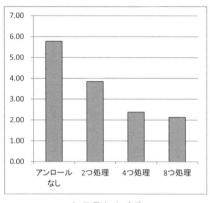
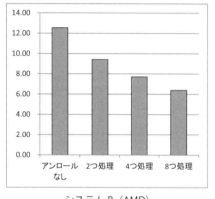

システムA（i5）　　　　　　　　　システムB（AMD）

プログラム	システムA（i5）処理時間［秒］	システムB（AMD）処理時間［秒］
アンロールなし	5.7760000	12.5400000
アンロール2つ	3.8440001	9.4300003
アンロール4つ	2.3800001	7.7100000
アンロール8つ	2.1329999	6.3920002

コンパイラオプションは最適化を最高にしています。たったこれだけの工夫で、明確に高速化を実感できます。CPUが高速になりコンパイラは賢くなりましたが、古典的な高速化手法は、まだまだ健在のようです。

3 ループの高速化

　コンパイラによっては最適化が十分でないものもあるため、ループ内で同じ変数へのアクセスが多い場合、一時変数を用意すると冗長な命令が出力されない場合があります。以降に最後のプログラムを書き換えて示します。

表3.4 ●一時変数を使うものと使わないもの（1回のループで8つ処理する場合）

一時変数なし	一時変数あり
| ```
for (i = 0; i < n; i++)
{
  for (j = 0; j < n; j += 8)
  {
    for (k = 0; k < n; k++)
    {

      c[i][j]     += a[i][k] * b[k][j];
      c[i][j + 1] += a[i][k] * b[k][j + 1];
      c[i][j + 2] += a[i][k] * b[k][j + 2];
      c[i][j + 3] += a[i][k] * b[k][j + 3];
      c[i][j + 4] += a[i][k] * b[k][j + 4];
      c[i][j + 5] += a[i][k] * b[k][j + 5];
      c[i][j + 6] += a[i][k] * b[k][j + 6];
      c[i][j + 7] += a[i][k] * b[k][j + 7];
    }
  }
}
``` | ```
for (i = 0; i < n; i++)
{
  for (j = 0; j < n; j += 8)
  {
    for (k = 0; k < n; k++)
    {
      float temp = a[i][k];
      c[i][j]     += temp * b[k][j];
      c[i][j + 1] += temp * b[k][j + 1];
      c[i][j + 2] += temp * b[k][j + 2];
      c[i][j + 3] += temp * b[k][j + 3];
      c[i][j + 4] += temp * b[k][j + 4];
      c[i][j + 5] += temp * b[k][j + 5];
      c[i][j + 6] += temp * b[k][j + 6];
      c[i][j + 7] += temp * b[k][j + 7];
    }
  }
}
``` |

3.2 ベンチマークに使用したシステム

　ベンチマークに2つのシステムを利用しました。以降に、両システムの仕様から、ベンチマークに関係しそうな項目を拾い出して示します。

表 3.5 ●ベンチマークに使用したシステムのスペック

項目	システム A	システム B
プロセッサ名	Intel Core i5 4210U	AMD Athlon II X4 645
CPU クロック	1.7 - 2.7 GHz	3.1 GHz
コア数／スレッド数	2／4	4／4
Level 1 キャッシュ	2 × 32 KB 8-way set associative instruction caches 2 × 32 KB 8-way set associative data caches	4 × 64 KB 2-way set associative instruction caches 4 × 64 KB 2-way set associative data caches
Level 2 キャッシュ	2 × 256 KB 8-way set associative caches	4 × 512 KB 16-way set associative caches
Level 3 キャッシュ	3 MB	No
メインメモリ	4 GB	16 GB

第4章

キャッシュメモリ

●●●

　プログラムを高速化するには、データアクセスの時間をいかに短縮するかは重要です。本章では、キャッシュメモリを有効に活用する方法について解説します。

4.1 2次元配列の総和

2次元配列（行列）の全要素の総和を求めるプログラムを開発してみましょう。以下に示す行列 A が存在したとします。

$$A = \begin{pmatrix} a_{11} & a_{12} & \cdots & a_{1m} \\ a_{21} & a_{22} & \cdots & a_{2m} \\ \vdots & \vdots & \ddots & \vdots \\ a_{n1} & a_{n2} & \cdots & a_{nm} \end{pmatrix}$$

この行列の総和を求めるには、全要素を加算します。2つのプログラムを使って総和を求めてみます。要素の参照順を変えるだけで、処理は同じです。参照方法が性能にどのような影響を与えるか調べてみましょう。まず、行列 A に対応する2次元配列 a[ ][ ] を図で示します。

図 4.1 ● 行列 A に対応する2次元配列 a[ ][ ]

a[ ][ ]				m	
a[0][0]	a[0][1]	a[0][2]	...	a[0][m-1]
a[1][0]	a[1][1]	a[1][2]	...	a[1][m-1]
⋮	⋮	⋮		⋮
a[n-1][0]	a[n-1][1]	a[n-1][2]	...	a[n-1][m-1]

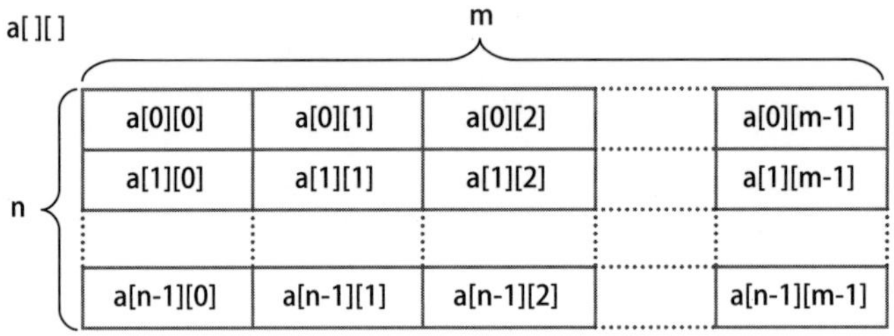

この各要素の総和を求めますが、要素の参照順を2種類用意しました。1つは各要素を水平方向に参照するもの、もう1つは垂直方向に参照するものです。

図4.2 ●要素の参照順（水平方向と垂直方向）

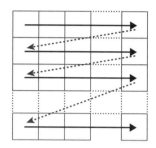 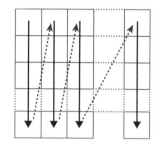

以降に、各要素を水平方向に参照するプログラムと垂直方向に参照するプログラムのソースリストを示します。

リスト4.1 ●垂直方向に参照するプログラム

```c
#include <stdio.h>
#include <time.h>
#include<vector>

int
main()
{
    const int n = 8192;

    std::vector< std::vector<float> > a;
    a.resize(n);
    for (int i = 0; i < n; i++)
        a[i].resize(n);

    for (int i = 0; i < n; i++)
        for (int j = 0; j < n; j++)
            a[j][i] = (float)rand();

    float sum = 0.0f;

    clock_t startTime = clock();

    for (int i = 0; i < n; i++)
        for (int j = 0; j < n; j++)
            sum += a[j][i];
```

```
    clock_t stopTime = clock();

    printf("sum= %f¥n¥n", sum);

    float etime = (float)(stopTime - startTime) / CLOCKS_PER_SEC;
    printf("elapsed time = %15.7f sec¥n", etime);

    return 0;
}
```

リスト 4.2 ●水平方向に参照するプログラム

```
#include <stdio.h>
#include <time.h>
#include<vector>

int
main()
{
    const int n = 8192;

    std::vector< std::vector<float> > a;
    a.resize(n);
    for (int i = 0; i < n; i++)
        a[i].resize(n);

    for (int i = 0; i < n; i++)
        for (int j = 0; j < n; j++)
            a[j][i] = (float)rand();

    float sum = 0.0f;

    clock_t startTime = clock();

    for (int i = 0; i < n; i++)
        for (int j = 0; j < n; j++)
            sum += a[i][j];

    clock_t stopTime = clock();

    printf("sum= %f¥n¥n", sum);
```

```
        float etime = (float)(stopTime - startTime) / CLOCKS_PER_SEC;
        printf("elapsed time = %15.7f sec¥n", etime);

        return 0;
}
```

2つのプログラムの異なる部分はわずかなので、その部分を抜粋し、コードを対比させて示します。

表 4.1 ●コードの対比

垂直方向に参照	水平方向に参照

`for (int i = 0; i < n; i++)`
　`for (int j = 0; j < n; j++)`
　　`sum += a[j][i];`
	`for (int i = 0; i < n; i++)`
	　`for (int j = 0; j < n; j++)`
	　　`sum += a[i][j];`

この2つのプログラムを2つのシステムでベンチマークします。明らかにプログラム速度に大きな差が出ます。単にデータを参照する順序が違うだけで、このような速度差が生じます。なお、この参照順はC/C++言語で記述しています。科学技術計算で使われるFORTRANとは次元の位置やメモリ配置が異なるので、読み替えてください。

システムへの依存は大きくなさそうで、同様の傾向を得られました。グラフの縦軸単位は秒で、処理に要した時間を表します。高さが低いほど高速です。

図 4.3 ●ベンチマーク結果（システムA：Core i5、システムB：AMD）

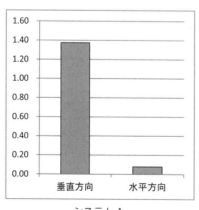
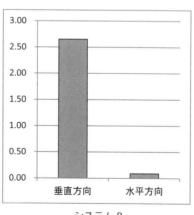

プログラム	システム A (i5)	システム B (AMD)
	処理時間 [秒]	処理時間 [秒]
垂直方向に参照	1.3750000	2.6500001
水平方向に参照	0.0790000	0.0900000

　同じ処理を行っているにもかかわらず、要素を参照する順番で、このような性能差が出るのはどうしてでしょう。性能差の原因としてキャッシュメモリの影響が考えられます。2次元配列を図に示すように横方向にアクセスすると、メモリアドレスが連続するため、キャッシュメモリにヒットする可能性が高くなります。CPU が、キャッシュメモリに存在しないデータをアクセスすると、キャッシュミスが発生し、近辺のデータと共にキャッシュメモリにロードします。このため隣接するデータをアクセスすると、それらのデータはキャッシュ上に存在する可能性が高くなります。このため、連続したデータをアクセスするようにプログラミングすると、プログラムの実行速度が向上するでしょう。分かりにくいため、2つの図でキャッシュミスの様子を示します。

図 4.4 ●キャッシュミスの様子

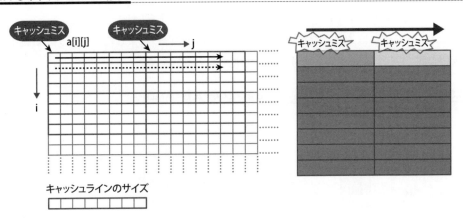

　最初の図は要素ごと、次の図がキャッシュライン単位で示すキャッシュミスのタイミングです。この例では、キャッシュラインのサイズが配列要素の 8 要素分とします。また、2 次元配列がキャッシュラインに整列されているとします。このような場合、8 要素のアクセス単位でキャッシュミスが発生します。言い換えると残りの 7 要素はキャッシュに格納されているため遅延なしでアクセスでき、プログラムは高速化します。

2番目の方法は、2次元配列を縦方向（メモリアドレスが連続しない）方向にアクセスするため、全要素のアクセスでキャッシュミスが発生する可能性があります。このため、実行速度は低下するでしょう。ソースコードを観察しただけでは、両者に大きな違いはありません。しかし、実行速度は大きく性能差が出る可能性があります。同様に、2つの図でキャッシュミスの様子を示します。

図 4.5 ●キャッシュミスの様子

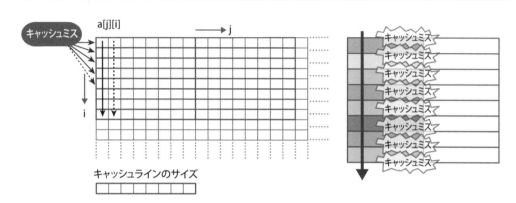

最初の図は要素ごと、次の図がキャッシュラインで示すキャッシュミスのタイミングです。図に示すように、この例ではデータは物理的に離れた位置に存在します。このため、毎回キャッシュミスする可能性が高いです。これによって、データをアクセスするたびにメインメモリを読みに行くため、プログラムの性能は低下します。

最初の図をメモリイメージで書き直してみましょう。2次元配列なので、先の図は分かりやすく四角形で描きました。しかし、コンピュータのメモリアクセスは2次元ではなく1次元です。

図 4.6 ●メモリイメージ

2次元配列を水平参照したときと、垂直参照したときに、どのようにアドレスが変化するか示します。

図 4.7 ●アドレスの変化

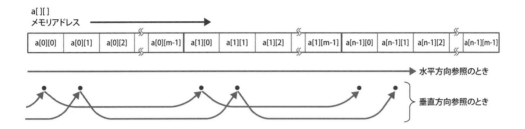

　水平参照するとアドレスは連続しますが、垂直参照したときにはアドレスがジャンプします。アドレスがジャンプするということは、キャッシュメモリを有効に利用できない可能性が高いということです。

　実際のコンピュータのメインメモリは仮想化されているので、プログラム上でリニアなアドレスが物理的にもリニアであるとは限りません。一般的には物理的に断片化しているでしょう。それでも、キャッシュライン単位では連続しているので、上記のように論理アドレスと物理アドレスを同じように説明しても矛盾はありません。

　以上の説明は現在の技術を前提にしたものです。将来、十分高速なメインメモリが開発されれば、両方のプログラムの速度差はなくなるでしょう。そのような時代が来れば、キャッシュメモリそのものが不要になるため、その特性を意識したプログラミングのテクニック自体が無用になるでしょう。あるいは、2次元配列を丸ごと格納できるような大容量のキャッシュメモリが開発され、それを搭載したシステムが一般化するかもしれません。その場合も両方のプログラムの速度差はなくなるでしょう。現在のシステムでも、キャッシュメモリサイズに比べ十分小さな2次元配列を扱うのであれば、プログラムによる速度差は現れません。他にも、コンパイラやハードウェアの性能を向上させる画期的な技術が開発され、データをキャッシュメモリにロードするタイミングを予測したり、あるいは命令とキャッシュメモリの状態を最適に保つようなことができるようになれば、プログラマがキャッシュメモリの特性を意識する必要はなくなります。しかし、残念ながらそのような時代が到来するのはまだ先の話で、もう少し待つ必要がありそうです。

　なお、本プログラムは総和を表示します。これは、総和を求めても使用することがないと、コンパイラが総和を求めるコード自体を削除してしまうのを防ぐためです。最適化レベルを最大にしているので、総和を表示するコードがないと for ステートメント自体が削除される

可能性が高いです。また、システムによってハードウェア性能に大きな差があるため、絶対時間はそれなりに隔たりがあることも書き加えておきます。

単にこれだけの工夫で、明確に高速化を実感できます。CPUが高速になり、コンパイラは賢くなりましたが、古典的な高速化手法は、まだまだ健在です。

4.2 2次元配列への書き込み

先ほどは、2次元配列（行列）の全要素を参照するプログラムを紹介しました。ここでは、2次元配列a[ ][ ]の全要素を変更するプログラムを示します。まず、2次元配列を図で示します。

図4.8 ● 2次元配列

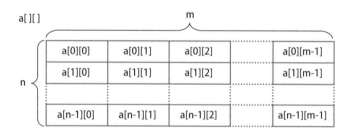

前節と同様に、要素へのアクセスを2種類用意しました。1つは各要素を水平方向に書き込むもの、もう1つは垂直方向に書き込みするものです。

図4.9 ● 要素の参照順（水平方向と垂直方向）

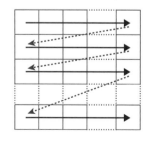 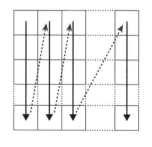

4 キャッシュメモリ

各要素を水平方向に書き込むプログラムと垂直方向に書き込むプログラムを示します。以降に、2つのプログラムのリストを示します。

リスト 4.3 ●水平方向に書き込むプログラム

```
#include <stdio.h>
#include <time.h>
#include<vector>

int
main()
{
    const int n = 8192;

    std::vector< std::vector<float> > a;
    a.resize(n);
    for (int i = 0; i < n; i++)
        a[i].resize(n);

    clock_t startTime = clock();

    for (int i = 0; i < n; i++)
        for (int j = 0; j < n; j++)
            a[j][i] = 10.0f;

    clock_t stopTime = clock();

    float etime = (float)(stopTime - startTime) / CLOCKS_PER_SEC;
    printf("elapsed time = %15.7f sec¥n", etime);

    return 0;
}
```

リスト 4.4 ●垂直方向に書き込むプログラム

```
#include <stdio.h>
#include <time.h>
#include<vector>

int
main()
```

4.2 2次元配列への書き込み

```cpp
{
    const int n = 8192;

    std::vector< std::vector<float> > a;
    a.resize(n);
    for (int i = 0; i < n; i++)
        a[i].resize(n);

    clock_t startTime = clock();

    for (int i = 0; i < n; i++)
        for (int j = 0; j < n; j++)
            a[i][j] = 10.0f;

    clock_t stopTime = clock();

    float etime = (float)(stopTime - startTime) / CLOCKS_PER_SEC;
    printf("elapsed time = %15.7f sec¥n", etime);

    return 0;
}
```

こちらも2つのプログラムの異なる部分は、ごくわずかです。その部分を抜粋して以降に、コードを対比させて示します。

表 4.2 ● コードの対比

垂直方向に参照	水平方向に参照

for (int i = 0; i < n; i++)
　for (int j = 0; j < n; j++)
　　a[**j**][**i**] = 10.0f;
	for (int i = 0; i < n; i++)
	　for (int j = 0; j < n; j++)
	　　a[**i**][**j**] = 10.0f;

この2つのプログラムを2つのシステムでベンチマークしてみます。グラフの縦軸単位は秒で、処理に要した時間を表します。高さが低いほど高速です。

図 4.10 ●ベンチマーク結果（システム A：Core i5、システム B：AMD）

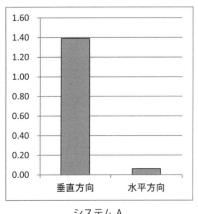
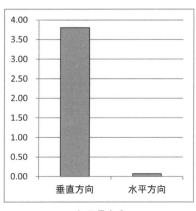

システム A　　　　　　　　　　システム B

プログラム	システム A（i5）処理時間［秒］	システム B（AMD）処理時間［秒］
垂直方向に参照	1.3910000	3.8000000
水平方向に参照	0.0620000	0.0700000

　コンパイラオプションは最適化を最高にしています。同じ処理を行っているにもかかわらず、要素を参照する順番で、このような性能差が出ます。理由は先に述べた通りと解釈して良いでしょう。たったこれだけの工夫で、明確に高速化を実感できます。

4.3　サブブロックへ分割

　前節でキャッシュミスを起こしやすい不連続メモリアドレスをアクセスする方法の、性能低下について説明しました。ここでは、行列を分割する方法を紹介します。行列全体ではキャッシュミスが頻発するようなアクセスを行うが、キャッシュミスが置きにくいようにサブブロック化する方法です。

4.3.1　2次元配列の総和

2次元配列（行列）の全要素の総和を求めるプログラムを開発してみましょう。配列 a [ ] [ ] の全要素の総和を求めるプログラムを考えてみましょう。以下に示す行列 A が存在したとします。

$$A = \begin{pmatrix} a_{11} & a_{12} & \cdots & a_{1m} \\ a_{21} & a_{22} & \cdots & a_{2m} \\ \vdots & \vdots & \ddots & \vdots \\ a_{n1} & a_{n2} & \cdots & a_{nm} \end{pmatrix}$$

これの全要素の総和を求めるには、全要素を加算するだけです。2次元配列を図で示します。

図4.11 ●行列 A に対応する 2 次元配列 a[ ][ ]

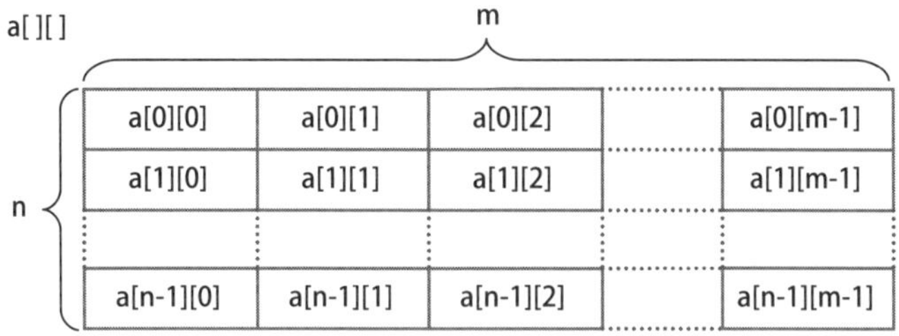

a[ ][ ]	m				
	a[0][0]	a[0][1]	a[0][2]	...	a[0][m-1]
n	a[1][0]	a[1][1]	a[1][2]	...	a[1][m-1]
	...	...	...	...	...
	a[n-1][0]	a[n-1][1]	a[n-1][2]	...	a[n-1][m-1]

この各要素の総和を求めますが、何らかの理由で各要素を垂直方向に参照しなければならないとします。直前でも説明しましたが、このような参照順はキャッシュミスが頻発し性能が低下します。そこで、次の図に示すように、処理順を変えず、代わりに小さなブロックに分ける方法を紹介します。

最初の図が、前節で説明した全体を処理する方法です。右側に示す図は、これらをブロックに分け、キャッシュに収まるようにしたものです。

図 4.12 ● ブロックに分けて総和を求める

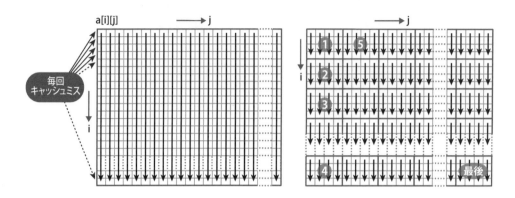

　全体を処理する方法では、各要素をアクセスするときに周辺のデータもキャッシュメモリにロードされます。しかし、行列（2次元配列）が十分に大きいと、そのキャッシュメモリを有効利用する前に、当該データはキャッシュメモリから追い出されてしまいます。これを回避するには、近隣のデータをアクセスするまでの時間を短くすることによって、当該データがキャッシュメモリから追い出される前に処理されるようにします。具体的には、行列全体を小さなブロックに分割し（ストリップマイニング）、近隣データがキャッシュメモリから追い出される前に参照するようにします。

　この例では4×4のブロックに分割した例を示します。このように分割すると、キャッシュメモリにロードされたデータを有効に利用できます。ブロックサイズをいくつにするかは、キャッシュラインのサイズ、キャッシュメモリの容量、データとキャッシュラインの関係から最適な値を導き出す必要があります。ただ、厳密に調査する必要はなく、適当なサイズ単位で処理するとキャッシュにヒットする可能性は高くなります。以降に、キャッシュミスするタイミングと、キャッシュヒットするタイミングを図で示します。

図 4.13 ● キャッシュミスするタイミングとキャッシュヒットするタイミング

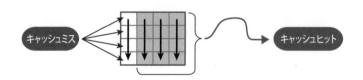

　白い部分は、キャッシュミスが発生する部分で、網掛けしている部分はキャッシュヒットする部分です。

各要素の参照を小さなブロックに分けたプログラムのソースリストを、以降に示します。

リスト 4.5 ●小さなブロックに分けたプログラム

```c
#include <stdio.h>
#include <time.h>
#include<vector>

int
main()
{
    const int n = 8192;

    std::vector< std::vector<float> > a;
    a.resize(n);
    for (int i = 0; i < n; i++)
        a[i].resize(n);

    for (int i = 0; i < n; i++)
        for (int j = 0; j < n; j++)
            a[j][i] = (float)rand();

    float sum = 0.0f;

    clock_t startTime = clock();

    for (int jOffset = 0; jOffset < n; jOffset += 16)
        for (int iOffset = 0; iOffset < n; iOffset += 16)
            for (int i = iOffset; i < iOffset + 16; i++)
                for (int j = jOffset; j < jOffset + 16; j++)
                    sum += a[j][i];

    clock_t stopTime = clock();

    printf("sum= %f\n\n", sum);

    float etime = (float)(stopTime - startTime) / CLOCKS_PER_SEC;
    printf("elapsed time = %15.7f sec\n", etime);

    return 0;
}
```

このプログラムは、本章の最初に説明したプログラムを改変したものです。2つのプログラムの異なる部分は、ごくわずかです。異なる部分を抜粋し、以降にコードを対比させて示します。

元のコード

```
for (int i = 0; i < n; i++)
    for (int j = 0; j < n; j++)
        sum += a[j][i];
```

ブロック分割

```
for (int jOffset = 0; jOffset < n; jOffset += 16)
    for (int iOffset = 0; iOffset < n; iOffset += 16)
        for (int i = iOffset; i < iOffset + 16; i++)
            for (int j = jOffset; j < jOffset + 16; j++)
                sum += a[j][i];
```

　ブロックに分けないプログラムと、分けたプログラムを2つのシステムでベンチマークします。システムへの依存は大きくなさそうで、同様の傾向を得られました。グラフの縦軸単位は秒で、処理に要した時間を表します。高さが低いほど高速です。

図 4.14 ●ベンチマーク結果（システム A：Core i5、システム B：AMD）

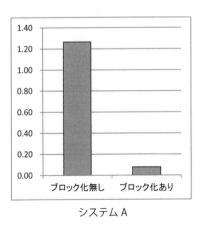
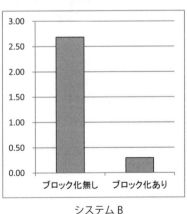

システム A　　　　　　　　　システム B

プログラム	システム A 処理時間 [秒]	システム B 処理時間 [秒]
元のコード	1.2660000	2.6840000
ブロック分割	0.0780000	0.2970000

　2つのプログラムは参照の方向は同じで、2次元配列を縦方向に参照します。最初のプログラムは2次元配列を1つの塊として処理し、2番目のプログラムは2次元配列を小さなブロックに分割して処理します。

　これだけの変更でなぜ速くなるのか考察してみましょう。先にも述べましたが、データがキャッシュメモリに入っていると、キャッシュヒットし実行速度が向上します。まさに、このプログラムは、その方法を利用しています。大きな2次元配列を1回で処理してしまうと、横方向のデータは1回キャッシュメモリに入りますが、しばらくするとキャッシュメモリから追い出されてしまいます。これは、キャッシュメモリサイズに比べ、データ量が大きすぎるためです。ところが、キャッシュサイズに比べデータサイズが十分に小さければ、アクセスの順序がどうであろうとキャッシュメモリにヒットします。この例では、1つのデータの塊を $16 \times 16 \times \text{sizeof(float)}$ としています。データがキャッシュメモリから追い出される要因は、キャッシュメモリの制御方式、キャッシュメモリサイズ、他のプロセスのキャッシュメモリの使用量などに左右されます。このため、1回に処理するデータ量の最適なサイズは上記の条件によって変わります。

　いずれにしても、アクセスしたデータに続くデータがキャッシュメモリに存在するようであれば、プログラムは高速化されます。

4.4 プリフェッチ

前章のアンロールのプログラムにプリフェッチを応用し、キャッシュミスを低減させプログラムを高速化する方法を紹介します。前章と同じように行列 A と行列 B の乗算を行う例を紹介します。

$$A = \begin{pmatrix} a_{11} & a_{12} & \cdots & a_{1m} \\ a_{21} & a_{22} & \cdots & a_{2m} \\ \vdots & \vdots & \ddots & \vdots \\ a_{n1} & a_{n2} & \cdots & a_{nm} \end{pmatrix}, B = \begin{pmatrix} b_{11} & b_{12} & \cdots & b_{1p} \\ b_{21} & b_{22} & \cdots & b_{2p} \\ \vdots & \vdots & \ddots & \vdots \\ b_{m1} & b_{m2} & \cdots & b_{mp} \end{pmatrix}$$

これらの積を C に求めるには、

$$c_{ij} = \sum_{k=1}^{m} a_{ik} b_{kj}$$

を行います。行列 C を以降に示します。

$$C = AB = \begin{pmatrix} c_{11} & c_{12} & \cdots & c_{1p} \\ c_{21} & c_{22} & \cdots & c_{2p} \\ \vdots & \vdots & \ddots & \vdots \\ c_{n1} & c_{n2} & \cdots & c_{np} \end{pmatrix}$$

最も素直なコードで記述した例を示します。

```
for (i = 0; i < n; i++)
    for (j = 0; j < n; j++)
        for (k = 0; k < n; k++)
            c[i][j] += a[i][k] * b[k][j];
```

アンロールを用いて、上記を C++ 言語で記述したコードを示します。ただ、行列 A、B ともに、$n \times n$ とします。なお、行列の要素の添え字は 1 から始まりますが、C++ 言語の for 文は 0 から始まります。それを意識してコードを参照してください。

```
for (i = 0; i < n; i++)
```

```
{
    for (j = 0; j < n; j += 8)
    {
        for (k = 0; k < n; k++)
        {
            c[i][j]     += a[i][k] * b[k][j];
            c[i][j + 1] += a[i][k] * b[k][j + 1];
            c[i][j + 2] += a[i][k] * b[k][j + 2];
            c[i][j + 3] += a[i][k] * b[k][j + 3];
            c[i][j + 4] += a[i][k] * b[k][j + 4];
            c[i][j + 5] += a[i][k] * b[k][j + 5];
            c[i][j + 6] += a[i][k] * b[k][j + 6];
            c[i][j + 7] += a[i][k] * b[k][j + 7];
        }
    }
}
```

　このような方法でプログラムの性能が向上することは前章で説明済みです。以降にメモリ参照の概念が分かりやすいように図を示します。図から分かるように、行列Bへのアクセスはメモリアドレスが不連続です。このため、行列Bの要素参照で毎回キャッシュミスが予想されます。

図4.15 ●メモリ参照の様子

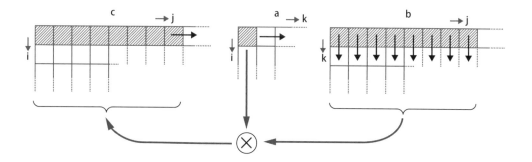

　単にアンロールするコードと、プリフェッチを追加したコードを対比して示します。図から分かるように、キャッシュミスする可能性が高いのは、行列Bです。行列Bの参照は、b[k][j]のように記述されます。for文を見ると分かりますが、一番内側のfor文に使われているインデックスがkです。

表 4.3 ●コードの対比

プリフェッチしない	プリフェッチする
| ```
for (i = 0; i < n; i++)
{
  for (j = 0; j < n; j += 8)
  {
    for (k = 0; k < n; k++)
    {
      c[i][j]     += a[i][k] * b[k][j];
      c[i][j + 1] += a[i][k] * b[k][j + 1];
      c[i][j + 2] += a[i][k] * b[k][j + 2];
      c[i][j + 3] += a[i][k] * b[k][j + 3];
      c[i][j + 4] += a[i][k] * b[k][j + 4];
      c[i][j + 5] += a[i][k] * b[k][j + 5];
      c[i][j + 6] += a[i][k] * b[k][j + 6];
      c[i][j + 7] += a[i][k] * b[k][j + 7];
    }
  }
}
``` | ```
for (i = 0; i < n; i++)
{
  for (j = 0; j < n; j += 8)
  {
    for (k = 0; k < n; k++)
    {
      _mm_prefetch((char *)&b[k+4][j],
                   _MM_HINT_T2);

      c[i][j]     += a[i][k] * b[k][j];
      c[i][j + 1] += a[i][k] * b[k][j + 1];
      c[i][j + 2] += a[i][k] * b[k][j + 2];
      c[i][j + 3] += a[i][k] * b[k][j + 3];
      c[i][j + 4] += a[i][k] * b[k][j + 4];
      c[i][j + 5] += a[i][k] * b[k][j + 5];
      c[i][j + 6] += a[i][k] * b[k][j + 6];
      c[i][j + 7] += a[i][k] * b[k][j + 7];
    }
  }
}
``` |

　行列 B は行を跨いでデータをアクセスするため、k のループのたびにキャッシュミスする可能性があります。そこで、行列 B のアクセスする可能性の高い行に対しプリフェッチ命令を発行します。コードを参照すると分かりますが、プリフェッチする要素は、処理する要素から 4 進んだものを指定しています。分かりにくいため、図で示します。

図 4.16 ● プリフェッチする要素

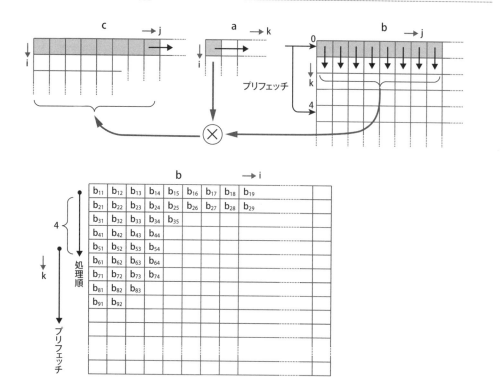

　処理対象要素に対し、4行進んだところにプリフェッチ命令を発行します。普通に考えると、処理直後の行にプリフェッチ命令を発行すれば良さそうに感じます。そのような例を、以降に図で示します。

図 4.17 ● プリフェッチする要素（直後の行）

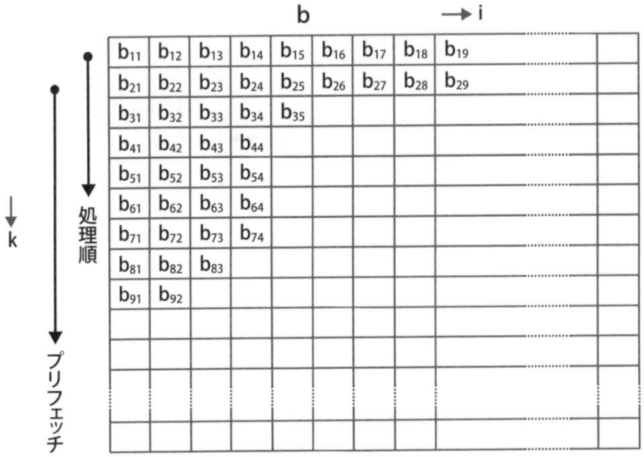

　CPU の速度はメインメモリに比較し十分高速なため、対象データがキャッシュに入る前にCPU が当該データを要求する可能性が高いです。このため、4 列先をプリフェッチします。処理するデータとプリフェッチするデータの距離の最適値は、システムによって異なるでしょう。

　本例のように、b_{11} を処理するときに b_{21} をプリフェッチしたのでは、b_{21} の処理に移ったときに b_{21} がキャッシュに入っている可能性が低いため、b_{11} を処理するときに b_{51} をプリフェッチします。実際に、一列先をプリフェッチするプログラムを作成しベンチマークしてみましたが処理速度の向上は観察できませんでした。

　以降に、プリフェッチを行うときと行わないときの CPU の動作概念を図で示します。横軸は時間を表します。一番上に示すのは理想的な状態で、処理対象のデータに直ぐにアクセスできた場合を表しています。真ん中に示すのはプリフェッチを行わない例で、データアクセスのたびにキャッシュミスが起きて毎回データ待ちになる状態を表しています。一番下に示すのはプリフェッチを行う例で、データアクセス時の待ちは少ないものの必ずしもキャッシュヒットするとは限らない状態を表しています。最適なプリフェッチを行うことができれば、理想には届かなくても限りなくそれに近づくことができるでしょう。

図 4.18 ●プリフェッチがあるときとないときの CPU の動作

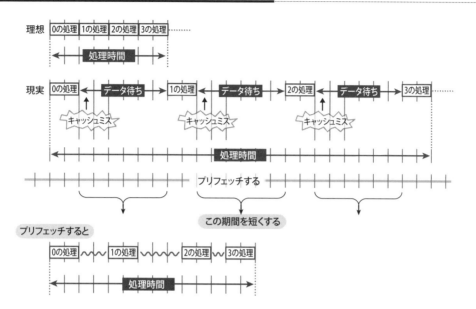

プリフェッチ命令を最適なタイミングで発行するのは難しく、無駄に発行される分はオーバーヘッドとなります。さらに、この方法を採用すると、使用しないメモリのプリフェッチまで行ってしまいます。そのアドレスはプログラムが管理する領域外を指します。本来なら、プリフェッチする行が n 以上になったらプリフェッチをやめるべきです。

行列 C、B もキャッシュミスは発生しますが、参照が連続アドレスのため、1 回キャッシュミスした後は、次のデータがキャッシュラインを超えるまでキャッシュヒットするでしょう。本来なら、i の for 文の直後に、行列 C のプリフェッチを追加するのも良いと思いますが、キャッシュミスの頻度とプリフェッチ命令の負荷を考えて、C に対するプリフェッチは追加しません。

プリフェッチ命令は、k をインデックスとする for ループ内で毎回発行されています。キャッシュラインのサイズによって意味のないプリフェッチ命令が発行される可能性があります。もし、より最適化したかったらプロセッサのキャッシュラインサイズを調べ、そのサイズに合わせてプリフェッチ命令を発行すると良いでしょう。ただし、そのような方法を採用する場合、行例のアドレスもキャッシュラインのアライメントに合わせる必要もあり、非常に困難を伴います。

4 キャッシュメモリ

　説明もひと通り終わりましたので、プリフェッチを行うプログラムのソースリストを以降に示します。

リスト 4.6 ●プリフェッチを行うプログラム

```c
#include <stdio.h>
#include <stdlib.h>
#include <time.h>
#include <immintrin.h>

void verify(int n, float **a, float **b, float **c);

int
main()
{
    const int n = 1024;
    int i, j, k;

    float **a = new float*[n];
    float **b = new float*[n];
    float **c = new float*[n];
    for (i = 0; i < n; i++)
    {
        a[i] = new float[n];
        b[i] = new float[n];
        c[i] = new float[n];
    }

    for (i = 0; i < n; i++)
    {
        for (j = 0; j < n; j++)
        {
            a[i][j] = (float)(int)(rand()/4096);
            b[i][j] = (float)(int)(rand()/4096);
            c[i][j] = 0.0f;
        }
    }

    clock_t startTime = clock();

    for (i = 0; i < n; i++)
    {
        //_mm_prefetch((char *)&c[i+1][j], _MM_HINT_T2);    //効果は少ないだろう
```

```
        for (j = 0; j < n; j += 8)
        {
            for (k = 0; k < n; k++)
            {
                _mm_prefetch((char *)&b[k+4][j], _MM_HINT_T2);

                c[i][j]     += a[i][k] * b[k][j];
                c[i][j + 1] += a[i][k] * b[k][j + 1];
                c[i][j + 2] += a[i][k] * b[k][j + 2];
                c[i][j + 3] += a[i][k] * b[k][j + 3];
                c[i][j + 4] += a[i][k] * b[k][j + 4];
                c[i][j + 5] += a[i][k] * b[k][j + 5];
                c[i][j + 6] += a[i][k] * b[k][j + 6];
                c[i][j + 7] += a[i][k] * b[k][j + 7];
            }
        }
    }

    clock_t stopTime = clock();

    verify(n, a, b, c);

    float etime = (float)(stopTime - startTime) / CLOCKS_PER_SEC;
    printf("elapsed time = %15.7f sec\n", etime);

    for (int i = 0; i < n; i++)
    {
        delete[] a[i];
        delete[] b[i];
        delete[] c[i];
    }
    delete[] a;
    delete[] b;
    delete[] c;

    return 0;
}
```

プリフェッチしないプログラムとプリフェッチするプログラムを、2つのシステムでベンチマークします。グラフの縦軸単位は秒で、処理に要した時間を表します。高さが低いほど高速です。

図 4.19 ●ベンチマーク結果（システム A：Core i5、システム B：AMD）

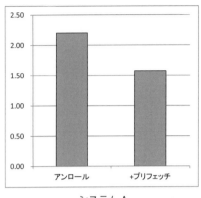
システム A

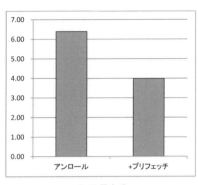
システム B

プログラム	システム A 処理時間 [秒]	システム B 処理時間 [秒]
アンロール	2.2019999	6.3950000
アンロール+プリフェッチ	1.5750000	3.9940000

　1 行追加するだけで、比較的良好な結果を得られました。プロファイラなどを利用すると、より効果的にプリフェッチ命令を発行できるでしょう。キャッシュメモリ制御に関心のある人は、より最適な方法を研究するのも良いでしょう。

第5章

並列化

並列化によってプログラムを高速化する例を紹介します。並列化には、いくつもの手法がありますが、ここでは手軽に使用できるOpenMPを用いて並列化を実現します。OpenMP自体については、簡単な解説の節を追加しましたので、そちらを参照してください。

5 並列化

5.1 配列に係数を乗ずる

長大な配列に係数を乗ずるプログラムを紹介します。処理は単純で、配列の各要素へ係数を乗ずる単純なプログラムです。

$$y_i = a \cdot x_i \quad (i = 1, \ldots, n)^{※1}$$

以降に、ソースリストを示します。

リスト5.1 ●配列の各要素へ係数を乗ずるプログラム

```
#include <stdio.h>
#include <stdlib.h>
#include <time.h>
#include <omp.h>

void verify(const int n, const float a, const float *x, const float *y);

int
main()
{
    const int loop = 65536, n = 65536;

    volatile float a = (float)rand();
    float x[n], y[n];

    for (int i = 0; i < n; i++)
        x[i] = (float)rand();

    clock_t startTime = clock();

    for (int j = 0; j < loop; j++)
        #pragma omp parallel for
        for (int i = 0; i < n; i++)
            y[i] = a * x[i];

    clock_t stopTime = clock();
```

※1 プログラムコードは n を 0 から開始するため、i は $n-1$ まで処理します。

```
    verify(n, a, x, y);

    float etime = (float)(stopTime - startTime) / CLOCKS_PER_SEC;
    printf("elapsed time = %15.7f sec¥n", etime);

    return 0;
}
```

単に for 文を使用して、配列の各要素に変数 a の値を乗ずるだけです。外側の j をインデックスとするループは、深い意味はなく、速度が速すぎるためベンチマーク用の時間稼ぎに挿入しました。

このプログラムを、一般的な逐次処理に翻訳されるようにビルドします。次に、コンパイルオプションで OpenMP を有効にし、for 文の内部が自動で並列化されるようにビルドします。逐次処理の場合、1 つの CPU ですべての処理を順次処理します。以降に概念図を示します。

図 5.1 ●逐次処理

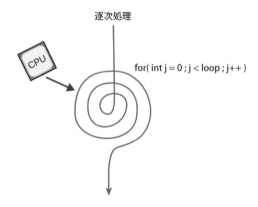

OpenMP を有効にし、for 文を #pragma omp parallel for で並列化すると、for 文内（イテレータ）はスレッドとして起動されます。for 文のインデックス（この例では i）に特定の値を設定され、内部がスレッドとして起動されます。

OpenMP で for 文を並列化すると、粒度の小さな並列化が行われます。しかし、現在の CPU はメニーコアといえど、GPGPU などのように多数のコアを備えていないため並列化数には限度があります。ただ、理論上は OpenCL などを使った場合と同じ効果が期待されます。以降に概念図を示します。

5 並列化

図 5.2 ●並列処理

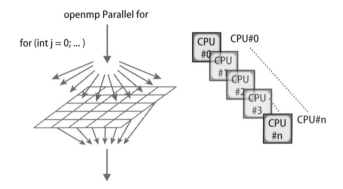

OpenMP と OpenCL

両方とも並列処理の規格ですが、仕様が異なります。ただし、共通な部分も多く、CPU や GPU の発展、そしてコンパイラの高機能化によって、いずれ統一される可能性があります。あるいは、どちらかの仕様が片方の仕様を飲み込む可能性もあります。さらには、両者を統合した、新しい規格が生まれるでしょう。

いずれにしても高速化プログラミング、特に並列化を習得しておくと、どのような規格になろうが、高速化の手法の定義に過ぎないので、気にする必要はないでしょう。大事なことは、並列化や高速化の基本を習得しておくことです。

処理結果に間違いがないか検査する verify 関数は、別ファイルに記述します。以降に、ソースリストを示します。

リスト 5.2 ● verify 関数

```
#include <stdio.h>

void verify(const int n, const float a, const float *x, const float *y)
{
    float *vY = new float[n];

    for (int i = 0; i<n; i++)
        vY[i] = a * x[i] ;
```

```
    for (int i = 0; i < n; i++)
        if (y[i] != vY[i])
            printf("error, i= %d, y = %f, vY = %f¥n", i, y[i], vY[i]);

    delete[] vY;
}
```

単に for 文を使用して、配列の各要素に変数 a の値を乗ずるだけです。並列処理で得られた結果を引数で受け取り、単純処理した結果と一致するか検査します。

OpenMP を無効にした通常の逐次処理プログラムと、OpenMP を有効にして for 文が並列化されたプログラムを2つのシステムでベンチマークします。グラフの縦軸単位は秒で、処理に要した時間を表します。高さが低いほど高速です。

図 5.3 ●ベンチマーク結果（システム A：Core i5、システム B：AMD）

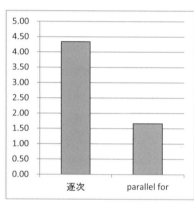

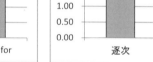

プログラム	システム A 処理時間［秒］	システム B 処理時間［秒］
逐次	4.3420000	4.3060002
並列化（parallel for）	1.6619999	1.2640001

5.1.1 ブロックで分割

次に、配列を分割して並列化します。OpenMP は、for 文内を小さな粒度に分解して並列化する方法に加え、古典的なスレッドプログラミングに使われる、ある塊を並列化させるセクションによる並列化も簡単に実装できます。これらの違いについては、説明を節で用意しましたので、そちらを参照してください。

まず、長大な配列に係数を乗ずる処理を 2 つのブロックに分け、並列に処理する例を示します。

$$y_i = a \cdot x_i \quad (i = 1, \ldots, n)$$

を

$$y_i = a \cdot x_i \quad (i = 1, \ldots, n/2)$$
$$y_i = a \cdot x_i \quad (i = n/2 + 1, \ldots, n)$$

の 2 つに分割します。以降に、ソースリストを示します。

リスト 5.3 ●配列を 2 分割して並列処理するプログラム

```c
#include <stdio.h>
#include <stdlib.h>
#include <time.h>
#include <omp.h>

void verify(const int n, const float a, const float *x, const float *y);

int
main()
{
    const int loop = 65536, n = 65536;

    volatile float a = (float)rand();
    float x[n], y[n];

    for (int i = 0; i < n; i++)
        x[i] = (float)rand();

    clock_t startTime = clock();

    for (int j = 0; j < loop; j++)
```

```
    {
        #pragma omp parallel sections
        {
            #pragma omp section
            {
                for (int i = 0; i < n / 2; i++)
                    y[i] = a * x[i];
            }
            #pragma omp section
            {
                for (int i = n / 2; i < n; i++)
                    y[i] = a * x[i];
            }
        }
    }

    clock_t stopTime = clock();

    verify(n, a, x, y);

    float etime = (float)(stopTime - startTime) / CLOCKS_PER_SEC;
    printf("elapsed time = %15.7f sec\n", etime);

    return 0;
}
```

網掛けした部分は並列に処理されます。このプログラムはsections内に2つのsectionを配置しているので、配列は2分割されてそれぞれ異なるCPUで実行されます。理想的には逐次プログラムの2倍の速度になるはずですが、理想と現実には隔たりがあります。

以降に、逐次処理した場合の概念図を示します。

図5.4●逐次処理した場合

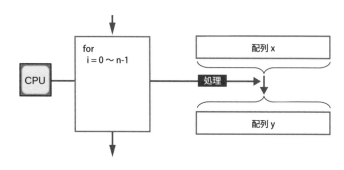

次に、OpenMP の sections を使用し、2つに分けて並列化した概念図を示します。

図 5.5 ●並列処理した場合

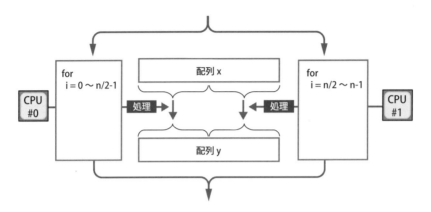

先に解説した通常の逐次処理プログラムと、OpenMP を有効にして section 文で並列化されたプログラムを、2つのシステムでベンチマークしてみました。グラフの縦軸単位は秒で、処理に要した時間を表します。高さが低いほど高速です。

図 5.6 ●ベンチマーク結果（システム A：Core i5、システム B：AMD）

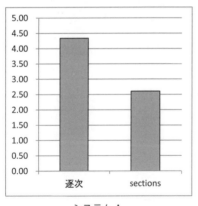
システム A

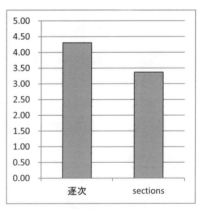
システム B

プログラム	システム A 処理時間 [秒]	システム B 処理時間 [秒]
逐次	4.3420000	4.3060002
並列化（セクション×2）	2.6059999	3.3690000

先ほどのプログラムを拡張し、さらに分割して並列化数を4にしたソースリストを示します。

リスト5.4 ●配列を4分割して並列処理するプログラム（抜粋）

```
    :
#pragma omp parallel sections
{
    #pragma omp section
    {
        for (int i = 0; i < n / 4; i++)
            y[i] = a * x[i];
    }
    #pragma omp section
    {
        for (int i = (n / 4) * 1; i < (n / 4) * 2; i++)
            y[i] = a * x[i];
    }
    #pragma omp section
    {
        for (int i = (n / 4) * 2; i < (n / 4) * 3; i++)
            y[i] = a * x[i];
    }
    #pragma omp section
    {
        for (int i = (n / 4) * 3; i < n; i++)
            y[i] = a * x[i];
    }
}
    :
```

網掛けした部分は並列に処理されます。このプログラムはsections内に4つのsectionを配置しているので、配列は4分割されてそれぞれ異なるCPUで実行されます。理想的には逐次プログラムの4倍の速度になるはずですが、理想と現実には隔たりがあります。

図 5.7 ●並列処理の様子

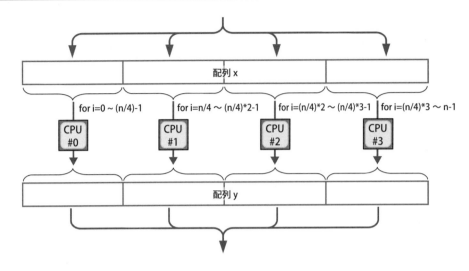

図 5.8 ●ベンチマーク結果（システム A：Core i5、システム B：AMD）

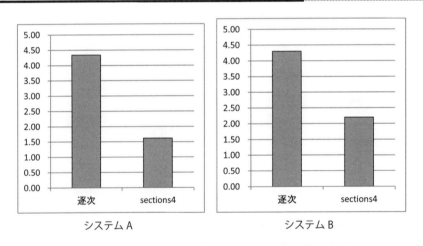

プログラム	システム A	システム B
	処理時間［秒］	処理時間［秒］
逐次	4.3420000	4.3060002
並列化 (セクション × 4)	1.6190000	2.1989999

　先ほどの 2 つに分けたものより高速化していることが分かります。並列化数を増やせば高

速化しますが、CPU コア数や配列の大きさによって、必ずしも並列数に比例して高速化するとは限りません。

1つのシステムで、逐次処理したもの、OpenMP を有効にして section 文で 2 つに並列化したもの、そして 4 つに並列化したものをグラフで示します。

図 5.9 ●システム A のベンチマーク結果（逐次処理、2 つに並列化、4 つに並列化）

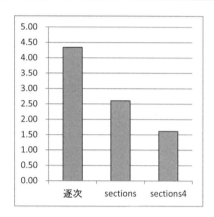

プログラム	処理時間［秒］
逐次	4.3420000
並列化（セクション× 2）	2.6059999
並列化（セクション× 4）	1.6190000

一般的に分割数を多くすると高速化します。ただ、分割数を増やしても CPU 数が、分割数より少なくなると必ずしも速くなるとは限りません。

5.2 OpenMP 概論

並列化にはいくつもの手法が存在しますが、本章では OpenMP を使用しました。本節では、OpenMP の概要を説明します。

■ 5.2.1 単純な例

単純な OpenMP 対応のプログラムを紹介します。これによって OpenMP の概要を知ることができます。一般的に使われる「Hello World!」にならって、OpenMP で同じようなプログラムを紹介します。以降に、ソースリストを示します。

5 並列化

```
#include <omp.h>
#include <stdio.h>

int main()
{
#pragma omp parallel
    {
        printf("hello openMP!¥n");
    }
    return 0;
}
```

　まず、ヘッダファイル omp.h をインクルードします。この例では OpenMP の実行時ライブラリを使用しないのでインクルードしなくても構いませんが、OpenMP を使用してプログラミングする場合、一般的にインクルードしておく方が良いでしょう。

　`#pragma omp parallel` に続くブロックが並列化されます。OpenMP ではその部分を**並列リージョン**と呼びます。また、並列化された実行単位を**スレッド**と呼び、並列化される以前から存在するスレッドを**マスタースレッド**と呼びます。スレッドの用語はスレッドプログラミングと若干異なります。

```
    ⋮
#pragma omp parallel
{
    [ この部分が並列化される ]
}
    ⋮
```

　プログラムの実行例を以降に示します。

```
C:¥>hello01
hello openMP!
hello openMP!
hello openMP!
hello openMP!
```

並列化されるのは「`printf("hello openMP!¥n");`」の部分だけです。この例では、`#pragma omp parallel`に続くブロックが4つのスレッドで並列処理されています。通常、`#pragma omp parallel`のみを指定すると、搭載CPU数（CPUコア数）と同じ個数のスレッドが生成されます。そのため、CPU数が多いと「hello openMP!」は多数表示されます。この「`#pragma omp parallel`」を**OpenMP指示文**と呼びます。

このように、`#pragma omp parallel`に続くブロックが並列化対象となります。並列化数は、CPU数より多くても少なくても構いません。ついでにCPUコアを8個搭載しているIntel Core i7プロセッサを搭載したパソコンで同じプログラムを実行した様子を示します。

```
C:¥>hello01
hello openMP!
hello openMP!
hello openMP!
hello openMP!
hello openMP!
hello openMP!
hello openMP!
hello openMP!
```

CPUがサポートするスレッド数が8個なので、「`printf("hello openMP!¥n");`」の部分が8個並列に実行されています。OpenMPでは、スレッドプログラミングなどと違い、並列化数を明示的に指定する必要はありません。ただ明示的に指定することも可能です。

通常、並列数を意識しないプログラミングの方が有利です。スレッドプログラミングなど、スレッドを明示的に記述するプログラムは、設計時にスレッド数が固定されることが多く、CPUのコア数が変わっても最適なスレッド数に追随できません。ところが、OpenMPは、何も指定しなければ環境に最適な並列数に最適されるので、環境や時代の変化に柔軟に追随できます。また、スレッドプログラミングと違い、コンパイラがOpenMPをサポートしていれば、処理系やコンパイラを意識する必要もありません。OpenMPは、非常に柔軟でポータビリティ性やスケーラビリティ性が高いと言えるでしょう。

5.2.2　ループを並列化

ループを並列化するプログラムを示します。ループを OpenMP に任せると、適切にループを並列化し、各 CPU へ処理を分割します。以降に for ループ並列化の例を示します。

リスト 5.5 ● OpenMP による for ループ並列化の例

```c
#include <omp.h>
#include <stdio.h>

int main()
{
    int a[] = { 1, 2, 3, 4, 5, 6, 7, 8, 9, 10 };
    int b[] = { 0, 0, 0, 0, 0, 0, 0, 0, 0, 0 };

    #pragma omp parallel for
    for (int i = 0; i < 10; i++)
    {
        b[i] = a[i];
    }

    for (int i = 0; i < 10; i++)
        printf("b[%d]=%d\n", i, b[i]);

    return 0;
}
```

この例では、for ループ内部が並列処理されます。このような単純なループでは、#pragma omp parallel for を追加するだけです。OpenMP を使用していない場合、このループは i を 0 から 9 まで増加させながら、配列 a の内容を配列 b にコピーします。ところが、OpenMP を使用すると、特定の値を持つ i を使って b[i] = a[i]; が実行されます。i が 0 から 9 までの任意の値で、各 CPU が b[i] = a[i]; を並列実行します。以降に、逐次処理プログラムと並列処理プログラム（OpenMP）の動作を図で示します。

図 5.10 ● 逐次処理プログラムの動作

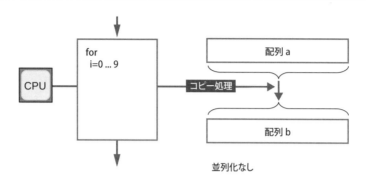

図 5.11 ● OpenMP による並列処理プログラムの動作

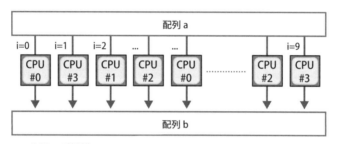

　逐次処理の場合、図に示すように配列 a の内容を配列 b へ単一のスレッドで逐次コピーします。この場合はコピーのシーケンスも保証されます。OpenMP で並列化を指示した場合、for ループは細かく分割されてシステムが起動したスレッドで並列実行されます。この場合はコピーされる順序と使用される CPU は不定です。

```
C:\>openmpFor
b[0]=1
b[1]=2
b[2]=3
b[3]=4
b[4]=5
b[5]=6
b[6]=7
b[7]=8
b[8]=9
b[9]=10
```

配列 a の内容が配列 b に正確にコピーされます。この例では本当に並列化されたのか分からないため、並列化されていることが分かるように、スレッド番号を表示するように改造したプログラムを示します。

リスト 5.6 ●スレッド番号を表示するように改造した例

```
#include <omp.h>
#include <stdio.h>

int main()
{
    int a[] = { 1, 2, 3, 4, 5, 6, 7, 8, 9, 10 };
    int b[] = { 0, 0, 0, 0, 0, 0, 0, 0, 0, 0 };

    #pragma omp parallel for
    for (int i = 0; i < 10; i++)
    {
        b[i] = a[i];
        printf("i=%d、スレッド番号=%d\n", i, omp_get_thread_num());
    }

    for (int i = 0; i < 10; i++)
        printf("b[%d]=%d\n", i, b[i]);

    return 0;
}
```

forループ内でomp_get_thread_num関数を使用してスレッド番号を表示します。これはOpenMPの実行時ライブラリです。これらを呼び出すためにomp.hをインクルードする必要があります。このプログラムを実行させたときの結果を以降に示します。

```
C:¥>openmpFor2
i=0、  スレッド番号=0
i=8、  スレッド番号=3
i=9、  スレッド番号=3
i=1、  スレッド番号=0
i=2、  スレッド番号=0
i=6、  スレッド番号=2
i=7、  スレッド番号=2
i=3、  スレッド番号=1
i=4、  スレッド番号=1
i=5、  スレッド番号=1
b[0]=1
b[1]=2
b[2]=3
b[3]=4
b[4]=5
b[5]=6
b[6]=7
b[7]=8
b[8]=9
b[9]=10
```

配列aの内容が配列bに正確にコピーされるのは、先のプログラムと同じです。本プログラムでは、どのスレッドが動作したか出力します。並列化数やiのシーケンス、スレッドの起動順に規則性はなく、実行するたびに、また使用する環境で変化します。そのため、実行順や各CPUが均等にスケジュールされることを前提にプログラミングすることは避けなければなりません。以降に、そのような実行例を示します。プログラムもシステムも、まったく同じですがスレッドも実行順序も異なります。

```
C:¥>openmpFor2
i=0、  スレッド番号=0
i=1、  スレッド番号=0
i=2、  スレッド番号=0
i=8、  スレッド番号=3
```

```
i=9、  スレッド番号=3
i=6、  スレッド番号=2
i=7、  スレッド番号=2
i=3、  スレッド番号=1
i=4、  スレッド番号=1
i=5、  スレッド番号=1
b[0]=1
b[1]=2
b[2]=3
b[3]=4
b[4]=5
b[5]=6
b[6]=7
b[7]=8
b[8]=9
b[9]=10
```

OpenMPの#pragma omp parallel forを使用すると、このように簡単にループを並列化できます。これは演算量の多い繰り返し処理で、強力な性能向上の機会を提供します。プログラムの修正を必要とせず、#pragmaで並列化を指定するだけで、通常の逐次プログラムが並列プログラムに簡単に変身します。

表示と代入の同期

賢明な読者はすでにお気づきでしょうが、先ほどの説明は若干の無理があります。各スレッドは、それぞれ勝手に並行動作しているため、配列の代入と表示が必ずペアで動作するとは限りません。ここでは、説明が簡単になるように、表示と代入がイコールであるような説明を行いましたが、実際は、配列の代入順序と表示順序が同じである保証はありません。説明の趣旨は変わらないので簡略化して説明しました。

5.2.3　セクションを並列化

OpenMPでは、ループの並列化がサンプルとして使われることが少なくありません。確かにループへの適用が効果をもたらすことも事実です。ただ、単にループを並列化するだけで

なく、プログラムを複数のブロックに分離してそれぞれを並列化することも可能です。ここでは、そのような例を紹介します。以降に、sectionsを使用して各ブロックを並列化した例を示します。

リスト 5.7 ● sections を使用して各ブロックを並列化した例

```c
#include <omp.h>
#include <stdio.h>

int main()
{
    #pragma omp parallel sections
    {
        #pragma omp section
        {
            printf("section0: スレッド番号 / スレッド数 = %d / %d¥n",
                omp_get_thread_num(), omp_get_num_threads());
        }
        #pragma omp section
        {
            printf("section1: スレッド番号 / スレッド数 = %d / %d¥n",
                omp_get_thread_num(), omp_get_num_threads());
        }
        #pragma omp section
        {
            printf("section2: スレッド番号 / スレッド数 = %d / %d¥n",
                omp_get_thread_num(), omp_get_num_threads());
        }
    }
    return 0;
}
```

　この例ではブロックが3つに分割され並列処理されます。このような並列化では、`#pragma omp parallel sections`のブロックを`#pragma omp section`で複数のブロックに分割し、それぞれが並行処理されます。

図5.12 ● プログラムを3つのブロックに分けて並列処理する様子

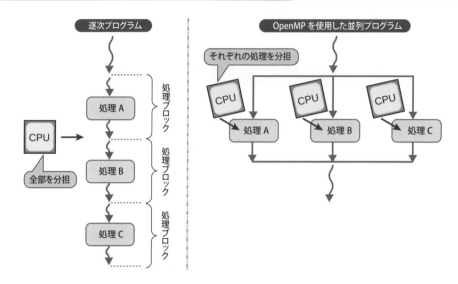

　図に示すように、OpenMPを使用しない場合、それぞれのブロックが逐次処理されます。OpenMPで並列化を指示した場合、それぞれのブロックがスレッドとして並列動作します。以降にCPUコア数が4つのコンピュータで実行した結果を示します。

```
C:¥>openmpSections
section0: スレッド番号 / スレッド数 = 1 / 4
section1: スレッド番号 / スレッド数 = 0 / 4
section2: スレッド番号 / スレッド数 = 2 / 4
```

　スレッドが4つ起動されています。スレッド番号3には作業が割り当てられなかったのが分かります。

5.2.4　まとめ

OpenMPについて簡単にまとめると、おおまかに次のように理解して良いでしょう。

（1）局所を並列化するスレッド技術である。
（2）#pragma omp parallelに対応するブロックが最適に並列化される。

スレッドについて知識のある人は簡単に理解できるでしょう。そうでない人は、単純に「`#pragma omp parallel`に対応するブロックが並列化される」と理解すればとりあえず十分です。OpenMPとスレッドを比較するため、最初に開発したプログラムをスレッドで書き換えてみましょう。スレッドを起動するにはさまざまな方法がありますが、ここではWindows APIを使用します。

リスト5.8 ● OpenMPで開発したプログラム

```c
#include <omp.h>
#include <stdio.h>

int main()
{
    #pragma omp parallel
    {
        printf("hello openMP!\n");
    }
    return 0;
}
```

リスト5.9 ●スレッド・プログラム

```c
#include <windows.h>
#include <stdio.h>

// スレッド・プロシージャ
void threadProc(void)
{
    printf("hello openMP!\n");
}


// main
int main()
{
    const int numOfThreads = 8;
    HANDLE hThread[numOfThreads];

    for (int i = 0; i < numOfThreads; i++)
    {
```

```
        //スレッドの起動
        hThread[i] = CreateThread(0, 0,
                        (LPTHREAD_START_ROUTINE)threadProc,
                                    NULL, 0, NULL);
    }

    printf("hello openMP!!!\n");

    //すべてのスレッド終了を待つ
    WaitForMultipleObjects(numOfThreads, hThread, TRUE, INFINITE);

    return 0;
}
```

このように、同じプログラムなのにスレッドを使用すると面倒になります。また、基本的にスレッドを明示的に使用したプログラムは、設計時にスレッド数は決まってしまいます。ところがOpenMPでは、明示的に指定しない限り最適な値が使われます。スレッドの同期も暗黙的に実施されるので、プログラマはスレッド数に注意する必要はありません。

5.3 OpenMPに対応したプログラムのビルド方法

ここでは、Visual C++でOpenMPに対応したプログラムを作成する手順を解説します。開発環境のバージョンによって操作方法が異なるので、本書で紹介するバージョンと異なる場合はヘルプなどを参照して自身でビルド方法を調べてください。

5.3 OpenMPに対応したプログラムのビルド方法

(1) まず、インストール済みの Visual Studio Express 2013 を起動します。

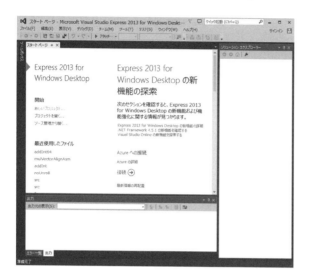

(2) プロジェクトを作成します。［ファイル］→［新しいプロジェクト］の順に選択します。

(3) すると、「新しいプロジェクト」ダイアログが現れます。「プロジェクトの種類」に「Win32」を、「テンプレート」に「Win32 コンソールアプリケーション」を選択します。そして、プロジェクトの場所を選び、プロジェクト名を入力します。

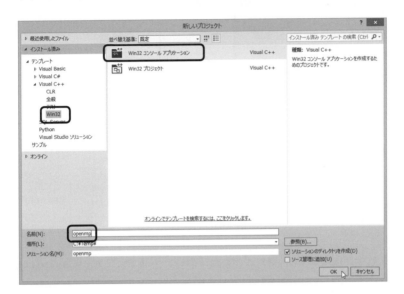

(4) ウィザードの「ようこそ」画面が表示されます。[次へ>]を押します。

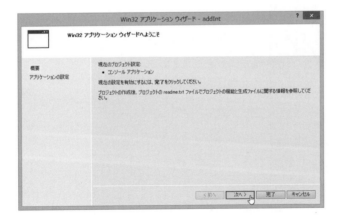

(5) ウィザードの「アプリケーションの設定」画面が表示されます。「コンソールアプリケーション」が選ばれていることを確認し、「空のプロジェクト」にチェックを付けて［完了］を押します。

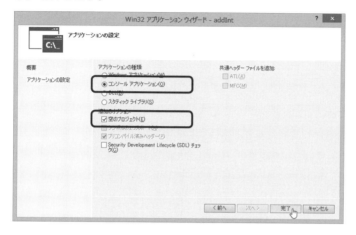

(6) プロジェクトはできあがりましたが中身は空なので、必要なファイルを追加します。プロジェクトにソースファイルを追加する場合、「ソースファイル」の上でマウスの右ボタンをクリックします。するとポップアップメニューが現れるので、［追加］→［新しい項目］の順に選択します。

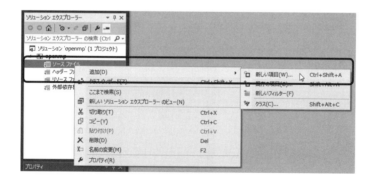

(7)「新しい項目」ダイアログが現れます。「C++ ファイル」を選び、ファイル名を入力して［追加］ボタンを押します。

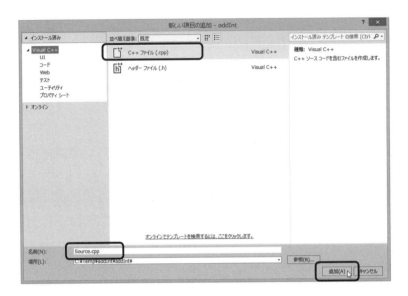

これでプロジェクトに C++ ファイルが追加されます。

(8) 追加された C++ ファイルにソースコードを入力します。

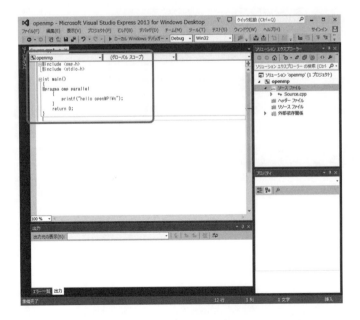

（9）構成が Debug に設定されているので、Release へ変更します。この作業は行わなくても構いませんが、Debug のままにしておくとビルドされた実行ファイルにはデバッグ情報が含まれます。

（10）OpenMP を有効にするには、プロジェクトのプロパティで OpenMP の使用を設定しなければなりません。プロジェクトの上でマウスの右ボタンをクリックし、[プロパティ] を選択します。

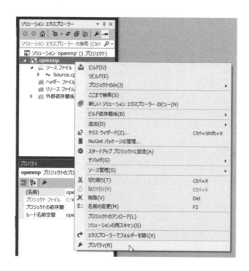

(11) すると、プロジェクトのプロパティページが現れます。「C/C++」→「言語」を選択した後、「OpenMP のサポート」を「はい」へ変更します。これによって OpenMP 用の #pragma が有効になります。この設定を忘れると OpenMP 用の #pragma は無視されます。他の構成すべてに適用したい場合は、「構成」を「全ての構成」に設定します。これを行わないと現在の構成のみが変更されます。

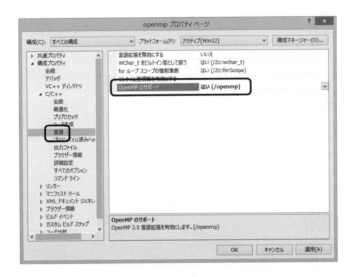

(12) やっとコンパイルの準備ができましたので、[ビルド]→[ソリューションのリビルド]でプロジェクト全体を再構築します。

（13）［Ctrl］＋［F5］キーを押すか、［デバッグ］→［デバッグなしで開始］を選択すると、先ほどのコンソール画面が現れ、実行結果を観察することができます。

ビルドが成功すると自動で実行が始まり、コンソールが現れます。

これで、OpenMPを使用するプロジェクトの作成は完了です。

omp.h がない

　Visual Studio Professional Editionなどを使用していると、このまま何の問題もなく実行ファイルができあがります。ところが、Visual C++ 2008 Express Editionなどの古いバージョンを使用すると、Windows SDK for Windows Server 2008 and .NET Framework 3.5をインストールする必要があります。

　Windows SDK for Windows Server 2008 and .NET Framework 3.5をインストールしなかった場合、omp.hを開くことができず、リビルドに失敗します。

第 6 章

ベクトル化

　ベクトル化によってプログラムを高速化する例を紹介します。1回の処理で複数のデータを処理し、演算の回数を減らします。コンパイラがベクトル化をサポートしつつありますが、標準化やコンパイラの対応は途上です。コンパイラの自動ベクトル化は長いこと研究されていますが、人間が最適化するレベルに達するには、まだ多くの時間を必要とするでしょう。また、ベクトル化対応のコンパイラは有償のものも多いのが現状です。

　本章では、ベクトル化の概念について説明し、あるプロセッサに特有な命令を使用して高速化したプログラムを開発します。

6 ベクトル化

6.1 逐次処理

長大な配列に係数を乗ずるプログラムを紹介します。処理は単純で、配列の各要素へ係数を乗ずる単純なプログラムです。

$$y_i = a \cdot x_i \quad (i = 1, \ldots, n)^{※1}$$

まず、ベクトル化しない通常のソースリストを示します。このプログラムは、前章で示した逐次プログラムとほとんど同じです。処理結果に間違いがないか検査するverify関数はまったく同じなので、ソースリストは省略します。

リスト6.1 ●配列の各要素へ係数を乗ずるプログラム

```c
#include <stdio.h>
#include <stdlib.h>
#include <time.h>

void verify(const int n, const float a, const float *x, const float *y);

int
main()
{
    const int loop = 65536, n = 65536;

    volatile float a = (float)rand();
    float x[n], y[n];

    for (int i = 0; i < n; i++)
        x[i] = (float)rand();

    clock_t startTime = clock();

    for (int j = 0; j < loop; j++)
        for (int i = 0; i < n; i++)
            y[i] = a * x[i];

    clock_t stopTime = clock();
```

※1 プログラムコードはnを0から開始するため、iは$n-1$まで処理します。

```
    verify(n, a, x, y);

    float etime = (float)(stopTime - startTime) / CLOCKS_PER_SEC;
    printf("elapsed time = %15.7f sec\n", etime);

    return 0;
}
```

単にfor文を使用して、配列の各要素に変数aの値を乗じているだけです。以降に処理の概念図を示します。

図6.1 ●逐次処理

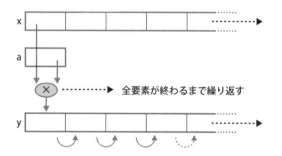

6.2 ベクトル化・128ビット

次に、128ビットレジスタを使用するSSE命令を使うプログラムを紹介します。SSE命令を用いると、同時に4要素を処理することが可能となります。以降に、SSE命令を使用したソースリストを示します。

リスト6.2 ●SSE命令を使用したプログラム

```
#include <stdio.h>
#include <stdlib.h>
#include <time.h>
```

6 ベクトル化

```cpp
#include <immintrin.h>

void verify(const int n, const float a, const float *x, const float *y);

int
main()
{
    const int loop = 65536, n = 65536;
    volatile float a = (float)rand();
    float x[n], y[n];

    for (int i = 0; i < n; i++)
        x[i] = (float)rand();

    clock_t startTime = clock();

    for (int j = 0; j < loop; j++)
    {
        __m128 va = _mm_load1_ps((const float*)&a);
        for (int i = 0; i < n; i += sizeof(va) / sizeof(float))
        {
            __m128 vx = _mm_loadu_ps(&x[i]);
            __m128 vr = _mm_mul_ps(va, vx);
            _mm_storeu_ps(&y[i], vr);
        }
    }

    clock_t stopTime = clock();

    verify(n, a, x, y);

    float etime = (float)(stopTime - startTime) / CLOCKS_PER_SEC;
    printf("elapsed time = %15.7f sec\n", etime);

    return 0;
}
```

for 文を使用し、1 回のループで配列の 4 要素それぞれに変数 a の値を乗じます。SSE 命令を C++ ソース上に直接記述できないため、イントリンシックを使用します。1 回のループで複数の要素を処理するため、一種のループアンロールと考えても良いでしょう。以降に、処理のイメージ図を示します。

図 6.2 ● SSE 命令を使った処理

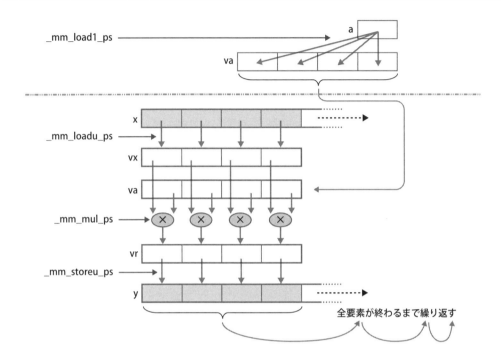

　まず、係数の a をベクトル変数 va へ _mm_load1_ps で設定します。_mm_load1_ps などのイントリンシックについては後述を参照してください。va は __m128 型の変数です。これは 128 ビットで、float が 4 要素パックされています。_mm_load1_ps ですべての要素に a の値が格納されます。

　for ループは 1 回に 4 要素を処理するため、先のプログラムに比べループ回数は 1/4 に減ります。for 文の最後で i を増加させますが、単にインクリメントするのではなく「sizeof(va) / sizeof(float)」分増加させます。ループ内では、__m128 型の vx に _mm_loadu_ps で、配列 x から対応する 4 要素を読み込みます。次に、_mm_mul_ps で va と vx を乗算し、結果を vr へ求めます。最後に、この値を _mm_storeu_ps で配列 y の対応する位置へ書き込みます。この処理を n 要素すべて終わるまで繰り返します。

　逐次処理プログラムと、SSE 命令でベクトル化したプログラムをベンチマークします。グラフの縦軸単位は秒で、処理に要した時間を表します。高さが低いほど高速です。本来なら 4 倍に高速化されても良いはずですが、理想と現実には乖離があり、2 倍ほどしか高速化さ

れていません。十分高速化されていますが、演算部分の負荷に対し、for 文の負荷が高いのでしょう。

図 6.3 ●ベンチマーク結果（CPU：Core i5）

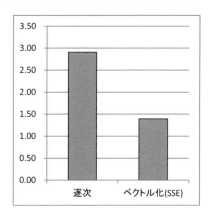

プログラム	処理時間［秒］
逐次	2.9070001
ベクトル化 (SSE)	1.3920000

■ 6.2.1 イントリンシックの解説

本節で使用した主要なイントリンシックの説明を行います。

_mm_load1_ps

1つの単精度浮動小数点値を、4つのパックド単精度浮動小数点要素へブロードキャストします。

構文

```
__m128 _mm_load1_ps(float * p )
```

引数

　p　　単精度浮動小数点値が格納されているメモリアドレス。

返却値

　ブロードキャストされた、4つのパックド単精度浮動小数点値。

解説

　pで指定されたアドレスに格納されているスカラー単精度浮動小数点値を、4つのパックド単精度浮動小数点要素へブロードキャストします。

動作概要図

対応する SIMD 命令

MOVSS と SHUFPS の組み合わせ。

_mm_loadu_ps

アライメントされていない（アライメントされていても構わない）メモリロケーションから、4 つのパックド単精度浮動小数点値を読み込みます。

構文

```
__m128 _mm_loadu_ps(float * p);
```

引数

p　　単精度浮動小数点値が格納されているメモリロケーション。

返却値

4 つのパックド単精度浮動小数点値。

解説

128 ビットメモリロケーション間で 4 つのパックド単精度浮動小数点数の相互移動を行います。引数 p が指す 128 ビットは 4 個のパックド単精度浮動小数点値です。_mm_load_ps と異なり、p が指すアドレスが 16 バイト境界に整列している必要はありません。しかし、_mm_loadu_ps は処理効率で _mm_load_ps に劣ります。アクセスするメモリロケーションが 16 バイトに整列している場合、_mm_load_ps を使用することを推奨します。

動作概要図

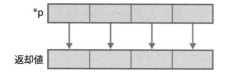

対応するSIMD命令

MOVUPS

_mm_mul_ps

4つのパックド単精度浮動小数点値を乗算します。

構文

```
__m128 _mm_mul_ps( __m128 a , __m128 b );
```

引数

a　　4つのパックド単精度浮動小数点値。

b　　4つのパックド単精度浮動小数点値。

返却値

演算結果の4つのパックド単精度浮動小数点値。

解説

aとbの4つのパックド単精度浮動小数点値の対応する要素を乗算します。

動作概要図

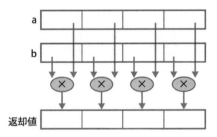

対応するSIMD命令

MULPS

_mm_storeu_ps

4つのパックド単精度浮動小数点値を書き込みます。

構文

```
void _mm_storeu_ps(float *p, __m128 a);
```

引数

p パックド単精度浮動小数点値が書き込まれるメモリロケーション。

a 4つのパックド単精度浮動小数点値。

返却値

なし。

解説

128ビットメモリロケーション間で、4つのパックド単精度浮動小数点数の相互移動を行います。引数pが指す128ビットは4個のパックド単精度浮動小数点値です。_mm_store_psと異なり、pが指すアドレスが16バイト境界に整列している必要はありません。しかし、_mm_storeu_psは処理効率で_mm_store_psに劣ります。アクセスするメモリロケーションが16バイトに整列している場合、_mm_store_psを使用することを推奨します。

動作概要図

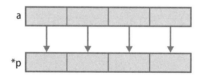

対応するSIMD命令

MOVUPS

6.3 ベクトル化・256ビット

今度はAVX命令を使うプログラムを紹介します。AVX命令を用いると、同時に8要素を処理することが可能となります。以降に、AVX命令を使用したソースリストの一部を示します。

リスト6.3 ● AVX命令を使用したプログラム（抜粋）

```cpp
        ︙
    for (int j = 0; j < loop; j++)
    {
        __m256 va = _mm256_broadcast_ss((const float*)&a);
        for (int i = 0; i < n; i += sizeof(va) / sizeof(float))
        {
            __m256 vx = _mm256_loadu_ps(&x[i]);
            __m256 vr = _mm256_mul_ps(va, vx);
            _mm256_storeu_ps(&y[i], vr);
        }
    }
        ︙
```

前節と同様のコードが多いため、異なる部分のみを示します。for文を使用し、1回のループで配列の8要素に変数aを乗じます。AVX命令をC++ソース上に直接記述できないため、イントリンシックを使用します。以降に、処理のイメージ図を示します。

搭載されているCPUがAVX命令をサポートしていない場合があります。そのような場合、本プログラムは異常終了します。

図 6.4 ● AVX 命令を使った処理

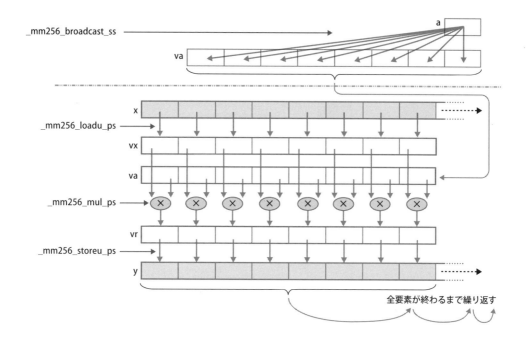

　まず、係数の a をベクトル変数 va へ _mm256_broadcast_ss で設定します。va は __m256 型の変数です。これは 256 ビットで、float が 8 要素パックされています。_mm256_broadcast_ss ですべての要素に a の値が格納されます。

　for ループは 1 回に 8 要素を処理するため、逐次プログラムに比べループ回数は 1/8 に減ります。for 文の最後で i を増加させますが、単にインクリメントするのではなく「sizeof(va) / sizeof(float)」分増加させます。ループ内では、まず、__m256 型の vx に _mm256_loadu_ps で配列 x から対応する 8 要素を読み込みます。次に、_mm256_mul_ps で va と vx を乗算し、結果を vr へ求めます。最後に、この値を _mm256_storeu_ps で配列 y の対応する位置へ書き込みます。この処理を n 要素すべて終わるまで繰り返します。

　逐次処理プログラムとベクトル化したプログラムをベンチマークします。グラフの縦軸単位は秒で、処理に要した時間を表します。本来なら 8 倍に高速化されても良いはずですが、約 2 倍の高速化に留まりました。

図 6.5 ●ベンチマーク結果（CPU：Core i5）

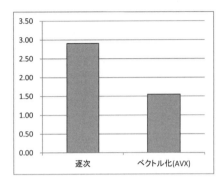

プログラム	処理時間［秒］
逐次	2.9070001
ベクトル化（AVX）	1.5490000

■ 6.3.1　イントリンシックの解説

本節で使用したイントリンシックの説明を行います。

_mm256_broadcast_ss

スカラー単精度浮動小数点値をロードして、8つのパックド単精度浮動小数点要素へブロードキャストします。

構文

```
__m256 _mm256_broadcast_ss(float const *p);
```

引数

　p　　単精度浮動小数点値が格納されているメモリロケーション。

返却値

ブロードキャストされた8つのパックド単精度浮動小数点値。

解説

pで指定されたアドレスからスカラー単精度浮動小数点値を、8つのパックド単精度浮動小数点要素へブロードキャストします。

動作概要図

対応するSIMD命令

VBROADCASTSS

_mm256_loadu_ps

アライメントされていない（アライメントされていても構わない）メモリロケーションから、8つのパックド単精度浮動小数点値を読み込みます。

構文

```
__m256 _mm256_loadu_ps(float const *p);
```

引数

p　　単精度浮動小数点値が格納されているメモリロケーション。

返却値

8つのパックド単精度浮動小数点値。

解説

256ビットメモリロケーション間で8つのパックド単精度浮動小数点数の相互移動を行います。引数pが指す256ビットは8個の単精度浮動小数点値を含みます。_mm256_load_psと異なり、pが指すアドレスが32バイト境界に整列している必要はありません。しかし、_mm256_loadu_psは処理効率で_mm256_load_psに劣ります。アクセスするメモリロケーションが32バイトに整列している場合、_mm256_load_psを使用することを推奨します。

動作概要図

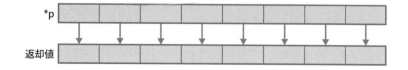

対応する SIMD 命令

VMOVUPS

_mm256_mul_ps

8つのパックド単精度浮動小数点値を乗算します。

構文

```
__m256 _mm256_mul_ps(__m256 a, __m256 b);
```

引数

a　　8つのパックド単精度浮動小数点値。

b　　8つのパックド単精度浮動小数点値。

返却値

演算結果の8つのパックド単精度浮動小数点値。

解説

aとbの8つのパックド単精度浮動小数点値の対応する要素を乗算します。

動作概要図

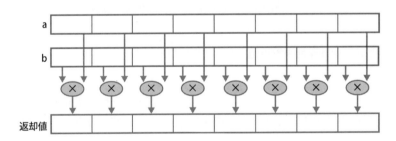

対応する SIMD 命令

VMULPS

_mm256_storeu_ps

8つのパックド単精度浮動小数点値を書き込みます。

構文

```
void _mm256_storeu_ps(float *p, __m256 a);
```

引数

p　　パックド単精度浮動小数点値が書き込まれるメモリロケーション。

a　　8つのパックド単精度浮動小数点値。

返却値

なし。

解説

256ビットメモリロケーション間で8つのパックド単精度浮動小数点数の相互移動を行います。引数pが指す256ビットは8個のパックド単精度浮動小数点値です。_mm256_store_ps と異なり、pが指すアドレスが32バイト境界に整列している必要はありません。しかし、_mm256_storeu_ps は処理効率で _mm256_store_ps に劣ります。アクセスするメモリロケーションが32バイトに整列している場合、_mm256_store_ps を使用することを推奨します。

動作概要図

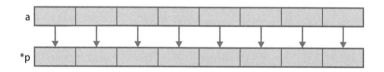

対応するSIMD命令

VMOVUPS

6.4 アライメント

　データをSIMD命令に都合の良いアドレスに整列しておくと、プログラムが若干速くなります。AVX命令は32バイト境界、SSE命令は16バイト境界に揃えるとアクセス速度が速くなります。

　先ほどの256ビットレジスタを使用するプログラムを拡張し、データ位置を境界に合わせます。以降に、データ位置を境界に合わせたソースリストを示します。

リスト6.4 ●データ位置を境界に合わせたプログラム

```
#include <stdio.h>
#include <stdlib.h>
#include <time.h>
#include <immintrin.h>

void verify(const int n, const float a, const float *x, const float *y);

int
main()
{
    const int loop = 65536, n = 65536;
    volatile float a = (float)rand();
    //float x[n], y[n];
    __m256 vx[n / (sizeof(__m256) / sizeof(float))];
    __m256 vy[n / (sizeof(__m256) / sizeof(float))];
    float *x = (float *)vx;

    for (int i = 0; i < n; i++)
        x[i] = (float)rand();

    clock_t startTime = clock();

    for (int j = 0; j < loop; j++)
    {
        __m256 va = _mm256_broadcast_ss((const float*)&a);
        for (int i = 0; i < n / (sizeof(va) / sizeof(float)); i++)
            vy[i] = _mm256_mul_ps(va, vx[i]);
    }
```

```
        clock_t stopTime = clock();

        verify(n, a, (float *)vx, (float *)vy);

        float etime = (float)(stopTime - startTime) / CLOCKS_PER_SEC;
        printf("elapsed time = %15.7f sec¥n", etime);

        return 0;
}
```

　これまでに示したプログラムでは、2つの配列 x、y を単に float 配列としていました。これでは、配列の先頭アドレスが 32 バイト境界に整列されるとは限りません。そこで、配列の型を __m256 とします。以降に、以前の定義と、今回の定義を対比して示します。

表 6.1 ●配列定義の対比

これまでのプログラム	このプログラム
`float x[n], y[n];`	`__m256 vx[n / (sizeof(__m256) / sizeof(float))];` `__m256 vy[n / (sizeof(__m256) / sizeof(float))];`

　__m256 で宣言した変数は、32 バイト境界に整列します。かつ、__m256 は 256 ビット（32 バイト）であるため、float を 8 要素保持できます。そのため、float で宣言した配列数をそのまま使うと 8 倍のメモリ量になってしまいます。そこで、配列数 n を sizeof(__m256)/sizeof(float) で除算します。気をつけなければならないのは、n は 8 の整数倍でなければならないことです。もし、n が 8 の整数倍でないと、プログラムの実行時にアクセス保護例外が発生する場合があります。

ASSERT

　このように、長さに規則性がある場合 assert などを使ってチェックすると良いでしょう。特に本例のようにコンパイル時に判断できる場合、static なチェックを採用すると、実行時の負荷もなく、かつケアレスミスを除外できます。本書のプログラムは高速化について学習するものなので、細かい処理は省略します。

6 ベクトル化

__m256 などについては、6.8 節「SIMD 命令とメモリ管理」を参照してください。

アライメントされたメモリの割り付け

ベクトル化を利用した実用的なプログラムを開発する場合、アライメント揃えや、SIMD 命令が処理する境界からはみ出す部分の処理に気をつけなければなりません。

また、データを格納するメモリを自身で動的に割り付ける場合もあります。このあたりは言語や処理系の仕様書を読み、適切な処理を行う必要があります。

このままでは各要素へ単精度浮動小数点値を設定できないため、以下のようにキャストした x を用意します。

```
float *x = (float *)vx;
```

この x を使用して乱数を各要素に設定します。

次に、肝心のループ部のソースコードを示します。

```
__m256 va = _mm256_broadcast_ss((const float*)&a);
for (int i = 0; i < n / (sizeof(va) / sizeof(float)); i++)
    vy[i] = _mm256_mul_ps(va, vx[i]);
```

for 文のループ回数が減るのは前節と同様ですが、変数に __m256 を使用しているので、i の終了条件を変更します。

これまでは乗算のオペランドに float で宣言した値を使用していました。このため、_mm256_mul_ps イントリンシックにその変数を指定していません。float で宣言した値を使用する場合、読み書きのイントリンシックを使って、適切な型に読み込み、または書き込んでいます。

キャストした変数を指定すれば、コンパイルは正常に終了します。しかし、実行時にアライメント境界違反によって割り込む場合があります。例えば、_mm256_mul_ps イントリンシックは以下のように定義されています。

```
__m256 _mm256_mul_ps(__m256 a, __m256 b);
```

返却値もオペランドも __m256 を期待しています。ここに __m256 以外を指定した場合、正常に処理が行われるとは限りません。SIMD 命令はオペランドにアライメントを要求するも

のと、単に性能低下するものがあります。アライメントを要求する命令に整列されていないアドレスを渡すと割り込みが発生します。安易にキャストするのは危険です。

アライメント割り込み

AVX命令はアライメント違反の割り込みが軽減されました。SSE命令では割り込む命令が多いですが、AVX命令では性能低下を引き起こすだけの命令もあります。ただ、依然として割り込む命令が存在するため、アライメントには気をつける必要があります。高速化を目指すなら、アライメントには留意するべきでしょう。

　AVX命令に最適なアライメントを採用したプログラムと、すでに紹介したプログラムをベンチマークします。

図6.6 ●アライメント調整の有無によるベンチマーク結果（CPU：Core i5）

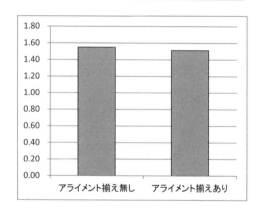

　アライメントが揃うだけなので、想定通り性能向上はわずかです。メモリアクセスが多いと効果が大きくなるでしょう。ただ、メモリアクセスを行う場合、アライメントの調整よりキャッシュの効果が大きいでしょうから、ベクトルデータを扱うときのアライメントに注意を払うことは、それほど重要ではない可能性もあります。

　このグラフでは速度差が分かりにくいため、差分が分かりやすいようにグラフの縦軸にオフセットを与えたグラフも示します。

図6.7 ●アライメント調整の有無によるベンチマーク結果（CPU：Core i5、縦軸オフセット）

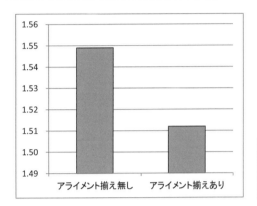

プログラム	処理時間［秒］
アライメント揃えなし	1.5490000
アライメント揃えあり	1.5120000

案外、速度向上が低かったため、両者のコンパイル結果を観察します。

リスト6.5 ●アライメントを揃えない方のアセンブルリスト

```
    vbroadcastss ymm0, DWORD PTR a$[rbp]
    mov r8, r13
    mov r12d, eax
    mov edi, 8192              ; 00002000H
$LL6@main:

;     {
;         __m256 va = _mm256_broadcast_ss((const float*)&a);
;         for (int i = 0; i < n / (sizeof(va) / sizeof(float)); i++)

    mov edx, ebx
    mov rcx, rbx
    npad    9
$LL3@main:

;             vy[i] = _mm256_mul_ps(va, vx[i]);

    vmulps  ymm1, ymm0, YMMWORD PTR vx$[rbp+rcx]
    inc edx
    lea rcx, QWORD PTR [rcx+32]

    movsxd  rax, edx

    vmovups YMMWORD PTR vy$[rbp+rcx-32], ymm1
```

```
    cmp rax, rdi
    jb   SHORT $LL3@main
```

リスト 6.6 ●アライメントを揃えた方のアセンブルリスト

```
    vbroadcastss ymm0, DWORD PTR a$[rbp]
    mov r8, r13
    mov r12d, eax
    mov ebx, 8192              ; 00002000H
    npad    14
$LL6@main:

;       {
;           __m256 va = _mm256_broadcast_ss((const float*)&a);
;           for (int i = 0; i < n; i += sizeof(va) / sizeof(float))

    mov rcx, rdi
    mov rdx, rbx
$LL3@main:

;           {
;               __m256 vx = _mm256_loadu_ps(&x[i]);
;               __m256 vr = _mm256_mul_ps(va, vx);

    vmulps  ymm1, ymm0, YMMWORD PTR x$[rbp+rcx]
    lea rcx, QWORD PTR [rcx+32]

;               _mm256_storeu_ps(&y[i], vr);

    vmovups YMMWORD PTR y$[rbp+rcx-32], ymm1
    dec rdx
    jne SHORT $LL3@main
```

　両者を比べてみると、アライメントを揃えた方のアセンブルリストの方がコンパクトです。しかし、リストを見る限りアライメント揃えによる SIMD 命令に違いは観察できません。アライメントが揃ったコードは、データをメモリに格納する場合、vmovaps 命令へ翻訳されて良いはずなのに vmovups が使われています。やはりイントリンシックはイントリンシックに過ぎず、確実に期待した SIMD 命令にマップされるわけではないという実例です。このよう

な現象はコードの書き方やコンパイラの仕様に依存するでしょう。一番良いのは自身でベクトル命令を記述することですが、それでは非効率です。ただ、本書の狙いは高速化にあるので、ポータビリティや生産性の判断は読者に任せることとし、次節ではアセンブラで記述する例も示します。

COLUMN

閑話休題：何を話しているのか

性能向上の話をしているときに、
- ソフトウェアで努力したところでハードウェアが速くなるので、寝て待った方が良い。
- ポータビリティが損なわれるからやめた方が良い。
- プラットフォーム依存だから特定の議論をしても意味がない。

などと、何を議論しているかをひっくり返すような意見や提案を述べる人が少なくありません。

環境が高速になるまで待つつもりの人は過去と戦っていてください。少なくとも、環境の開発に参加すべきではありません。現在と戦っている人との差は、時代が変わったときにはさらに開いていることでしょう。

ポータビリティに関心がある人は議論の会場を間違えています。性能のことは気になさらず、他の会場で生産性の議論に勤しんでください。

プラットフォーム依存を云々言う人は議論や研究を進める気があるのでしょうか。特定のプラットフォームで有効な手法の普遍化も、高速化の重要な課題の1つです。それに意味を見出せないなら、やはり会場を間違えています。

そもそも、設定された課題を無視するような意見は、議論を混乱させるだけで何も生み出しません。もちろん、そのような意見にまったく意味がないと言っているわけではありません。ただし、そのために設定された別の会場へ行った方が有意義な議論ができるでしょう。あるいは自身で会場設営するのも悪くありません。

6.5 アセンブリ言語で開発

イントリンシックを使用すると、意図した SIMD 命令と異なる命令にマップされることがあります。そもそもイントリンシックはアセンブリ言語ではないので、プログラマが自由にアセンブリ命令を選択することはできません。

本節では、アセンブリ言語を使用してプログラミングします。C++ 言語で記述したソースファイルには直接アセンブリ言語を記述できないため、関数として記述したアセンブリ言語を C++ 言語から呼び出します。このため、ソースファイルは C++ 言語で記述したファイルと、アセンブリ言語で記述したファイルの 2 つから成り立ちます。以降に、それぞれのソースリストを示します。

リスト 6.7 ● C++ 言語で記述したプログラム

```
#include <stdio.h>
#include <stdlib.h>
#include <time.h>
#include <immintrin.h>

void verify(const int n, const float a, const float *x, const float *y);

extern "C"
void asmCode(const int n, const volatile float *a, const float *x, float *y);

int
main()
{
    const int loop = 65536, n = 65536;
    volatile float a = (float)rand();
    __m256 x__m256[n / (sizeof(__m256) / sizeof(float))];
    __m256 y__m256[n / (sizeof(__m256) / sizeof(float))];
    float *x = (float *)x__m256;
    float *y = (float *)y__m256;

    for (int i = 0; i < n; i++)
        x[i] = (float)rand();

    clock_t startTime = clock();
```

6 ベクトル化

```
    for (int j = 0; j < loop; j++)
        asmCode(n, &a, x, y);

    clock_t stopTime = clock();

    verify(n, a, x, y);

    float etime = (float)(stopTime - startTime) / CLOCKS_PER_SEC;
    printf("elapsed time = %15.7f sec¥n", etime);

    return 0;
}
```

for文で処理していた部分を関数呼び出しに書き換えます。他は、これまでと同様です。asmCodeがアセンブリ言語で開発した関数名です。このasmCodeはC++言語ソースからは単なる関数であり、どのような言語で記述されたかは気にする必要はありません。

C++言語とアセンブリ言語で記述したプログラムのプロジェクト作成については、6.7節「Visual C++でアセンブラ」を参照してください。

リスト6.8 ●アセンブリ言語で記述したプログラム

```
_TEXT   segment

        public asmCode
        align   16

;********************************************************************
;rcx    = n
;rdx    = a
;r8     = &x
;r9     = &y
;********************************************************************

asmCode proc

        vbroadcastss    ymm0, dword ptr [rdx]           ; a

        movsxd          rcx, ecx
        shr             rcx, 3                          ; length/8
```

```
        xor             r10, r10
loop1:
        vmovaps         ymm1, ymmword ptr [r8+r10]      ; load y
        vmulps          ymm1, ymm0, ymm1                ; a*x
        lea             r10, [r10+32]                   ; next x
        vmovaps         ymmword ptr [r9+r10-32], ymm1   ; store y
        loop            loop1

        ret

asmCode endp

_TEXT   ends
        end
```

1回のループで配列の8要素を同時に処理します。AVX命令をC++ソース上に直接記述できないため、関数として実装します。関数の引数は、いくつかはレジスタで、いくつかはスタックで渡されます。呼び出し規約については別の節を設けて説明します。ただし、呼び出し規約は処理系やコンパイラ、もちろんアーキテクチャにも影響されるので、一例として理解してください。1つの環境を理解しておくと、異なる環境の理解もスムーズです。

引数	関数が呼び出されたときに格納されるレジスタ	説明
n	RCX	値で渡される。
a	RDX	アドレスで渡される。
x	R8	アドレスで渡される。
y	R9	アドレスで渡される。

以降に、処理のイメージ図を示します。

図 6.8 ●処理のイメージ

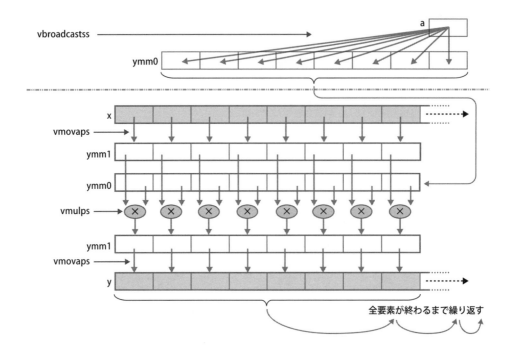

　まず係数の a を ymm0 レジスタへ vbroadcastss 命令で設定します。次に、ループ回数を制御する rcx レジスタの値を 3 ビット右にシフトします。これは、rcx レジスタの値を 8 で割ることと等価です。本来なら算術シフトが良いのでしょうが、rcx レジスタは 64 ビットであり十分大きいことと、そしてマイナスの値になった場合の処理をそもそも考慮していません。それで、単純に論理シフトを使用します。これによってループ回数は、要素数の 1/8 に減ります。

　vmovaps 命令で配列 y の対応する要素を、ymm1 レジスタへ読み込みます。この ymm0 レジスタと ymm1 レジスタを vmulps 命令で、各要素を独立して乗算します。結果は ymm1 レジスタへ格納されます。最後に、この値を vmovaps 命令で、配列 y の対応する位置へ書き込みます。この処理を loop 命令で、n 要素すべて終わるまで繰り返します。このように自身でアセンブリ言語を使用すると、アライメントを意識した適切な命令を使用できます。

　しかし、ベンチマークを行ったところ、処理速度はイントリンシックを使用したプログラムより若干低下しました。これは、処理部を関数として実装したため、呼び出しのオーバーヘッドが大きいためと想像されます。関数内で行う処理の比重が高ければ、自身でアセンブ

リ言語を使用するメリットを生かせるでしょうが、この程度の負荷では、オーバーヘッドの比重が大きくて性能向上は見込めないようです。

6.6 Visual C++ とイントリンシック

　Visual C++ を使用する場合、プラットフォームに x64 を選ぶとインラインアセンブラを使用できません。すでに別ファイルに関数としてアセンブリ命令を記述する方法は説明しました。アセンブリ言語を使用すると正確に CPU を制御できますが、かなり面倒です。本節では、SIMD 命令と対応したイントリンシックの使用法の概要を説明します。

■ 6.6.1　イントリンシックを使用し SSE 命令で記述したプログラム

　イントリンシックを使用すると、64 ビット環境でも SIMD 命令を C++ のソースファイル内で使用できます。また、本プログラムのソースコードは x86/x64 の両方に対応します。c=a+b; をイントリンシックで記述したものを示します（SSE 命令相当）。

リスト 6.9 ●イントリンシックを使用し SSE 命令で記述したプログラム

```c
#include <stdio.h>
#include <xmmintrin.h>

int
main(void)
{
    float a = 1.0f, b = 2.0f, c;

    __m128 va = _mm_load_ss(&a);
    __m128 vb = _mm_load_ss(&b);
    __m128 vc = _mm_add_ss(va, vb);
    _mm_store_ss(&c, vc);

    printf("c = %f\n", c);

    return 0;
```

6 ベクトル化

```
}
```

　イントリンシックはアセンブリ命令を組み込み関数で記述できるようにしたものです。プラットフォーム間で互換性がある場合もあり、若干ですがポータビリティも向上します。ただ、あくまでも組み込み関数なのでアセンブリ命令のようにレジスタまで制御することはできません。このため、翻訳された命令が予想された通りでないこともあります。

　この例ではスカラーデータを扱うため、SIMD 命令の機能を十分に活用していません。ただ、イントリンシックの使用法は理解できるでしょう。イントリンシックを使用したい場合、特有のヘッダをインクルードしなければなりません。このプログラムでは、xmmintrin.h をインクルードします。以降に SIMD 命令に対応したヘッダの表を示します。

表 6.2 ● SIMD 命令とヘッダファイルの対応

SIMD 命令	ヘッダファイル名
MMX	mmintrin.h
SSE	xmmintrin.h
SSE2	emmintrin.h
SSE3	pmmintrin.h
AVX、AVX2、FMA	immintrin.h
AVX-512	zmmintrin.h

COLUMN

組み込み関数

　x64 では、インラインアセンブラを使用できなくなりました。代わりに組み込み関数を使用します。組み込み関数は、いわゆるイントリンシックのことで、本書では組み込み関数と呼ばず、イントリンシックと表現します。イントリンシックは、ほぼアセンブリ命令と 1 対 1 で対応しますが、レジスタの使用法などが非効率になる場合があります。

　イントリンシックはインライン展開されるため、関数呼び出しと違いオーバーヘッドを減らすことができます。また、アセンブリ命令と違いコードの読みやすさが向上し、データ型も意識する必要があるためケアレスミスも排除できます。さらに、命令スケジューリングを支援し、デバッグの労力を軽減するのに役立ちます。

> **COLUMN**
>
> **Visual C++ の組み込み関数**
> - インテル® Advanced Vector Extensions（インテル® AVX）命令
> - キャリーなし乗算命令および AES（Advanced Encryption Standard）命令
> - half-float 型変換命令
> - MMX® テクノロジー命令
> - インテル® ストリーミング SIMD 拡張命令（SSE）
> - インテル® ストリーミング SIMD 拡張命令 2（SSE2）
> - インテル® ストリーミング SIMD 拡張命令 3（SSE3）
> - インテル® ストリーミング SIMD 拡張命令 3 補足命令（SSSE3）
> - インテル® ストリーミング SIMD 拡張命令 4（SSE4）
>
> インテル IA-32、64、IA-64 アーキテクチャすべてで動作する組み込み関数が提供されています。ほとんどの組み込み関数は、対応するアセンブリ命令に直接マップし、一部の組み込み関数は複数のアセンブリ命令にマップします。

6.7 Visual C++ でアセンブラ

前章でアセンブリ言語を使用する例を紹介しました。ここでは、C++ 言語とアセンブリ言語を混在して使用する方法を簡潔に解説します。

■ 6.7.1 32 ビット環境

32 ビット環境では、アセンブリ命令をインラインで記述できるためアセンブリ言語を使用する手間は多くありません。SIMD 命令やキャッシュ制御を行う命令の使用にも制限はありません。

簡単な例

　加算を行う簡単なプログラムを紹介します。整数の例と浮動小数点数の例を示します。まず、整数を加算するプログラムを紹介します。アセンブリ言語をインラインで記述します。

リスト6.10●整数を加算するプログラム

```c
#include <stdio.h>

int
main(void)
{
    int a = 1, b = 2, c;

    __asm
    {
        mov eax, a
        add eax, b
        mov c, eax
    }

    printf("c = %d\n", c);

    return 0;
}
```

　C++言語内にアセンブリ言語の記述を行う場合、インラインアセンブラを使用します。この例では、__asmキーワードに続く{}内に一連の命令を記述します。もし、アセンブリ命令が1つだけの場合、__asmキーワードに続き、直接アセンブリ命令を記述できます。この場合、__asmキーワードに続く{}は不要です。

　本プログラムは、MOV命令で変数aの値をレジスタに読み込み、ADD命令でaとbを加算します。最後に、加算結果をMOV命令で変数cへ書き込みます。実行結果を以降に示します。

```
c = 3
```

ニーモニックの大文字・小文字

本書のソースコードはアセンブリ命令のニーモニックを小文字で入力しています。しかし、説明は大文字を採用しています。ニーモニックは、大文字でも小文字でも構いません。

整数のプログラム例に続き、浮動小数点数の加算を行うプログラムも紹介します。こちらも 32 ビット環境なのでインラインで記述します。

リスト 6.11 ●浮動小数点数を加算するプログラム

```c
#include <stdio.h>

int
main(void)
{
    float a = 1.0f, b = 2.0f, c;

    __asm
    {
        movss xmm0, a
        addss xmm0, b
        movss c, xmm0
    }

    printf("c = %f¥n", c);

    return 0;
}
```

使用するレジスタが EAX から XMM0 に代わり、命令が MOVSS と ADDSS に変わるだけです。実行結果を以降に示します。

```
c = 3.000000
```

32 ビット環境のプロジェクト作成

プロジェクトを作成する方法を解説します。Visual Studio Express 2013 を使用した例を示します。

（1）まず、インストール済みの Visual Studio Express 2013 を起動します。

（2）プロジェクトを作成します。［ファイル］→［新しいプロジェクト］の順に選択します。

(3) すると、「新しいプロジェクト」ダイアログが現れます。「プロジェクトの種類」に「Win32」を、「テンプレート」に「Win32 コンソールアプリケーション」を選択します。そして、プロジェクトの場所を選び、プロジェクト名を入力します。

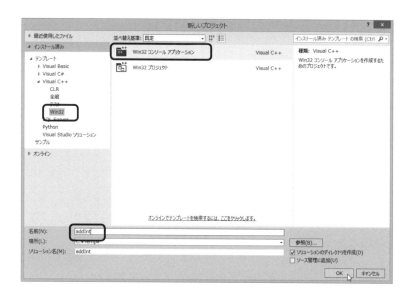

(4) ウィザードの「ようこそ」画面が表示されます。[次へ >] を押します。

6 ベクトル化

(5) ウィザードの「アプリケーションの設定」画面が表示されます。「コンソールアプリケーション」が選ばれていることを確認し、「空のプロジェクト」にチェックを付けて［完了］を押します。

(6) プロジェクトはできあがりましたが中身は空なので、必要なファイルを追加します。プロジェクトにソースファイルを追加する場合、「ソースファイル」の上でマウスの右ボタンをクリックします。するとポップアップメニューが現れるので、［追加］→［新しい項目］の順に選択します。

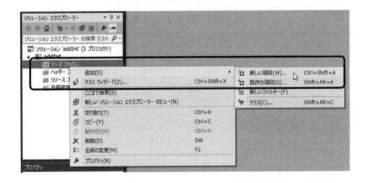

(7)「新しい項目」ダイアログが現れます。「C++ ファイル」を選び、ファイル名を入力して［追加］ボタンを押します。

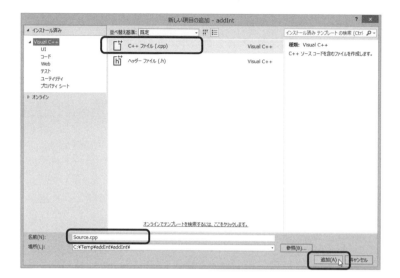

これでプロジェクトに C++ ファイルが追加されます。

（8）追加された C++ ファイルにソースコードを入力します。

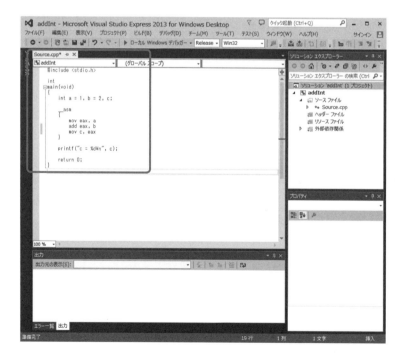

(9) 構成が Debug に設定されているので、Release へ変更します。この作業は行わなくても構いませんが、Debug のままにしておくとビルドされた実行ファイルにはデバッグ情報が含まれます。

(10) ［Ctrl］＋［F5］キーを押すか、［デバッグ］→［デバッグ無しで開始］を選択すると、コンソール画面が現れ、実行結果を観察することができます。

ビルドが成功すると自動で実行が始まります。

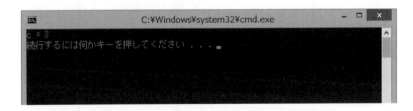

これで、32 ビット環境におけるプロジェクトの作成は完了です。

■ 6.7.2　64ビット環境

　32ビット環境でアセンブリ言語を使用する概要は理解したと思います。次に、64ビット環境でアセンブリ言語を使用する方法を解説します。プログラム内容は32ビットで解説したものと同じです。Visual C++を使用する場合、プラットフォームにx64を選ぶとインラインアセンブラを使用することはできません。インラインアセンブラを使用できないということは、アセンブリコードは別のファイルに単独で記述しなければなりません。先の、32ビットで開発したプログラムを、64ビット用に変更してみましょう。

ファイル構成

　32ビット環境ではソースファイルは1つでした。ところが64ビット環境ではC++言語ファイル中にアセンブリコードを記述できないため、アセンブリコードを記述したファイルが、もう1つ必要です。以降に、ファイルとコンパイラやアセンブラの概念図を示します。

図6.9 ●ファイルとコンパイラ、アセンブラ

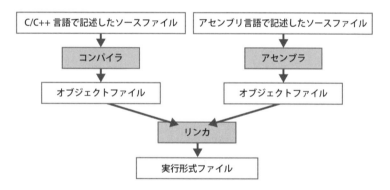

　実際の開発ではVisual C++を使用するため、プロジェクトに含まれるソースファイルは自動的にコンパイラもしくはアセンブラによって翻訳されます。リンカなども自動で起動されるので、C++言語で記述したファイルと、アセンブリ言語で記述したファイルが混在しても、単にビルドを選択するだけです。ビルドに関しては、C++言語で記述したファイルのみで構成されたプロジェクトと何ら変わりません。ただし、プロジェクトの設定を少し変更する必要があります。これについては後述します。

以降に、プロジェクトの概念を図で示します。

図 6.10 ●プロジェクトの概念図

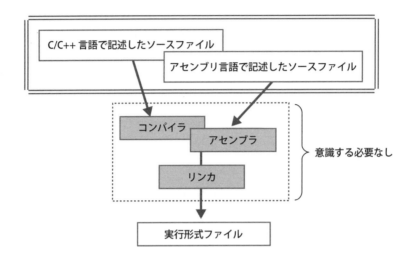

簡単な例

　加算を行う簡単なプログラムを紹介します。32 ビット環境と同様に、整数の例と浮動小数点数の例を示します。まず、整数を加算するプログラムを紹介します。

　すでに説明した通り、64 ビット環境（x64）ではインラインアセンブラを使用できません。このため、アセンブリ命令を記述するには、関数として記述して C/C++ 言語から呼び出す方法を採用します。32 ビットでは、呼び出しルールや、関数名、引数、スタックなどに気を払うことなくアセンブリ言語を使用できました。ところが 64 ビット環境では、若干面倒が起きます。

　以降に、C++ 言語で記述したソースファイルを示します。単にアセンブリ言語で記述した関数を呼び出すだけです。C++ 言語が呼び出す関数が、たまたまアセンブリ言語で記述されただけであり、C++ 言語で記述したソースコードから考えると、その関数は関数以外の何ものでもありません。

6.7 Visual C++ でアセンブラ

リスト 6.12 ●アセンブリ言語で記述した関数を呼び出すプログラム（整数の加算）

```
extern "C"
int asmCode(const int a, const int b);

int
main(void)
{
    int a = 1, b = 2, c;

    c = asmCode(a, b);

    printf("c = %d¥n", c);

    return 0;
}
```

アセンブリ言語で記述した関数を呼び出すからといって、通常の C/C++ 言語を使用した例と変わりません。本プロジェクトは、呼び出し側のファイルの拡張子に「.cpp」を使用します。つまり C++ 言語を使用します。C++ 言語では、オーバーロードを使えるため関数名が一意に関数を特定しません。つまり、同じ名前であっても引数によって別の関数が呼び出されます。このため、C++ コンパイラは、ソースコードで使用されている関数名を引数によって修飾した名前に変換します。この変換を避けるため、C 形式の関数であることを示す「extern "C"」を付与します。

以降に、アセンブリ言語で記述したソースファイルを示します。

リスト 6.13 ●アセンブリ言語で記述したソースファイル（整数の加算）

```
_TEXT    segment

        public   asmCode

;***********************
;rcx    = a
;rdx    = b
;***********************

asmCode proc
```

```
            mov   eax, ecx      ; eax=a
            add   eax, edx      ; eax=a+b

            ret

asmCode  endp

_TEXT    ends
            end
```

　先頭行（_TEXT segment）と末尾2行はおまじないです。正確には、この範囲には命令を記述しますという意味がありますが、おまじないと思って構いません。publicに続くasmCodeが関数名です。

　procとendpで囲まれた部分にアセンブリ命令を記述します。ECXレジスタ（RCXの下位32ビット）には、C/C++言語側の第1引数が格納されます。この例では、第1引数にint型変数のaが渡されます。EDXレジスタには、C/C++言語側の第2引数が格納されます。

　MOV命令で変数aの値をEAXレジスタに格納し、ADD命令でaとbを加算します。加算結果はEAXへ格納されます。このasmCode関数はint型の関数です。int型の関数は、EAXに格納されている値を返却値として返すので、このままRET命令で関数を終了すると加算結果が返されます。

　引数の渡し方や関数の返却値など、呼び出し規約については後述します。壊してはならないレジスタや、スタックの使用方法にも、さまざまな制約があります。

　整数のプログラム例に続き、浮動小数点数の加算を行うプログラムも紹介します。以降に、C++言語で記述したソースファイルを示します。これは、アセンブリ言語で記述した関数を呼び出します。

リスト6.14 ●アセンブリ言語で記述した関数を呼び出すプログラム（浮動小数点数の加算）

```
#include <stdio.h>

extern "C"
float asmCode(const float a, const float b);

int
main(void)
```

```
{
    float a = 1.0f, b = 2.0f, c;

    c = asmCode(a, b);

    printf("c = %f\n", c);

    return 0;
}
```

先ほどと異なるのは、int 型が float 型に変わるだけです。他は、先ほどのプログラムと同様です。以降に、アセンブリ言語で記述したソースファイルを示します。

リスト 6.15 ●アセンブリ言語で記述したソースファイル（浮動小数点数の加算）

```
_TEXT    segment

        public   asmCode

;***********************
;xmm0    = a
;xmm1    = b
;***********************

asmCode proc

        addss xmm0, xmm1

        ret

asmCode endp

_TEXT    ends
         end
```

XMM0 レジスタの下位に、C/C++ で使用した関数の第 1 引数が格納されています。この例では、第 1 引数に float 型変数の a の値が渡されます。XMM1 レジスタの下位に C/C++ で使用した関数の第 2 引数が格納されます。

ADDSS 命令で a と b を加算します。加算結果は XMM0 レジスタの下位に格納されます。

このasmCode関数はfloat型の関数です。float型の関数は、XMM0レジスタの下位に格納されている値を返却値として返すので、このままRET命令で関数を終了すると加算結果が返されます。

プロジェクトへ64ビットプラットフォームを追加する

　Visual C++ で作成したプロジェクトに64ビット環境が含まれていないことがあります。そのような場合に、プロジェクト構成を64ビットプラットフォームに設定する方法を説明します。Visual Studio のバージョンによって若干方法などが異なりますが、ほぼ次に述べる手順で設定できます。

（1）64ビットプラットフォームを追加していないプロジェクトを開きます。
（2）プロジェクトのプロパティページを開きます。具体的には、プロジェクトエクスプローラーのプロジェクト名の上で、マウスの右ボタンを押してプロパティを選択します。他にも、［プロジェクト］メニューの［プロパティ］を選択するなど、多くの方法があります。
（3）プロパティページの［構成マネージャー］をクリックします。
（4）「構成マネージャー」ダイアログボックスが現れるので、［アクティブソリューションプラットフォーム］のドロップダウンリストから［< 新規作成 ...>］を選択します。
（5）「新しいソリューションプラットフォーム」ダイアログボックスが現れるので、その［新しいプラットフォームを入力または選択してください］のドロップダウン矢印をクリックし、64ビットプラットフォームを選択します。
（6）［OK］をクリックすると、「構成マネージャー」ダイアログボックスの［アクティブソリューションプラットフォーム］に、新しいプラットフォームが表示されます。
（7）「構成マネージャー」ダイアログボックスの［閉じる］をクリックし、次に「< プロジェクト名 > プロパティページ」ダイアログボックスの［OK］をクリックします。

　これで、64ビットプラットフォームのプロジェクトが作成できました。「新しいソリューションプラットフォーム」ダイアログボックスでは、［設定のコピー元］を使用すると、既存のプロジェクト設定を新規の64ビットプロジェクト構成にコピーできます。ほとんどの場合、既存のWin32プロジェクトから引き継ぐと良いでしょう。

　いくつか画面ダンプを交えて設定方法を説明しましょう。

(1) ドロップダウンから［構成マネージャー ...］を選択します。他にも、［プロジェクト］メニューの［プロパティ］を選択する方法や、ソリューションエクスプローラーのプロジェクト名の上で、マウスの右ボタンを押してプロパティを選択する方法があります。「プロパティページ」ダイアログボックスが現れたら、[構成マネージャー]をクリックします。

(2) 「構成マネージャー」ダイアログボックスが現れるので、「アクティブソリューションプラットフォーム」で「新規作成」を選択します。

(3) 「新しいソリューションプラットフォーム」ダイアログボックスが現れるので、その［新しいプラットフォームを入力または選択してください］のドロップダウン矢印をクリックし、x64 プラットフォームを選択します。新しいプラットフォームを作成するとき、設定のコピー元を指定できます。これは、オプションなどの指定を引き継ぐ必要があるときに使用すると便利です。もし、まったく設定を引き継ぐ必要がないときは［<空>］を指定してください。

(4) 順次ダイアログを閉じて、元の画面へ戻りましょう。プラットフォームを覗くと Win32 と x64 が追加されています。x64 を選択してビルドします。

(5) このままでは、アセンブリコードで記述した関数がリンカで見つからず参照を解決できずエラーとなります。これはアセンブリコードで記述したファイルがプロジェクトから除外されているためです。

(6) これを解決するには、アセンブリコードで記述したファイルをプロジェクトに含める必要があります。まず、[ビルド依存関係] → [ビルドのカスタマイズ...] を選択します。

（7）「Visual C++ ビルド カスタマイズ ファイル」ダイアログが現れるので、「masm」の部分にチェックを付けます。

（8）ダイアログを閉じ、ソリューションエクスプローラーの *.asm ファイルを選択した状態で、マウスの右ボタンをクリックし、現れたメニューの［プロパティ］を選択します。

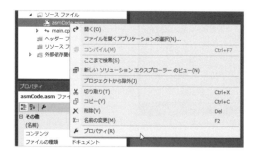

（9）「.asm のプロパティページ」ダイアログが現れます。

(10)「ビルドからの除外」を「いいえ」に設定します。そして、「項目の種類」に「Microsoft Macro Assembler」を選びます。

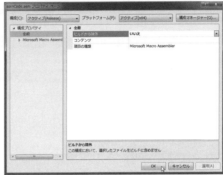

(11) この状態でビルドを行うと、アセンブリ言語で記述した関数も正常にリンクされます。

　ざっくりと 64 ビット環境でアセンブリコードを使用する方法を説明しました。細かな部分を除き、概要は理解できたと思います。

■ 6.7.3　呼び出し規約とレジスタ

　アセンブリ言語で作成した関数の呼び出しや、返却値の扱いについて説明します。インラインアセンブラを使用できない 64 ビット環境に着目して説明します。

引数と返却値

　アセンブリ命令で記述した関数が呼び出されたときの、引数とスタックを以下に示します。第 1 〜第 4 引数は直接レジスタに格納して渡されます。使用されるレジスタは、引数のデータ型によって決定されます。

表 6.3 ●引数とレジスタ[※2]

引数	整数型・ポインタ	実数型[※2]
第1引数	RCX	XMM0
第2引数	RDX	XMM1
第3引数	R8	XMM2
第4引数	R9	XMM3

第5引数以降はスタックに格納されます。

図 6.11 ●引数とスタック

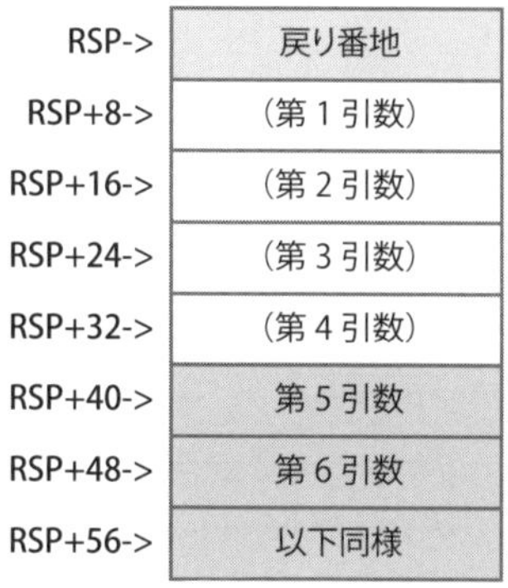

RSP->	戻り番地
RSP+8->	（第1引数）
RSP+16->	（第2引数）
RSP+24->	（第3引数）
RSP+32->	（第4引数）
RSP+40->	第5引数
RSP+48->	第6引数
RSP+56->	以下同様

　すべての引数のサイズは 8 バイトです。ポインタや size_t などは 32 ビットオペレーティングシステムでは 4 バイトですが、64 ビットオペレーティングシステムでは 8 バイトです。
　RSP はスタックの位置を示すレジスタです。スタックに格納されている引数は RSP レジスタ相対でアクセスします。引数を格納するためのスタック領域は、呼び出し側で確保と解放が行われます。スタックの第 1 ～第 4 引数には何も格納されていません。
　関数に返却値がある場合、整数やアドレスなどは RAX レジスタに格納します。実数型を返す場合、XMM0 レジスタに格納します。すると、関数の返却値にこれらの値が使われます。
　以降に、引数と返却値をまとめて示します。

※2　XMM レジスタ 1 つで渡されるのは実数 1 つだけです（double 型は下位 64 ビット、float 型は最下位 32 ビット）。

表 6.4 ●引数

引数	整数型・ポインタ	実数型
第 1 引数	RCX	XMM0
第 2 引数	RDX	XMM1
第 3 引数	R8	XMM2
第 4 引数	R9	XMM3
第 5 引数	RSP+40	
第 6 引数	RSP+48	
第 n 引数	RSP+40+(n*8)	

表 6.5 ●返却値

整数型・ポインタ	実数型
RAX	XMM0

表 6.6 ●整数型・ポインタ

型	整数型・ポインタ
char など（char）	AL
short など（word）	AX
int など（dword）	EAX
ポインタなど（qword）	RAX

表 6.7 ●実数型

型	整数型・ポインタ
float など	XMM0 の下位 32 ビット
double など	XMM0 の下位 64 ビット

注：XMM と表現していますが、XMM は YMM の下位 128 ビットです。YMM の下位ビットを参照しても構いませんが、32 ビット環境も意識して XMM と記述しています。

レジスタ一覧

以降に、一般のプログラムで使用するレジスタの一覧を示します。RAX、RCX、RDX、R8〜R11、YMM0〜5の各レジスタは壊してかまいません。それ以外のレジスタは保護しなければなりません。

図 6.12 ●破壊してよいレジスタと保護しなければならないレジスタ（網掛け部分）

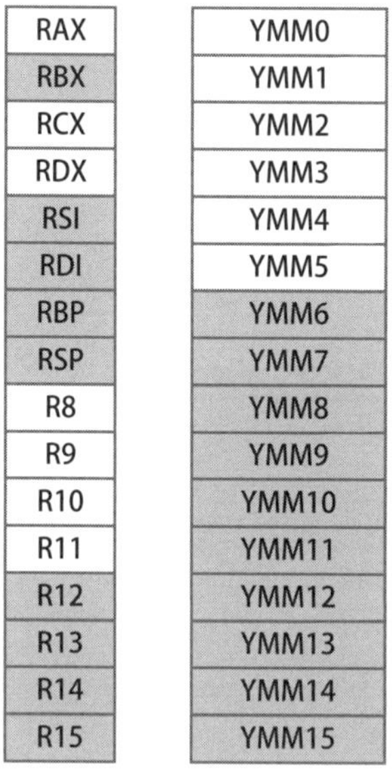

RAX	YMM0
RBX	YMM1
RCX	YMM2
RDX	YMM3
RSI	YMM4
RDI	YMM5
RBP	YMM6
RSP	YMM7
R8	YMM8
R9	YMM9
R10	YMM10
R11	YMM11
R12	YMM12
R13	YMM13
R14	YMM14
R15	YMM15

YMMに関しては上位128ビットと下位128ビットで規定されているのですが、細かな説明はMSDNを参照してください（x64呼び出し規約）。

レジスタエイリアス

RAXレジスタなどは64ビットのレジスタです。RAXレジスタの下位32ビットを参照するにはEAXレジスタでアクセスします。同様にEAXレジスタの下位16ビットはAXレジスタという名前で、AXレジスタの上位8ビットと下位8ビットを、それぞれAHレジスタとALレジスタでアクセスします。

以降に概念図を示します。それぞれ独立したレジスタではなく、レジスタの一部を参照する別名（Alias）であることを理解してください。例えば、AXレジスタに値を設定すると、

EAXレジスタの下位16ビットが変更されることを意味します。

図6.13 ● 64ビットレジスタの下位32/16/8ビット

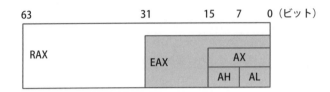

　R8～R15レジスタは、RAXレジスタなどと同じ64ビットレジスタです。それぞれレジスタ名の後ろにD、W、Bを付加することによって、下位32ビット、16ビット、8ビットにアクセスできます。例えば、R8レジスタの一部をアクセスしたい場合、R8D、R8W、R8Bと記述します。

図6.14 ● R8レジスタの下位32/16/8ビット参照法

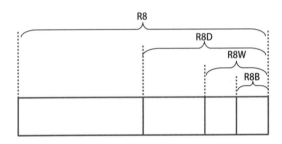

レジスタ群

　x64のレジスタ群を以降に示します。8086系のCPUはレジスタ数が少ないことで有名でしたが、現在では十分なレジスタを備えています。

図6.15 ● x64レジスタ群

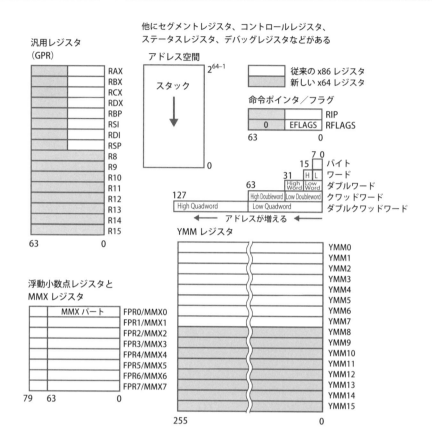

アプリケーションで使用する機会の多いレジスタを抜き出して示します。

図 6.16 ●アプリケーションで使用する機会の多いレジスタ

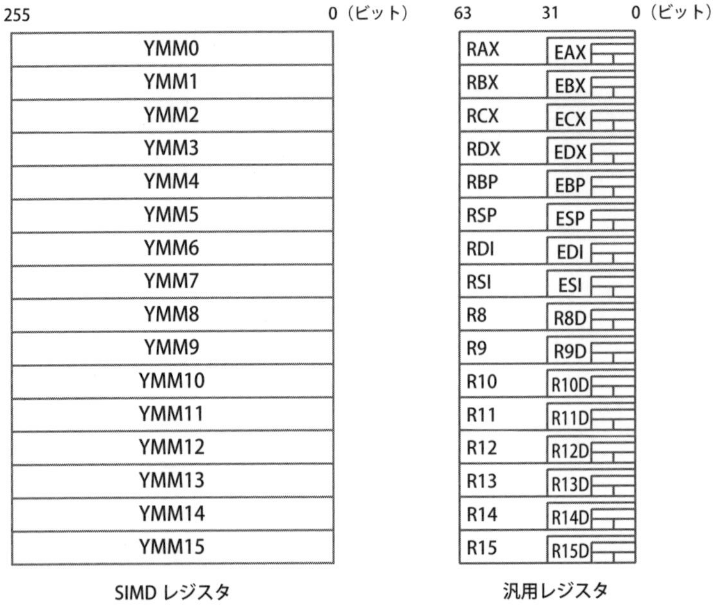

255
0（ビット）
YMM0
YMM1
YMM2
YMM3
YMM4
YMM5
YMM6
YMM7
YMM8
YMM9
YMM10
YMM11
YMM12
YMM13
YMM14
YMM15
SIMD レジスタ
63
31
0（ビット）
RAX
EAX
RBX
EBX
RCX
ECX
RDX
EDX
RBP
EBP
RSP
ESP
RDI
EDI
RSI
ESI
R8
R8D
R9
R9D
R10
R10D
R11
R11D
R12
R12D
R13
R13D
R14
R14D
R15
R15D
汎用レジスタ

SIMD レジスタ

AVX では､16 個のレジスタ（YMM0 ～ YMM15）が追加されます。各レジスタは 256 ビットで、下位 128 ビットは 16 個の XMM レジスタにエイリアスされます。AVX 命令は、1 つの命令で最大 3 つのソースと 1 つのディスティネーションを操作するため、既存の一部の命令を拡張しています。

図 6.17 ● AVX のレジスタ

255
128 127
0
YMM0
XMM0
YMM1
XMM1
YMM15
XMM15

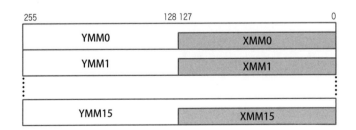

6.8 SIMD 命令とメモリ管理

ベクトル命令を使用する場合、変数の宣言が若干異なります。ここでは、変数や配列の宣言やキャスト、あるいはメモリの動的な確保時に気をつける点を解説します。

■ 6.8.1 イントリンシックを使用した変数の宣言

まず、簡単な方法を説明します。変数の宣言をイントリンシックで行うと、自動でSIMD命令が高速にアクセスできるアライメント境界へ整列されます。また、各要素にはメンバ名でアクセスできます。変数を宣言する各イントリンシックはヘッダ（immintrin.h など）に以下に示すように記述されています。ここで示すのは 256 ビットの SIMD 命令用の変数宣言についてのみです。

__m256

```
typedef union __declspec(intrin_type) _CRT_ALIGN(32) __m256 {
  float m256_f32[8];
} __m256;
```

__m256d

```
typedef struct __declspec(intrin_type) _CRT_ALIGN(32) {
  double m256d_f64[4];
} __m256d;
```

__m256i

```
typedef union   __declspec(intrin_type) _CRT_ALIGN(32) __m256i {
  __int8           m256i_i8[32];
  __int16          m256i_i16[16];
  __int32          m256i_i32[8];
  __int64          m256i_i64[4];
  unsigned __int8  m256i_u8[32];
  unsigned __int16 m256i_u16[16];
  unsigned __int32 m256i_u32[8];
```

```
        unsigned __int64    m256i_u64[4];
    } __m256i;
```

このため、

```
__m256  y;
```

と宣言すると、yはSIMD命令のアクセスに有利なアライメント境界に揃えられます。各要素には`y.m256_f32[0:7]`でアクセスできます。各要素は単精度浮動小数点数です。

```
__m256d  y;
```

と宣言すると、前記同様にyはアライメント境界に揃えられます。各要素には`y.m256d_f64[0:3]`でアクセスできます。各要素は倍精度浮動小数点数です。

```
__m256i  y;
```

と宣言すると、yはSIMD命令のアクセスに有利なアライメント境界に揃えられます。各要素は整数でアクセスでき、例えば`y.m256i_i8[0:31]`でアクセスできます。メンバ名によって要素数は変化します。詳しくは、前記の宣言を参照してください。

ヘッダをインクルードすると、__mmで始まる名前を用いて簡単にアライメントされた変数の宣言を行えます。どのようなデータ型があるかを以降に表で示します。

表 6.8 ●アライメントされた変数のデータ型

型	説明
__m256d	256ビット長のパックされた倍精度浮動小数点数
__m256	256ビット長のパックされた単精度浮動小数点数
__m256i	256ビット長の整数
__m128d	128ビット長のパックされた倍精度浮動小数点数
__m128	128ビット長のパックされた単精度浮動小数点数
__m128i	128ビット長の整数

128ビット長は主にSSE命令などで使用します。AVX命令では128ビット長/256ビット長の両方を使用します。

■ 6.8.2 アライメント

　SIMD命令で使用する変数の宣言は、__declspecを使用する方法と、__m128xや__m256xを使用する方法があります。

__declspec で宣言

　データの宣言を、イントリンシック（例えば__m256、__m256i、__m256dなど）を使用せず、C言語の型を使用したい場合があります。ところがC言語の型で宣言する場合、変数のアライメント境界がSIMD命令に最適な位置に揃えられる保証はありません。そのような場合、__declspecを使用します。

　整列させる境界は、SIMD命令によって異なります。例えばSSE命令は16バイト境界へ、AVX命令は32/16バイト両方の境界を要求します。以降に、ソースコードの例を示します。

```
__declspec(align(16)) float y0[4];
__declspec(align(32)) float y1[8];
```

　イントリンシックを使用した場合と、C言語の型を使用した場合の違いは、キャストなどやポインタのアドレス更新の違いなどです。SIMD命令を直接アセンブリ言語で記述する際は、それほど違いはありませんが、イントリンシックを使用する場合、データの型チェックが行われます。また、アドレスの計算時にイントリンシックを使用して宣言する場合と、__declspecを使う場合で違いがあります。SIMD命令のイントリンシックでは、オペランドに与えるデータ型が決まっています。このため、どちらで宣言した方が良いか考察しておく必要があります。

　__declspecを使用する場合、__declspecの位置はデータ型の前後どちらでも構いません。前記を下記のように記述しても同じです。

```
float __declspec(align(16)) y0[4];
float __declspec(align(32)) y1[8];
```

__m128x で宣言

　SSE命令は当然として、AVX命令でも128ビット長のデータを扱うことができます。__m256xの半分になるだけで、初期化は同様です。データの宣言を、__m128、__m128i、および__m128dを使用し宣言した例を示します。

```
__m128d y0;
__m128  y1;
__m128i y2;
```

__m256x で宣言

データの宣言を、__m256、__m256i、および __m256d などを使用した例を示します。

```
__m256d y0;
__m256  y1;
__m256i y2;
```

■ 6.8.3　初期化

変数の宣言と初期化を同時に行いたいことはよくあります。以降に、いくつかの例を示します。

__declspec で宣言初期化

__declspec でアライメント境界を整列させ、かつ値の初期化を行った場合の例を示します。__declspec でアライメントを揃えるだけで、初期化などは通常のC言語と同じです。256ビットで使用するのが前提の場合、要素数が 256 ビットに納まっているかも注意しましょう。以降に、ソースコードの例を示します。

```
__declspec(align(32)) double        a1[]={1.0,2.0,3.0,4.0};
__declspec(align(32)) float         a2[]={1.0,2.0,3.0,4.0,5.0,6.0,7.0,8.0};

__declspec(align(32)) int           a3[]={1,2,3,4,5,6,7,8};
__declspec(align(32)) unsigned int  a4[]={1,2,3,4,5,6,7,8};
__declspec(align(32)) short         a5[]={1,2,3,4,5,6,7,8,9,10,11,12,13,14,15,16};
__declspec(align(32)) unsigned short a6[]={1,2,3,4,5,6,7,8,9,10,11,12,13,14,15,16};
__declspec(align(32)) char          a7[]={1,2,3,4,5,6,7,8,9,10,11,12,13,14,15,16,
                                          17,18,19,20,21,22,23,24,25,26,27,28,29,
                                          30,31,32};
__declspec(align(32)) unsigned char a8[]={1,2,3,4,5,6,7,8,9,10,11,12,13,14,15,16,
                                          17,18,19,20,21,22,23,24,25,26,27,28,29,
                                          30,31,32};
```

__m128x で宣言初期化

128 ビットでアライメントやバウンダリを揃えたい場合、__m128x を使用すると便利です。データの宣言を、__m128、__m128i、および __m128d などを使用し、かつ値の初期化を行った場合の例を示します。

```
__m128d y0={1.0,2.0};
__m128  y1={1.0,2.0,3.0,4.0};
__m128i y2={1,2,3,4,5,6,7,8,9,10,11,12,13,14,15,16};
```

初期化用のイントリンシックも用意されています。上記をイントリンシックで書き直した例を示します。

```
__m128d y0 = _mm_set_pd(1,2);
__m128  y1 = _mm_set_ps(1,2,3,4);
__m128i y2 = _mm_set_epi32(1,2,3,4);
```

_mm_set_xx を使用した場合、先に書いた値が下位の要素へ設定されます。この順序を逆にしたい場合、_mm_setr_xx が用意されています。以降にソースコードを示します。

```
__m128d y0 = _mm_setr_pd(1,2);
__m128  y1 = _mm_setr_ps(1,2,3,4);
__m128i y2 = _mm_setr_epi32(1,2,3,4);
```

__m256x で宣言初期化

データの宣言を、__m256、__m256i、および __m256d などで宣言し、かつ値の初期化を行った場合の例を示します。

```
__m256d y0={1.0,2.0,3.0,4.0};
__m256  y1={1.0,2.0,3.0,4.0,5.0,6.0,7.0,8.0};
__m256i y2={1,2,3,4,5,6,7,8,9,10,11,12,13,14,15,16,17,18,19,20,21,22,23,24,25,26,
            27,28,29,30,31,32};
```

128 ビット長同様、初期化用のイントリンシックが用意されています。上記をイントリンシックで書き直した例を示します。

```
__m256d y0 = _mm256_set_pd(1,2,3,4);
__m256  y1 = _mm256_set_ps(1,2,3,4,5,6,7,8);
__m256i y2 = _mm256_set_epi32(1,2,3,4,5,6,7,8);
```

_mm256x にも、_mm256_set_xx と _mm256_setr_xx が用意されています。前記の順序を逆にしたい場合、_mm256_setr_xx を使用します。以降にソースコードを示します。

```
__m256d y0 = _mm256_setr_pd(1,2,3,4);
__m256  y1 = _mm256_setr_ps(1,2,3,4,5,6,7,8);
__m256i y2 = _mm256_setr_epi32(1,2,3,4,5,6,7,8);
```

■ 6.8.4　メモリの動的割り付け

　SIMD 命令を使用する場合、アライメントが揃っていなければ割り込む、あるいは性能が低下する場合があります。ここでは、これらを解決し、動的にメモリを割り付ける方法を解説します。

　「__m」で始まる名前で変数の宣言を行う方法はシンプルで便利ですが、現実のプログラムでは変数を動的に確保することが少なくありません。SIMD 命令を使用するプログラムは、大量のメモリを要求することも多く、動的にメモリを確保することがほとんどです。このような場合、アライメントされたメモリを割り当てられると性能向上します。以下では、そのために利用できる関数について説明します。

_aligned_malloc 関数

　指定したアライメント境界にメモリを割り当てます。

関数定義

```
void * _aligned_malloc(
    size_t size,
    size_t alignment
);
```

引数

　size　　　　割り当てようとするメモリのサイズを指定します。
　alignment　アライメントの値を指定します。2 の累乗値を指定する必要があります。

戻り値

割り当てられたメモリブロックへのポインタです。割り当てに失敗したら NULL が返ります。

リスト 6.16 ● aligned_malloc 関数の使用例

```c
#include <stdio.h>
#include <immintrin.h>

int
main(void)
{
    float* a=(float*)_aligned_malloc(sizeof(float)*1024, 32);

    _aligned_free(a);

    return 0;
}
```

この例の _aligned_malloc 関数は、32 バイト境界に整列されたメモリを確保します。よって、float 型のポインタ a は、32 バイト境界に整列されたアドレスを指します。プログラムに示すように、_aligned_malloc で割り当てたメモリブロックは _aligned_free で解放します。

アライメントを意識したメモリ割り当て関数には、以下のような関数が存在します。

表 6.9 ● アライメントを意識したメモリ関数

関数名	説明
_aligned_free	_aligned_malloc、または _aligned_offset_malloc で割り当てたメモリブロックを解放します。
_aligned_malloc	指定したアライメント境界にメモリを割り当てます。
_aligned_offset_malloc	指定したアライメント境界にメモリを割り当てます。
_aligned_offset_realloc	_aligned_malloc、または _aligned_offset_malloc で割り当てたメモリブロックのサイズを変更します。
_aligned_realloc	_aligned_malloc、または _aligned_offset_malloc で割り当てたメモリブロックのサイズを変更します。

_mm_malloc 関数

　_aligned_malloc 関数と同様な _mm_malloc 関数を使う方法も紹介します。_mm_malloc 関数は、_aligned_malloc 関数と異なり gcc と互換があるようです。

リスト6.17 ● _mm_malloc 関数の使用例

```c
#include <stdio.h>
#include <immintrin.h>

int
main(void)
{
    float* a=(float*)_mm_malloc(sizeof(float)*1024, 32);

    a[1]=10.0f;

    _mm_free(a);

    return 0;
}
```

　用法は _aligned_malloc 関数と同様なので説明は省略します。メモリを解放するときも「_mm」で始まる _mm_free 関数を使用します。

第7章

データの整列

プログラムを高速化するには、プログラムコードを最適化することと同様に、データアクセスの時間をいかに短縮するかが重要です。特にデータを大量に扱うプログラムでは、データの扱いはプログラム全体の速度に大きく影響します。データアクセスを高速化する方法は1つではありません。すでにキャッシュメモリの有効活用などについては学習しました。ここでは、コードでキャッシュメモリをうまく使うのではなく、データそのものを高速アクセスできるように、データの並びを工夫する方法を紹介します。

7 データの整列

7.1 行列を並び替え

　行列の積を求める場合、データが連続したメモリアドレスの参照とならないため性能低下を引き起こすことは、すでに説明しました。これまでにさまざまな高速化を示しましたが、ここでは、データアクセスでキャッシュミスが起きやすい行列の積の計算で、行と列を入れ替えて速度向上する方法を解説します（転置行列）。ただし、並び替え自体に処理時間を消費するため、並び替えとアクセス向上の関係はトレードオフであり、どちらがトータルで効果的であるか見極める必要があります。例えば、プログラムの中で1回しか参照されない行列に対しては、この方法は有効ではありません。

　それでは、一般的な $n \times m$ 行列 A と $m \times p$ 行列 B の積を求める例を示します。

$$A = \begin{pmatrix} a_{11} & a_{12} & \cdots & a_{1m} \\ a_{21} & a_{22} & \cdots & a_{2m} \\ \vdots & \vdots & \ddots & \vdots \\ a_{n1} & a_{n2} & \cdots & a_{nm} \end{pmatrix}, B = \begin{pmatrix} b_{11} & b_{12} & \cdots & b_{1p} \\ b_{21} & b_{22} & \cdots & b_{2p} \\ \vdots & \vdots & \ddots & \vdots \\ b_{m1} & b_{m2} & \cdots & b_{mp} \end{pmatrix}$$

これらの積を C に求めるには、

$$c_{ij} = \sum_{k=1}^{m} a_{ik} b_{kj}$$

を行います。行列 C を以降に示します。

$$C = AB = \begin{pmatrix} c_{11} & c_{12} & \cdots & c_{1p} \\ c_{21} & c_{22} & \cdots & c_{2p} \\ \vdots & \vdots & \ddots & \vdots \\ c_{n1} & c_{n2} & \cdots & c_{np} \end{pmatrix}$$

　上記を C++ 言語で記述したコードを示します。ただ、行列 A、B ともに $n \times n$ とします。なお、上式は 1 から始まりますが、C++ 言語の for 文は 0 から始まります。それを意識してコードを参照してください。また、配列名が小文字なので、説明と大文字・小文字を読み替えてください。

```
for (i = 0; i < n; i++)
    for (j = 0; j < n; j++)
        for (k = 0; k < n; k++)
            c[i][j] += a[i][k] * b[k][j];
```

これについては第3章や第4章で説明済みです。行列Bへのアクセスはデータが連続でないため、キャッシュメモリなどを活用できず性能低下します。Bに対する参照が何回も起こる場合、行列Bそのものの行と列を入れ替えて、速度向上する方法を解説します。

元の行列Bの並びは、

$$B = \begin{pmatrix} b_{11} & b_{12} & \cdots & b_{1p} \\ b_{21} & b_{22} & \cdots & b_{2p} \\ \vdots & \vdots & \ddots & \vdots \\ b_{m1} & b_{m2} & \cdots & b_{mp} \end{pmatrix}$$

です。これを並び替えて、

$$B = \begin{pmatrix} b_{11} & b_{21} & \cdots & b_{m1} \\ b_{12} & b_{22} & \cdots & b_{m2} \\ \vdots & \vdots & \ddots & \vdots \\ b_{1p} & b_{2p} & \cdots & b_{mp} \end{pmatrix}$$

とします。新しいAとBの関係は以降のようになります。

$$A = \begin{pmatrix} a_{11} & a_{12} & \cdots & a_{1m} \\ a_{21} & a_{22} & \cdots & a_{2m} \\ \vdots & \vdots & \ddots & \vdots \\ a_{n1} & a_{n2} & \cdots & a_{nm} \end{pmatrix}, B = \begin{pmatrix} b_{11} & b_{21} & \cdots & b_{m1} \\ b_{12} & b_{22} & \cdots & b_{m2} \\ \vdots & \vdots & \ddots & \vdots \\ b_{1p} & b_{2p} & \cdots & b_{mp} \end{pmatrix}$$

並び替えたので、積をCに求めるには、

$$c_{ij} = \sum_{k=1}^{m} a_{ik} b_{jk}$$

を行います。式から分かるように、行列Bを参照するjとkの位置が入れ替わります。先ほどと同様の条件で、C++言語で記述したコードを示します。

```
for (i = 0; i < n; i++)
    for (j = 0; j < n; j++)
        for (k = 0; k < n; k++)
            c[i][j] += a[i][k] * b[j][k];
```

コードから分かるように、a[ ][ ]、b[ ][ ]ともにkの位置が下位になります。これは、行列A、B両方のデータアクセスが連続することを意味します。これによりデータのメモリアドレスが連続になり、キャッシュヒット率が上がり、性能向上が期待されます。

参照される要素の関係を以下に分かりやすく図示します。行列Cの丸い要素を求めるときに参照される行列AとBの要素と、その参照順を示しています。

図7.1 ●元のコードが参照する行列の様子

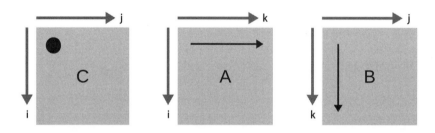

図7.2 ●並び替えた後のコードが参照する行列の様子

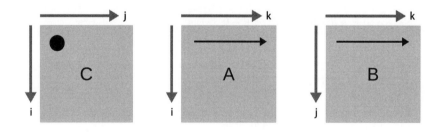

行列Bの参照方向が変わり、連続したメモリアドレスを参照します。これによってキャッシュミスが大幅に軽減されるでしょう。

さて、説明もひと通り終わりましたので、プログラムを紹介します。まず、並び替えのないプログラムを示します。これは、第3章「ループの高速化」で紹介したアンロールしないプログラムと同じです。以降に、ソースリストを示します。

リスト 7.1 ●行と列の並び替えを行わないプログラム

```c
#include <stdio.h>
#include <stdlib.h>
#include <time.h>

void verify(int n, float **a, float **b, float **c);

int
main()
{
    const int n = 1024;
    int i, j, k;

    float **a = new float*[n];
    float **b = new float*[n];
    float **c = new float*[n];
    for (i = 0; i < n; i++)
    {
        a[i] = new float[n];
        b[i] = new float[n];
        c[i] = new float[n];
    }

    for (i = 0; i < n; i++)
    {
        for (j = 0; j < n; j++)
        {
            a[i][j] = (float)(int)(rand()/4096);
            b[i][j] = (float)(int)(rand()/4096);
            c[i][j] = 0.0f;
        }
    }

    clock_t startTime = clock();

    for (i = 0; i < n; i++)
    {
        for (j = 0; j < n; j++)
        {
            for (k = 0; k < n; k++)
                c[i][j] += a[i][k] * b[k][j];
        }
    }
```

7 データの整列

```cpp
        clock_t stopTime = clock();

        verify(n, a, b, c);

        float etime = (float)(stopTime - startTime) / CLOCKS_PER_SEC;
        printf("elapsed time = %15.7f sec\n", etime);

        for (int i = 0; i < n; i++)
        {
            delete[] a[i];
            delete[] b[i];
            delete[] c[i];
        }
        delete[] a;
        delete[] b;
        delete[] c;

        return 0;
}
```

次に、行と列の並び替えを行ったソースリストを示します。

リスト 7.2 ●行と列の並び替えを行ったプログラム

```cpp
#include <stdio.h>
#include <stdlib.h>
#include <time.h>

void verify(int n, float **a, float **b, float **c);

int
main()
{
    const int n = 1024;
    int i, j, k;

    float **a = new float*[n];
    float **b = new float*[n];
    float **tb = new float*[n];
    float **c = new float*[n];
    for (i = 0; i < n; i++)
```

```cpp
        {
            a[i] = new float[n];
            b[i] = new float[n];
            tb[i] = new float[n];
            c[i] = new float[n];
        }

        for (i = 0; i < n; i++)
        {
            for (j = 0; j < n; j++)
            {
                a[i][j] = (float)(int)(rand()/4096);
                b[i][j] = (float)(int)(rand()/4096);
                c[i][j] = 0.0f;
            }
        }

        for (j = 0; j < n; j++)              // sort
            for (k = 0; k < n; k++)
                tb[j][k] = b[k][j];

        clock_t startTime = clock();

        for (i = 0; i < n; i++)
        {
            for (j = 0; j < n; j++)
            {
                for (k = 0; k < n; k++)
                    c[i][j] += a[i][k] * tb[j][k];
            }
        }

        clock_t stopTime = clock();

        verify(n, a, b, c);

        float etime = (float)(stopTime - startTime) / CLOCKS_PER_SEC;
        printf("elapsed time = %15.7f sec¥n", etime);

        for (int i = 0; i < n; i++)
        {
            delete[] a[i];
            delete[] b[i];
            delete[] tb[i];
```

```
        delete[] c[i];
    }
    delete[] a;
    delete[] b;
    delete[] tb;
    delete[] c;

    return 0;
}
```

このような方法を用いると、両方の行列ともデータ参照が連続したアドレスになります。このためキャッシュミスが低減し、処理速度が向上することが期待されます。並び替えを行わないものと、並び替えを行って行列の積を求めたものをベンチマークします。グラフの縦軸単位は秒で、処理に要した時間を表します。

図 7.3 ●ベンチマーク結果（CPU：Core i5）

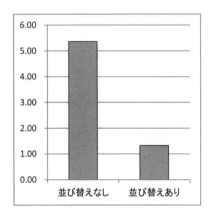

プログラム	処理時間［秒］
並び替えなし	5.3600001
並び替えあり	1.3279999

あきらかに並び替えた方が、高速に処理されています。しかし、ここに示した時間には、行列を並び替えるのに要した処理時間は含まれていません。つまり、当該行列の参照回数が少ない場合、却って性能低下を引き起こす場合がある点に留意してください。

この例は、行と列のサイズが同じなのでプログラムは単純です。実際のプログラムでは、行と列のサイズが異なることがあります。そのような場合、並び替え用の配列は行のサイズと列のサイズが逆になります。このように行と列を入れ替えた行列を転置行列と呼びます。

7.2 3Dベクトルの正規化（AOS、SOA）

幾何学計算で用いるベクトルデータを正規化する方法を解説します。一般的には、3Dベクトルの正規化に使用しますが、RGBフルカラー画像に対する画像処理などにも応用できます。一般的に情報を構造体形式で保持し、これを配列で持つ（AOS）ことはよくあることです。プログラミング上、AOSは扱いやすいですが、必ずしもCPUに優しいデータ形式ではありません。ここでは、構造体の配列（AOS）と配列の構造体（SOA）間で相互に並び替える方法を解説します。

7.2.1 AOSとSOA

AOS（array of structure）とSOA（structure of array）について簡単に説明します。AOSは「パックド（packed）」と言い換えることが可能で、例えば3Dベクトルxyzの各頂点に同じ演算を行うのに適しています。n個の頂点を保持したければ、xyzのstructureをn個格納します。SOAは「スカラー（scalar）」と言い換えることが可能で、n個のx、n個のy、そしてn個のzを格納します。

AOSのままでは処理を高速化できない場合があり、そのような場合、一旦SOAへ並び替え、一連の処理が終わった後でAOSへ戻す必要があります。ここでは、AOS→SOAや、その逆を説明します。以降に、AOSとSOAのメモリイメージとC++言語による記述例を示します。

図7.4 ● AOS（array of structure）のメモリイメージとC++言語による記述例

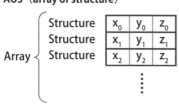

```
typedef struct
{
    float x;
    float y;
    float z;
} tagAOS;
    :
    tagAOS aos[n];
```

図 7.5 ● SOA（structure of array）のメモリイメージと C++ 言語による記述例

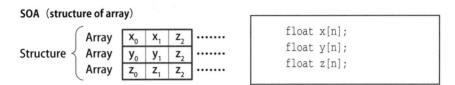

これらは次のようにメモリに配置されます。

図 7.6 ● AOS と SOA のメモリ配置

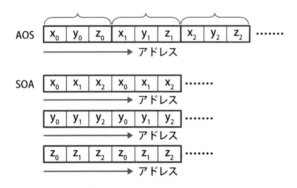

　ここでは、3D 用を考え xyz で記述しましたが、RGB カラー画像に適用する場合、xyz を RGB に置き換えて良いでしょう。

　データを構造体（パックド）で格納するのは通常のことです。例えば、3D の頂点を格納する場合、xyz を 1 つの構造体にパックした方がプログラミング上、記述しやすく読みやすさから理解も簡単です。読みやすいコードはメンテナンスも容易です。このように、構造体配列をデータの格納に用いるのは一般的です。しかし、AOS はキャッシュやベクトル命令を使うときに不都合が生じます。キャッシュの問題は性能低下を招くだけですが、ベクトル命令を使おうとすると適用が困難になります。

　スカラー命令を使う場合、AOS であろうが SOA であろうがプログラムの影響は少ないです。ところが、ベクトル命令（SIMD 命令）を使用して複数の要素を 1 回で処理しようとしたとき、AOS では簡単にベクトル命令を適用できません。さらに、メモリ位置が連続しないためキャッシュメモリの活用も低下するでしょう。

　そこで別の方法として、一度に全要素を処理できるようにデータを正規化する方法があり

ます。この方法を採用する場合、すべてのデータがレジスタに収まるように再配置する必要
があります。ここでは、AOS → SOA と SOA → AOS の例を紹介します。

参考サイト
　AOS を SOA へ並び替える方法については詳しい解説がネット上に公開されていま
す。ここで紹介した解説とサンプルプログラムに近いものが Intel 社のサイトに紹介さ
れています。詳しくは参考文献・サイトを参照してください。Intel 社のサイトには、
他の高速化についても有益な情報が多数掲載されています。

■ 7.2.2　AOS から SOA へのシャッフル

　まず、普通に AOS 形式を SOA 形式へ変換する例を示します。特に何の工夫もないですが、
データを何回も参照する場合、最初に AOS 形式を SOA 形式へ変換するのは良い考えでしょ
う。以降に、本処理を実装したソースリストを示します。

リスト 7.3 ● AOS 形式から SOA 形式へ変換するプログラム

```
#include <stdio.h>

typedef struct
{
    float x;
    float y;
    float z;
} tagAOS;

static const size_t ALIGN = 32;
static const size_t AOS_UNIT = 4;

//---------------------------------------------------------------
//init
void
init(tagAOS* aos, const size_t aosUnits)
{
    for (int i = 0; i < aosUnits; i++)
    {
```

7 データの整列

```c
        aos[i].x = (float)(i * 10 + 1);
        aos[i].y = (float)(i * 10 + 2);
        aos[i].z = (float)(i * 10 + 3);
    }
}

//----------------------------------------------------------------
//print Array
void
printData(const char* prmt, const float *a, const size_t length)
{
    printf("%s", prmt);
    for (size_t i = 0; i<length; i++)
        printf("%02.0f ", a[i]);
    printf("\n");
}

//----------------------------------------------------------------
// AOS -> SOA
void
aos2soa(const tagAOS* aos, float* soa, const size_t aosUnits)
{
    const size_t aosUnitLen = sizeof(tagAOS) / sizeof(float);

    float* x = &soa[aosUnits * 0];
    float* y = &soa[aosUnits * 1];
    float* z = &soa[aosUnits * 2];

    for (int i = 0; i < aosUnits; i++)
    {
        x[i] = aos[i].x;
        y[i] = aos[i].y;
        z[i] = aos[i].z;
    }
}

//----------------------------------------------------------------
//main
int
main(void)
{
    const size_t dataLength = sizeof(tagAOS) * AOS_UNIT;
    const size_t floatLength = dataLength / sizeof(float);
```

```
    tagAOS aos[AOS_UNIT];
    float  soa[floatLength];

    init(aos, AOS_UNIT);

    printData("AOS: ", (float*)aos, floatLength);

    aos2soa(aos, soa, AOS_UNIT);            // AOS -> SOA

    printData("SOA: ",soa, floatLength);

    return 0;
}
```

　tagAOSは、x、y、zの要素から成り立つ構造体です。init関数は、各要素に初期値を設定する関数です。上位が配列の位置を、下位1桁はx、y、zを表すようにします。xは下位1桁が1、yは下位1桁が2、zは下位1桁が3に設定されます。

　aos2soa関数が、AOS形式をSOA形式へ変換します。配置変更がうまくできたか分かりやすいデータを格納し、それらを印刷する関数などを用意します。以降に実行結果を示します。

```
C:¥>aos2soaCpp
AOS: 01 02 03 11 12 13 21 22 23 31 32 33
SOA: 01 11 21 31 02 12 22 32 03 13 23 33
```

　データの下1桁が、1はx、2はy、3はzを示し、上位の桁は3Dベクトルの番号を表します。入力データと処理結果を表示します。x0、y0、z0、x1、y1 …… y3、z3の順に入力されたデータが、x0、x1、x2、x3、y0 …… z2、z3の順に並べ替えられているのが分かります。このSOAに並んだデータに対し一連の処理を行います。

■ 7.2.3　128ビットベクトル命令でAOSからSOAへのシャッフル

　先のプログラムを128ビットSIMD命令で書き換えてみましょう。以降に、ソースリストの一部を示します。

7 データの整列

リスト7.4 ● AOS形式からSOA形式へ変換するプログラム (SSE命令使用、抜粋)

```c
    :
#include <immintrin.h>
    :
//---------------------------------------------------------------
// AOS -> SOA
void
aos2soa(const tagAOS* aos, float* soa)
{
    __m128 x0y0z0x1 = _mm_load_ps((float*)aos + 0);
    __m128 y1z1x2y2 = _mm_load_ps((float*)aos + 4);
    __m128 z2x3y3z3 = _mm_load_ps((float*)aos + 8);

    __m128 x2y2x3y3 = _mm_shuffle_ps(y1z1x2y2, z2x3y3z3, _MM_SHUFFLE(2, 1, 3, 2));
    __m128 y0z0y1z1 = _mm_shuffle_ps(x0y0z0x1, y1z1x2y2, _MM_SHUFFLE(1, 0, 2, 1));
    __m128 x = _mm_shuffle_ps(x0y0z0x1, x2y2x3y3, _MM_SHUFFLE(2, 0, 3, 0));  // x0x1x2x3
    __m128 y = _mm_shuffle_ps(y0z0y1z1, x2y2x3y3, _MM_SHUFFLE(3, 1, 2, 0));  // y0y1y2y3
    __m128 z = _mm_shuffle_ps(y0z0y1z1, z2x3y3z3, _MM_SHUFFLE(3, 0, 3, 1));  // z0z1z2z3

    _mm_store_ps(soa + 0, x);
    _mm_store_ps(soa + 4, y);
    _mm_store_ps(soa + 8, z);
}

//---------------------------------------------------------------
//main
int
main(void)
{
    const size_t dataLength = sizeof(tagAOS) * AOS_UNIT;
    const size_t floatLength = dataLength / sizeof(float);

    //tagAOS aos[AOS_UNIT];
    tagAOS* aos = (tagAOS*)_mm_malloc(dataLength, ALIGN);
    //float  soa[floatLength];
    float* soa = (float*)_mm_malloc(dataLength, ALIGN);

    init(aos, AOS_UNIT);

    printData("AOS: ", (float*)aos, floatLength);

    aos2soa(aos, soa);              // AOS -> SOA
```

```
        printData("SOA: ",soa, floatLength);

        _mm_free(aos);
        _mm_free(soa);

        return 0;
}
```

まず、イントリンシックを使用するためヘッダをインクルードします。

aos2soa 関数が、AOS 形式を SOA 形式へ変換します。128 ビットのレジスタを用いる場合、3D のデータは 4 ベクトル（12 データ）ごとに境界が揃います。これを利用し、4 ベクトルずつ抜き出して AOS 形式を SOA 形式へ変換します。以降に処理概要を図で示します。

図 7.7 ● AOS → SOA の概要

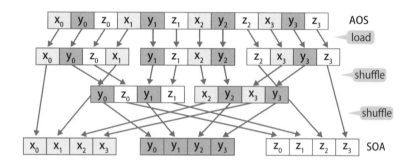

x0y0z0x1、y1z1x2y2、および z2x3y3z3 をレジスタにロードします。3 つのレジスタに 3D データの 4 頂点がロードされます。その後、シャッフル命令を繰り返すと、SOA に配置変換できます。データが SOA になると、計算はスカラー実装と同じです。これによって、1 回に 4 要素を処理する SIMD 命令を使用できます。

main 関数は、先ほどのプログラムに近いですが、大きく異なるのはデータ配列の宣言です。先の例では配列をそのまま宣言していました。このプログラムでは _mm_malloc で確保し、_mm_free で解放します。これは、データを SIMD 命令が高速にアクセスできるアライメントに揃えたかったためです。もし、先ほどと同じ方法でデータの宣言を行いたいなら、aos2soa 関数で使用するメモリアクセスのイントリンシック _mm_load_ps と _mm_store_ps を、_mm_loadu_ps と _mm_storeu_ps へ書き換えてしまえば、このような _mm_malloc や _mm_free を使用する必要はありません。

参考のため、SOA形式をAOS形式へ変換する関数も示します。この関数は、受け取った引数のSOA形式をAOS形式へ変換し、受け取ったバッファに書き込みます。

リスト 7.5 ● soa2aos 関数

```
void
soa2aos(float *xyz)
{
    __m128 x = _mm_load_ps(xyz+0);
    __m128 y = _mm_load_ps(xyz+4);
    __m128 z = _mm_load_ps(xyz+8);

    __m128 x0x2y0y2 = _mm_shuffle_ps(x, y, _MM_SHUFFLE(2,0,2,0));
    __m128 y1y3z1z3 = _mm_shuffle_ps(y, z, _MM_SHUFFLE(3,1,3,1));
    __m128 z0z2x1x3 = _mm_shuffle_ps(z, x, _MM_SHUFFLE(3,1,2,0));

    __m128 rx0y0z0x1= _mm_shuffle_ps(x0x2y0y2, z0z2x1x3, _MM_SHUFFLE(2,0,2,0));
    __m128 ry1z1x2y2= _mm_shuffle_ps(y1y3z1z3, x0x2y0y2, _MM_SHUFFLE(3,1,2,0));
    __m128 rz2x3y3z3= _mm_shuffle_ps(z0z2x1x3, y1y3z1z3, _MM_SHUFFLE(3,1,3,1));

    _mm_store_ps(xyz+0, rx0y0z0x1);
    _mm_store_ps(xyz+4, ry1z1x2y2);
    _mm_store_ps(xyz+8, rz2x3y3z3);
}
```

以降に処理概要を図で示します。

図 7.8 ● SOA → AOS の概要

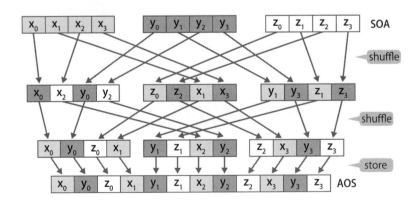

x0x1x2x3、y0y1y2y3、および z0z1z2z3 をレジスタにロードします。その後、シャッフル命令を 2 回繰り返すと、AOS に配置変換できます。これを元の位置に書き戻すと、演算処理された 3D データの 4 頂点が格納されます。

■ 7.2.4　256 ビットベクトル命令で AOS から SOA へのシャッフル

今度は、256 ビット長の AVX 命令を使用して 3D データの 8 ベクトルを並び替える例を示します。以降にソースリストを示します。

リスト 7.6 ● AVX 命令を使用して 3D データの 8 ベクトルを並べ替えるプログラム

```c
#include <stdio.h>
#include <immintrin.h>

typedef struct
{
    float x;
    float y;
    float z;
} tagAOS;

static const size_t ALIGN = 32;
static const size_t AOS_UNIT = 8;

//----------------------------------------------------------------
//init
void
init(tagAOS* aos, const size_t aosUnits)
{
    for (int i = 0; i < aosUnits; i++)
    {
        aos[i].x = (float)(i * 10 + 1);
        aos[i].y = (float)(i * 10 + 2);
        aos[i].z = (float)(i * 10 + 3);
    }
}

//----------------------------------------------------------------
//print Array
void
printData(const char* prmt, const float *a, const size_t length)
```

```c
{
    printf("%s", prmt);
    for (size_t i = 0; i<length; i++)
        printf("%02.0f ", a[i]);
    printf("¥n");
}

//----------------------------------------------------------------
// AOS -> SOA
//
//     x0,y0,z0, x1,y1,z1, x2,y2,z2, x3,y3,z3, ...
// ->
//     x0,x1,x2,x3, y0,y1,y2,y3, z0,z1,z2,z3, ...
//
void
aos2soa(const tagAOS* aos, float* soa)
{
    __m128 *m = (__m128 *)aos;

    __m256 m03 = _mm256_castps128_ps256(m[0]);    // 下半分のロード
    __m256 m14 = _mm256_castps128_ps256(m[1]);
    __m256 m25 = _mm256_castps128_ps256(m[2]);
    m03 = _mm256_insertf128_ps(m03, m[3], 1);     // 上半分のロード
    m14 = _mm256_insertf128_ps(m14, m[4], 1);
    m25 = _mm256_insertf128_ps(m25, m[5], 1);

    __m256 xy = _mm256_shuffle_ps(m14, m25, _MM_SHUFFLE(2, 1, 3, 2)); // x と y の上部分
    __m256 yz = _mm256_shuffle_ps(m03, m14, _MM_SHUFFLE(1, 0, 2, 1)); // y と z の下部分
    __m256 x = _mm256_shuffle_ps(m03, xy, _MM_SHUFFLE(2, 0, 3, 0));
    __m256 y = _mm256_shuffle_ps(yz, xy, _MM_SHUFFLE(3, 1, 2, 0));
    __m256 z = _mm256_shuffle_ps(yz, m25, _MM_SHUFFLE(3, 0, 3, 1));

    _mm256_store_ps(soa + 0, x);
    _mm256_store_ps(soa + 8, y);
    _mm256_store_ps(soa + 16, z);
}

//----------------------------------------------------------------
// SOA -> AOS
//
//     x0,x1,x2,x3, y0,y1,y2,y3, z0,z1,z2,z3, ...
// ->
//     x0,y0,z0, x1,y1,z1, x2,y2,z2, x3,y3,z3, ...
```

```
//
void
soa2aos(const float* soa, tagAOS* aos)
{
    __m256 x = _mm256_load_ps(soa + 0);
    __m256 y = _mm256_load_ps(soa + 8);
    __m256 z = _mm256_load_ps(soa + 16);

    __m128 *m = (__m128 *)aos;

    __m256 rxy = _mm256_shuffle_ps(x, y, _MM_SHUFFLE(2, 0, 2, 0));
    __m256 ryz = _mm256_shuffle_ps(y, z, _MM_SHUFFLE(3, 1, 3, 1));
    __m256 rzx = _mm256_shuffle_ps(z, x, _MM_SHUFFLE(3, 1, 2, 0));

    __m256 r03 = _mm256_shuffle_ps(rxy, rzx, _MM_SHUFFLE(2, 0, 2, 0));
    __m256 r14 = _mm256_shuffle_ps(ryz, rxy, _MM_SHUFFLE(3, 1, 2, 0));
    __m256 r25 = _mm256_shuffle_ps(rzx, ryz, _MM_SHUFFLE(3, 1, 3, 1));

    m[0] = _mm256_castps256_ps128(r03);
    m[1] = _mm256_castps256_ps128(r14);
    m[2] = _mm256_castps256_ps128(r25);
    m[3] = _mm256_extractf128_ps(r03, 1);
    m[4] = _mm256_extractf128_ps(r14, 1);
    m[5] = _mm256_extractf128_ps(r25, 1);
}

//-----------------------------------------------------------------
//main
int
main(void)
{
    const size_t dataLength = sizeof(tagAOS) * AOS_UNIT;
    const size_t floatLength = dataLength / sizeof(float);

    tagAOS* aos = (tagAOS*)_mm_malloc(dataLength, ALIGN);
    float* soa = (float*)_mm_malloc(dataLength, ALIGN);

    init(aos, AOS_UNIT);

    printData("AOS: ", (float*)aos, floatLength);

    aos2soa(aos, soa);            // AOS -> SOA

    printData("SOA: ", soa, floatLength);
```

```
    soa2aos(soa, aos);            // SOA -> AOS

    printData("AOS: ", (float*)aos, floatLength);

    _mm_free(aos);
    _mm_free(soa);

    return 0;
}
```

メモリの割り付けやデータの初期化関数などは、これまでと同様です。まず、AOS 形式を SOA 形式へ変換する aos2soa 関数を呼び出します。通常は、この後に何らかの SOA 形式のデータに対する処理がありますが、ここでは割愛します。そして、処理結果の SOA 形式を AOS 形式へ変換する soa2aos 関数を呼び出します。1 回に処理するデータが先の例に比べ倍になるため、データ長を 2 倍（xzy が 8 ベクトル = 24 要素の単精度浮動小数点数）にします。

aos2soa 関数が、AOS 形式を SOA 形式へ変換します。256 ビット長の AVX 命令まで使用し、3D データの 8 ベクトルを並び替える例を示します。AOS 形式から SOA 形式に変換する方法を図で示します。

図 7.9 ● AOS → SOA の概要

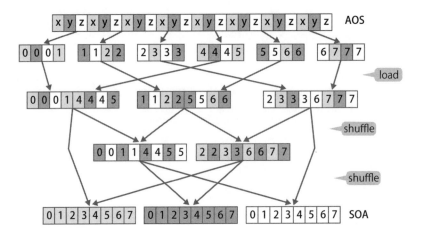

上図の数値はベクトル番号を、網掛けの濃さは x、y、z を表します。細かく移動の過程を

示したかったのですが、図中に書き込むのが難しいため、番号と網掛けの濃さで示します。8頂点をロードし、シャッフル命令を繰り返すとSOAに配置変換できます。データがSOAになると、処理はスカラーの取り扱いと同じです。

参考のため、SOA形式をAOS形式へ変換する関数も実装します。この関数は、受け取った引数のSOA形式をAOS形式へ変換し、受け取ったバッファに書き込みます。

以降に実行結果を示します。

```
C:\>soaaosAVX
AOS: 01 02 03 11 12 13 21 22 23 31 32 33 41 42 43 51 52 53 61 62 63 71 72 73
SOA: 01 11 21 31 41 51 61 71 02 12 22 32 42 52 62 72 03 13 23 33 43 53 63 73
AOS: 01 02 03 11 12 13 21 22 23 31 32 33 41 42 43 51 52 53 61 62 63 71 72 73
```

データの下1桁が1ならばx、2ならばy、3ならばzを示します。上位の桁は3Dベクトルの番号を表します。入力データと処理結果を表示します。入力のAOS形式をSOA形式へ変換し、それを再びSOA形式からAOS形式へ戻します。入力のAOS形式データがSOA形式に変換され、再びAOS形式へ戻っているのが分かります。

AOS、SOAハードウェアで対応

　AOSやSOAの並び替えにハードウェアが対応していると、ソフトウェアで前処理や、後処理を行う必要はありません。最近は、ハードウェアがデータの並びを考慮するものも現れています。これによって飛躍的に実行速度が向上する場合もあります。

　しかし、構造体はアプリケーションごとにまちまちであり、ハードウェアはソフトウェアほど柔軟ではありません。このため、当面は正規化の処理はソフトウェアに任されるでしょう。近年、GPGPUなどはデータの配置について見直されつつあり、構造体のパターンがマッチすれば正規化の処理をハードウェアに任せることもできます。

7.2.5 一般化した正規化関数

直前の関数は1回で24要素（8ベクトル×3Dデータ）しか処理できません。これでは実際のプログラムで利用しにくいため、任意長のデータをAOS−SOA間で並びを変換するプログラムを紹介します。任意長と書きましたが、「8ベクトル×3Dデータ」に揃っていなけ

ればならないので、ベクトル数は8で割り切れる必要があります。以降に、ソースリストを示します。

リスト 7.7 ●任意長のデータを AOS-SOA 間で相互に変換するプログラム

```c
//========================================================================
// AOS <-> SOA LONG
//
// (c)Copyright Spacesoft corp., 2015 All rights reserved.
//                                    Kitayama, Hiroyuki
//========================================================================
#include <stdio.h>
#include <immintrin.h>

typedef struct
{
    float x;
    float y;
    float z;
} tagAOS;

static const size_t ALIGN = 32;
static const size_t AOS_UNIT = 1024;

//------------------------------------------------------------------
//init
void
init(tagAOS* aos, const size_t aosUnits)
{
    for (int i = 0; i < aosUnits; i++)
    {
        aos[i].x = (float)(i * 10 + 1);
        aos[i].y = (float)(i * 10 + 2);
        aos[i].z = (float)(i * 10 + 3);
    }
}

//------------------------------------------------------------------
// AOS -> SOA
//
//      xyz: x0,y0,z0, x1,y1,z1, x2,y2,z2, x3,y3,z3, x4,y4,z4, ...
// ->
//      x:   x0, x1, x2, x3, z4, ...
```

```
//      y:  y0, y1, y2, y3, z4, ...
//      z:  z0, z1, z2, z3, z4, ...
//
void
aos2soa(const tagAOS* aos, float* x, float* y, float* z, const size_t length)
{
    __m128 *m = (__m128 *)aos;
    float *tmpx = x;
    float *tmpy = y;
    float *tmpz = z;

    for (size_t i = 0; i < length; i += 24, tmpx += 8, tmpy += 8, tmpz += 8)
    {
        __m256 m03 = _mm256_castps128_ps256(*m++);   // 下半分のロード
        __m256 m14 = _mm256_castps128_ps256(*m++);
        __m256 m25 = _mm256_castps128_ps256(*m++);
        m03 = _mm256_insertf128_ps(m03, *m++, 1);   // 上半分のロード
        m14 = _mm256_insertf128_ps(m14, *m++, 1);
        m25 = _mm256_insertf128_ps(m25, *m++, 1);

        __m256 xy = _mm256_shuffle_ps(m14, m25, _MM_SHUFFLE(2, 1, 3, 2)); // x と y の上部分
        __m256 yz = _mm256_shuffle_ps(m03, m14, _MM_SHUFFLE(1, 0, 2, 1)); // y と z の下部分
        __m256 x  = _mm256_shuffle_ps(m03, xy,  _MM_SHUFFLE(2, 0, 3, 0));
        __m256 y  = _mm256_shuffle_ps(yz,  xy,  _MM_SHUFFLE(3, 1, 2, 0));
        __m256 z  = _mm256_shuffle_ps(yz,  m25, _MM_SHUFFLE(3, 0, 3, 1));

        _mm256_store_ps(tmpx, x);
        _mm256_store_ps(tmpy, y);
        _mm256_store_ps(tmpz, z);
    }
}

//------------------------------------------------------------
// SOA -> AOS
//
//      px: x0, x1, x2, x3, z4, ...
//      py: y0, y1, y2, y3, z4, ...
//      pz: z0, z1, z2, z3, z4, ...
// ->
//      xyz: x0,y0,z0, x1,y1,z1, x2,y2,z2, x3,y3,z3, x4,y4,z4, ...
//
void
soa2aos(const float *px, const float* py, const float* pz,
```

7 データの整列

```
                           tagAOS* aos, const size_t length)
{
    __m128 *m = (__m128 *)aos;

    //1回に24ユニット、8x+8y+8z、x,y,z=float
    for (size_t i = 0; i < length; i += 24)
    {
        __m256 x = _mm256_load_ps(px + (i / 3));
        __m256 y = _mm256_load_ps(py + (i / 3));
        __m256 z = _mm256_load_ps(pz + (i / 3));

        __m256 rxy = _mm256_shuffle_ps(x, y, _MM_SHUFFLE(2, 0, 2, 0));
        __m256 ryz = _mm256_shuffle_ps(y, z, _MM_SHUFFLE(3, 1, 3, 1));
        __m256 rzx = _mm256_shuffle_ps(z, x, _MM_SHUFFLE(3, 1, 2, 0));

        __m256 r03 = _mm256_shuffle_ps(rxy, rzx, _MM_SHUFFLE(2, 0, 2, 0));
        __m256 r14 = _mm256_shuffle_ps(ryz, rxy, _MM_SHUFFLE(3, 1, 2, 0));
        __m256 r25 = _mm256_shuffle_ps(rzx, ryz, _MM_SHUFFLE(3, 1, 3, 1));

        *m++ = _mm256_castps256_ps128(r03);
        *m++ = _mm256_castps256_ps128(r14);
        *m++ = _mm256_castps256_ps128(r25);
        *m++ = _mm256_extractf128_ps(r03, 1);
        *m++ = _mm256_extractf128_ps(r14, 1);
        *m++ = _mm256_extractf128_ps(r25, 1);
    }
}

//-----------------------------------------------------------------
//main
int
main(void)
{
    if (AOS_UNIT % 8 != 0)
        return -1;

    const size_t dataLength = sizeof(tagAOS) * AOS_UNIT;
    const size_t floatLength = dataLength / sizeof(float);

    tagAOS* iAos = (tagAOS*)_mm_malloc(dataLength, ALIGN);
    tagAOS* oAos = (tagAOS*)_mm_malloc(dataLength, ALIGN);

    float* x = (float*)_mm_malloc(sizeof(float)*AOS_UNIT, ALIGN);
    float* y = (float*)_mm_malloc(sizeof(float)*AOS_UNIT, ALIGN);
```

```
    float* z  = (float*)_mm_malloc(sizeof(float)*AOS_UNIT, ALIGN);

    init(iAos, AOS_UNIT);

    aos2soa(iAos, x, y, z, floatLength);        // AOS -> SOA
    soa2aos(x, y, z, oAos, floatLength);        // SOA -> AOS

    for (int i = 0; i < AOS_UNIT; i++)          // error check
    {
        if (iAos[i].x != oAos[i].x ||
            iAos[i].y != oAos[i].y ||
            iAos[i].z != oAos[i].z)
            fprintf(stderr, "error at %d¥n", i);
    }
    _mm_free(iAos);
    _mm_free(oAos);
    _mm_free(x);
    _mm_free(y);
    _mm_free(z);

    return 0;
}
```

先の関数を拡張し、aos2soa関数とsoa2aos関数に長さを渡します。また、SOA形式のデータを格納するメモリをx、y、zそれぞれ分離したアドレスを受け渡すようにします。これにより、長大なAOS形式のデータをSOA形式に分離し、一連の演算処理を行った後、再びAOS形式へ戻すことができます。

データが膨大になることが考えられるため、目視で動作チェックが難しくなります。このため、チェック機構も組み込みました。

データを並び替えで性能が向上するか確かめるプログラムも開発してみましたが、ページ数が膨大なるため割愛します。ここで紹介したように、データの並びを入れ替えるとメモリアドレスが連続し、SIMD命令を適用できることから性能向上を想像できると思います。

第8章

並列化とベクトル化の融合

並列化とベクトル化を融合し、さらに高速化を目指してみましょう。第5章「並列化」と第6章「ベクトル化」で紹介したプログラムを融合し、さらに高速化を図る方法を紹介します。

8 並列化とベクトル化の融合

8.1 逐次処理

　以前の章で使用した、長大な配列に係数を乗ずるプログラムへ並列化を追加します。処理はこれまでと同様に、配列の各要素へ係数を乗ずる単純なプログラムです。

$$y_i = a \cdot x_i \quad (i = 1, \ldots, n)^{※1}$$

　まず、ベクトル処理も並列化も行わない通常のソースリストを示します。このプログラムは、以前の章で示した逐次プログラムとほとんど同じです。

リスト 8.1 ●配列の各要素へ係数を乗ずるプログラム

```c
#include <stdio.h>
#include <stdlib.h>
#include <time.h>

void verify(const int n, const float a, const float *x, const float *y);

int
main()
{
    const int loop = 65536, n = 65536;

    volatile float a = (float)rand();
    float x[n], y[n];

    for (int i = 0; i < n; i++)
        x[i] = (float)rand();

    clock_t startTime = clock();

    for (int j = 0; j < loop; j++)
        for (int i = 0; i < n; i++)
            y[i] = a * x[i];

    clock_t stopTime = clock();

    verify(n, a, x, y);
```

※1　プログラムコードは n を 0 から開始するため、i は $n-1$ まで処理します。

```
    float etime = (float)(stopTime - startTime) / CLOCKS_PER_SEC;
    printf("elapsed time = %15.7f sec\n", etime);

    return 0;
}
```

単にfor文を使用して、配列の各要素に変数aの値を乗じているだけです。すでに説明済みなのでプログラムの詳細は省略します。

8.2 128ビット

以前の章で紹介した128ビットレジスタを使用するSSE命令を使うプログラムを、さらに並列化します。並列化はOpenMPを使用します。以降にソースリストを示します。

リスト8.2 ● SSE命令を使うプログラムをOpenMPでさらに並列化

```
#include <stdio.h>
#include <stdlib.h>
#include <time.h>
#include <omp.h>
#include <immintrin.h>

void verify(const int n, const float a, const float *x, const float *y);

int
main()
{
    const int loop = 65536, n = 65536;
    volatile float a = (float)rand();
    float x[n], y[n];

    for (int i = 0; i < n; i++)
        x[i] = (float)rand();
```

```
    clock_t startTime = clock();

#pragma omp parallel for
    for (int j = 0; j < loop; j++)
    {
        __m128 va = _mm_load1_ps((const float*)&a);
        for (int i = 0; i < n; i += sizeof(va) / sizeof(float))
        {
            __m128 vx = _mm_loadu_ps(&x[i]);
            __m128 vr = _mm_mul_ps(va, vx);
            _mm_storeu_ps(&y[i], vr);
        }
    }

    clock_t stopTime = clock();

    verify(n, a, x, y);

    float etime = (float)(stopTime - startTime) / CLOCKS_PER_SEC;
    printf("elapsed time = %15.7f sec¥n", etime);

    return 0;
}
```

外側の for ループを #pragma omp parallel for で並列化します。インデックス j に特定の値が設定されイテレータが起動されます。この例では、外側のループは、単に処理が速すぎるため、時間稼ぎのために挿入しているので、j の値が何であろうと特に意味は持ちません。ただ、並列化の速度変化を観察するのに問題はないでしょう。処理についてはすでに説明済みなので省略します。

逐次処理プログラムと、ベクトル化と並列化を融合させたプログラムをベンチマークします。並列化は CPU 数によって大きく変わります。CPU 数 (CPU コア数) が多いほど高速に処理されます。ベンチマークの結果を観察する限り、逐次プログラムに比べ、ベクトル化と並列化を融合したプログラムは、はるかに高速化されます。SIMD 命令を使用したベクトル化と OpenMP は共存できます。

図 8.1 ●ベンチマーク結果（CPU：Core i5）

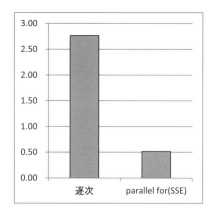

プログラム	処理時間［秒］
逐次	2.76500
parallel for(SSE)	0.51600

8.3 256 ビット

　以前の章で紹介した AVX 命令を使うプログラムを、さらに並列化します。並列化は OpenMP を使用します。以降にソースリストの一部を示します。

リスト 8.3 ● AVX 命令を使うプログラムを OpenMP でさらに並列化（抜粋）

```
     ：
clock_t startTime = clock();

#pragma omp parallel for
for (int j = 0; j < loop; j++)
{
    __m256 va = _mm256_broadcast_ss((const float*)&a);
    for (int i = 0; i < n; i += sizeof(va) / sizeof(float))
    {
        __m256 vx = _mm256_loadu_ps(&x[i]);
        __m256 vr = _mm256_mul_ps(va, vx);
        _mm256_storeu_ps(&y[i], vr);
    }
}
```

```
    clock_t stopTime = clock();
     ︙
```

先ほどと同様に、外側の for ループを #pragma omp parallel for で並列化します。

逐次処理プログラムと、ベクトル化と並列化を融合したプログラムをベンチマークします。並列化は CPU 数によって大きく変わります。ベンチマークの結果を観察する限り、逐次プログラムに比べ、はるかに高速化されているのが分かります。

図 8.2 ●ベンチマーク結果（CPU：Core i5）

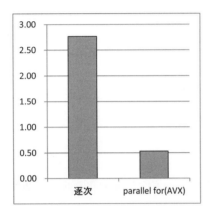

プログラム	処理時間［秒］
逐次	2.76500
parallel for（AVX）	0.53100

8.4 ブロックで分割

次に、配列を分割して並列化します。OpenMP は、for 文などを小さな粒度に分解して並列化する方法に加え、ここでは第 5 章「並列化」で解説した 5.1.1 節「ブロックで分割」の 4 分割の例を、さらにベクトル化したものを紹介します。まず、長大な配列に係数を乗ずる処理を、4 つのブロックに分け並列するとともに、処理自体をベクトル化します。

$$y_i = a \cdot x_i \quad (i = 1, \ldots, n)$$

を

$y_i = a \cdot x_i \quad (i = 1, \ldots, n/4)$

$y_i = a \cdot x_i \quad (i = n/4 + 1, \ldots, 2n/4)$

$y_i = a \cdot x_i \quad (i = 2n/4 + 1, \ldots, 3n/4)$

$y_i = a \cdot x_i \quad (i = 3n/4 + 1, \ldots, n)$

の4つに分割し、処理自体をベクトル化します。以降に、ソースリストを示します。

リスト8.4 ● 4分割並列+ベクトル化したプログラム

```
#include <stdio.h>
#include <stdlib.h>
#include <time.h>
#include <omp.h>
#include <immintrin.h>

void verify(const int n, const float a, const float *x, const float *y);

int
main()
{
    const int loop = 65536, n = 65536;

    volatile float a = (float)rand();
    float x[n], y[n];

    for (int i = 0; i < n; i++)
        x[i] = (float)rand();

    clock_t startTime = clock();

    for (int j = 0; j < loop; j++)
    {
        #pragma omp parallel sections
        {
            #pragma omp section
            {
                //for (int i = 0; i < n / 4; i++)
                //    y[i] = a * x[i];
                __m256 va = _mm256_broadcast_ss((const float*)&a);
                for (int i = 0; i < n / 4; i += sizeof(__m256) / sizeof(float))
                {
                    __m256 vx = _mm256_loadu_ps(&x[i]);
```

8 並列化とベクトル化の融合

```
            __m256 vr = _mm256_mul_ps(va, vx);
            _mm256_storeu_ps(&y[i], vr);
        }
    }
    #pragma omp section
    {
        //for (int i = (n / 4) * 1; i < (n / 4) * 2; i++)
        //    y[i] = a * x[i];
        __m256 va = _mm256_broadcast_ss((const float*)&a);
        for (int i = (n / 4) * 1; i < (n / 4) * 2; i += sizeof(__m256)
                                                    / sizeof(float))
        {
            __m256 vx = _mm256_loadu_ps(&x[i]);
            __m256 vr = _mm256_mul_ps(va, vx);
            _mm256_storeu_ps(&y[i], vr);
        }
    }
    #pragma omp section
    {
        //for (int i = (n / 4) * 2; i < (n / 4) * 3; i++)
        //    y[i] = a * x[i];
        __m256 va = _mm256_broadcast_ss((const float*)&a);
        for (int i = (n / 4) * 2; i < (n / 4) * 3; i += sizeof(__m256)
                                                    / sizeof(float))
        {
            __m256 vx = _mm256_loadu_ps(&x[i]);
            __m256 vr = _mm256_mul_ps(va, vx);
            _mm256_storeu_ps(&y[i], vr);
        }
    }
    #pragma omp section
    {
        //for (int i = (n / 4) * 3; i < n; i++)
        //    y[i] = a * x[i];
        __m256 va = _mm256_broadcast_ss((const float*)&a);
        for (int i = (n / 4) * 3; i < n; i += sizeof(__m256) / sizeof(float))
        {
            __m256 vx = _mm256_loadu_ps(&x[i]);
            __m256 vr = _mm256_mul_ps(va, vx);
            _mm256_storeu_ps(&y[i], vr);
        }
    }
}
}
```

```
    clock_t stopTime = clock();

    verify(n, a, x, y);

    float etime = (float)(stopTime - startTime) / CLOCKS_PER_SEC;
    printf("elapsed time = %15.7f sec¥n", etime);

    return 0;
}
```

網掛けした部分は並列に処理されます。以降に、逐次処理した場合の概念図を示します。

図 8.3 ●並列化しないとき

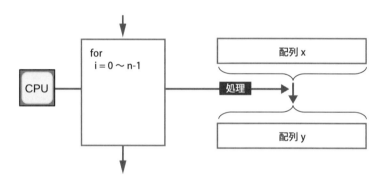

このプログラムは、sections 内に 4 つの section を配置しているので、配列は 4 分割されてそれぞれ異なる CPU で処理されます。理想的には逐次プログラムの 4 倍の速度になるはずですが、理想と現実には隔たりがあります。以降に、OpenMP の sections を使用し、4 つに分けて並列化した概念図を示します。

図 8.4 ●並列化したとき

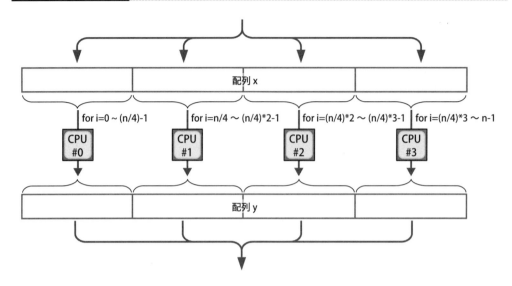

　処理内容が分かりやすいように、ソースリストに SIMD 命令に対応する C++ コードをコメントとして残します。
　先に解説した通常の逐次処理プログラムと、OpenMP を有効にして section 文で並列化されたプログラムをベンチマークします。グラフの縦軸単位は秒で、処理に要した時間を表します。高さが低いほど高速です。

図 8.5 ●ベンチマーク結果（CPU：Core i5）

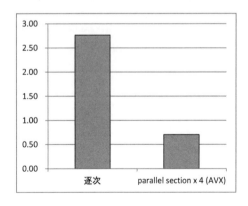

プログラム	処理時間［秒］
逐次	2.76500
並列化(セクション×4)	0.70300

　このプログラムをアセンブリ言語で記述し直してみましたが、速度向上は見られませんで

した．ベンチマークのため，65536回ループさせています．かつ4つのブロックに分けているため，アセンブリ言語で開発した関数の呼び出しが，都合65536×4回となり，そのオーバーヘッドが大きいものと思われます．

ソースファイルはC++言語で記述したファイルと，アセンブリ言語で記述したファイルの2つから成り立ちます．以降に，それぞれのソースリストを示します．

リスト8.5 ●アセンブリ言語で記述した関数を呼び出すプログラム（4分割並列処理）

```
#include <stdio.h>
#include <stdlib.h>
#include <time.h>
#include <omp.h>
#include <immintrin.h>

void verify(const int n, const float a, const float *x, const float *y);

extern "C"
void asmCode(const int n, const volatile float *a, const float *x, float *y);


int
main()
{
    const int loop = 65536, n = 65536;

    volatile float a = (float)rand();
    float x[n], y[n];

    for (int i = 0; i < n; i++)
        x[i] = (float)rand();

    clock_t startTime = clock();

    for (int j = 0; j < loop; j++)
    {
        #pragma omp parallel sections
        {
            #pragma omp section
            {
                asmCode(n / 4, &a, x, y);
            }
            #pragma omp section
```

```
                {
                    asmCode(n / 4, &a, &x[(n / 4) * 1], &y[(n / 4) * 1]);
                }
                #pragma omp section
                {
                    asmCode(n / 4, &a, &x[(n / 4) * 2], &y[(n / 4) * 2]);
                }
                #pragma omp section
                {
                    asmCode(n / 4, &a, &x[(n / 4) * 3], &y[(n / 4) * 3]);
                }
            }
        }

        clock_t stopTime = clock();

        verify(n, a, x, y);

        float etime = (float)(stopTime - startTime) / CLOCKS_PER_SEC;
        printf("elapsed time = %15.7f sec\n", etime);

        return 0;
    }
```

イントリンシックで記述していた部分を、関数呼び出しに書き換えます。その他はこれまでと同様です。`asmCode` がアセンブリ言語で開発した関数名です。

リスト 8.6 ●アセンブリ言語で記述したソースリスト（4 分割並列処理）

```
_TEXT   segment

        public asmCode
        align   16

;****************************************************************
;rcx    = n
;rdx    = a
;r8     = &x
;r9     = &y
;****************************************************************

asmCode proc
```

```
                vbroadcastss    ymm0, dword ptr [rdx]               ; a

                movsxd          rcx, ecx
                shr             rcx, 3                              ; length/8

                xor             r10, r10
loop1:
                ;vmulps          ymm1, ymm0, ymmword ptr [r8+r10]; a*x
                vmovaps         ymm1, ymmword ptr [r8+r10]          ; load y
                vmulps          ymm1, ymm0, ymm1                    ; a*x
                lea             r10, [r10+32]                       ; next x
                vmovaps         ymmword ptr [r9+r10-32], ymm1       ; store y
                loop            loop1

                ret

asmCode endp

_TEXT   ends
        end
```

　1回のループで配列の8要素を処理します。AVX命令をC++ソース上に直接記述できないため、関数として実装します。引数はレジスタに渡され、n以外はアドレスが渡されます。

表8.1 ● asmCode 関数の引数

引数	関数が呼び出されたときに格納されるレジスタ	説明
n	RCX	値で渡される。
a	RDX	アドレスで渡される。
x	R8	アドレスで渡される。
y	R9	アドレスで渡される。

　ベンチマークしたところ、イントリンシックで記述したプログラムより、処理速度は遅くなりました。関数呼び出しのオーバーヘッド負荷が大きいと想像されます。

第9章

並列化とキャッシュ

　並列化とキャッシュ制御を行い、プログラムの高速化を目指します。第3章「ループの高速化」の3.1節「ループアンロール」で開発したプログラムにキャッシュ制御を加えます。処理する内容は、以前と同じで行列の積を求めます。

　行列の積を求める処理をアンロールし、かつキャッシュ制御まで行ったものを4.4節「プリフェッチ」ですでに解説済みです。ここでは、さらに、これに並列化を追加してみましょう。本章では、逐次、アンロール、アンロール＋プリフェッチ、そしてアンロール＋プリフェッチ＋並列化まで行った4つのプログラムを観察します。

9 並列化とキャッシュ

9.1 ループで分割

　逐次処理で記述したソースリストとアンロールしたソースリストは、3.1 節「ループアンロール」を参照してください。まず、ループ並列化で高速化する例を紹介します。最初に並列化を行わない「アンロール＋プリフェッチ」のソースリスト、次に、これにループ並列化を追加したソースリストを示します。最初の「アンロール＋プリフェッチ」のソースリストはすでに紹介していますが、対比のために再度掲載します。

リスト 9.1 ●アンロールとプリフェッチを行うプログラム

```c
#include <stdio.h>
#include <stdlib.h>
#include <time.h>
#include <immintrin.h>

void verify(int n, float **a, float **b, float **c);

int
main()
{
    const int n = 1024;
    int i, j, k;

    float **a = new float*[n];
    float **b = new float*[n];
    float **c = new float*[n];
    for (i = 0; i < n; i++)
    {
        a[i] = new float[n];
        b[i] = new float[n];
        c[i] = new float[n];
    }

    for (i = 0; i < n; i++)
    {
        for (j = 0; j < n; j++)
        {
            a[i][j] = (float)(int)(rand()/4096);
            b[i][j] = (float)(int)(rand()/4096);
```

```
                c[i][j] = 0.0f;
        }
    }

    clock_t startTime = clock();

    for (i = 0; i < n; i++)
    {
        //_mm_prefetch((char *)&c[i+1][j], _MM_HINT_T2);      //効果は少ないだろう
        for (j = 0; j < n; j += 8)
        {
            for (k = 0; k < n; k++)
            {
                _mm_prefetch((char *)&b[k+4][j], _MM_HINT_T2);

                c[i][j]     += a[i][k] * b[k][j];
                c[i][j + 1] += a[i][k] * b[k][j + 1];
                c[i][j + 2] += a[i][k] * b[k][j + 2];
                c[i][j + 3] += a[i][k] * b[k][j + 3];
                c[i][j + 4] += a[i][k] * b[k][j + 4];
                c[i][j + 5] += a[i][k] * b[k][j + 5];
                c[i][j + 6] += a[i][k] * b[k][j + 6];
                c[i][j + 7] += a[i][k] * b[k][j + 7];
            }
        }
    }

    clock_t stopTime = clock();

    verify(n, a, b, c);

    float etime = (float)(stopTime - startTime) / CLOCKS_PER_SEC;
    printf("elapsed time = %15.7f sec\n", etime);

    for (int i = 0; i < n; i++)
    {
        delete[] a[i];
        delete[] b[i];
        delete[] c[i];
    }
    delete[] a;
    delete[] b;
    delete[] c;
```

```
        return 0;
}
```

このプログラムについては説明済みです。詳細については 3.1 節「ループアンロール」を参照してください。

リスト 9.2 ●アンロールとプリフェッチと並列化（parallel for）を行うプログラム

```c
#include <stdio.h>
#include <stdlib.h>
#include <time.h>
#include <immintrin.h>

void verify(int n, float **a, float **b, float **c);

int
main()
{
    const int n = 1024;
    int i, j, k;

    float **a = new float*[n];
    float **b = new float*[n];
    float **c = new float*[n];
    for (i = 0; i < n; i++)
    {
        a[i] = new float[n];
        b[i] = new float[n];
        c[i] = new float[n];
    }

    for (i = 0; i < n; i++)
    {
        for (j = 0; j < n; j++)
        {
            a[i][j] = (float)(int)(rand()/4096);
            b[i][j] = (float)(int)(rand()/4096);
            c[i][j] = 0.0f;
        }
    }

    clock_t startTime = clock();
```

```c
    for (i = 0; i < n; i++)
    {
        for (j = 0; j < n; j += 8)
        {
            float cSum0, cSum1, cSum2, cSum3, cSum4, cSum5, cSum6, cSum7;
            cSum0 = cSum1 = cSum2 = cSum3 = cSum4 = cSum5 = cSum6 = cSum7 = 0.0f;

            #pragma omp parallel for firstprivate(i, j) ¥
                reduction(+: cSum0, cSum1, cSum2, cSum3, cSum4, cSum5, cSum6, cSum7)
            for (k = 0; k < n; k++)
            {
                //次のb+n+k行をプリフェッチする
                _mm_prefetch((char *)&b[k+4][j], _MM_HINT_T2);

                cSum0 += a[i][k] * b[k][j];
                cSum1 += a[i][k] * b[k][j + 1];
                cSum2 += a[i][k] * b[k][j + 2];
                cSum3 += a[i][k] * b[k][j + 3];
                cSum4 += a[i][k] * b[k][j + 4];
                cSum5 += a[i][k] * b[k][j + 5];
                cSum6 += a[i][k] * b[k][j + 6];
                cSum7 += a[i][k] * b[k][j + 7];
            }
            c[i][j]     = cSum0;
            c[i][j + 1] = cSum1;
            c[i][j + 2] = cSum2;
            c[i][j + 3] = cSum3;
            c[i][j + 4] = cSum4;
            c[i][j + 5] = cSum5;
            c[i][j + 6] = cSum6;
            c[i][j + 7] = cSum7;
        }
    }

    clock_t stopTime = clock();

    verify(n, a, b, c);

    float etime = (float)(stopTime - startTime) / CLOCKS_PER_SEC;
    printf("elapsed time = %15.7f sec¥n", etime);

    for (int i = 0; i < n; i++)
    {
        delete[] a[i];
```

```
            delete[] b[i];
            delete[] c[i];
        }
        delete[] a;
        delete[] b;
        delete[] c;

        return 0;
    }
```

　OpenMPを有効にし、for文を #pragma omp parallel for で並列化します。これに加え、さらにプリフェッチも行います。for文を並列化したため、アンロールで得られる積和は、それぞれ異なる変数に格納します。かつ、その変数は reduction 指示句に指定しておかないと、アクセス競合が発生し正確な値が格納されません。また、iとjも firstprivate 指示句に指定する必要があります。そうでないと、iとjの値が不定となります。for文が終わったら、それぞれ求めた積和の値を、対応する行列の要素に格納します。少し面倒な処理が必要です。以降にその部分だけ抜き出して説明します。

```
    for (j = 0; j < n; j += 8)
    {
        float cSum0, cSum1, cSum2, cSum3, cSum4, cSum5, cSum6, cSum7;
        cSum0 = cSum1 = cSum2 = cSum3 = cSum4 = cSum5 = cSum6 = cSum7 = 0.0f;

        #pragma omp parallel for firstprivate(i, j) ¥
                reduction(+: cSum0, cSum1, cSum2, cSum3, cSum4, cSum5, cSum6, cSum7)
        for (k = 0; k < n; k++)
        {
            //次のb+n+k行をプリフェッチする
            _mm_prefetch((char *)&b[k+4][j], _MM_HINT_T2);

            cSum0 += a[i][k] * b[k][j];
            cSum1 += a[i][k] * b[k][j + 1];
            cSum2 += a[i][k] * b[k][j + 2];
            cSum3 += a[i][k] * b[k][j + 3];
            cSum4 += a[i][k] * b[k][j + 4];
            cSum5 += a[i][k] * b[k][j + 5];
            cSum6 += a[i][k] * b[k][j + 6];
            cSum7 += a[i][k] * b[k][j + 7];
        }
        c[i][j]     = cSum0;
        c[i][j + 1] = cSum1;
```

```
        c[i][j + 2] = cSum2;
        c[i][j + 3] = cSum3;
        c[i][j + 4] = cSum4;
        c[i][j + 5] = cSum5;
        c[i][j + 6] = cSum6;
        c[i][j + 7] = cSum7;
}
```

for 文内（イテレータ）は、スレッドとして起動されます。このため、それぞれ reduction 指示句に指定し、総和を求めてから行列 c の対応する要素に格納します。この例を理解するには少々 OpenMP の知識が必要です。5.2 節「OpenMP 概論」の説明も参照してください。

ループ内の、

```
cSum0 += a[i][k] * b[k][j];
cSum1 += a[i][k] * b[k][j + 1];
cSum2 += a[i][k] * b[k][j + 2];
cSum3 += a[i][k] * b[k][j + 3];
cSum4 += a[i][k] * b[k][j + 4];
cSum5 += a[i][k] * b[k][j + 5];
cSum6 += a[i][k] * b[k][j + 6];
cSum7 += a[i][k] * b[k][j + 7];
```

は、

```
c[i][j]     += a[i][k] * b[k][j];
c[i][j + 1] += a[i][k] * b[k][j + 1];
c[i][j + 2] += a[i][k] * b[k][j + 2];
c[i][j + 3] += a[i][k] * b[k][j + 3];
c[i][j + 4] += a[i][k] * b[k][j + 4];
c[i][j + 5] += a[i][k] * b[k][j + 5];
c[i][j + 6] += a[i][k] * b[k][j + 6];
c[i][j + 7] += a[i][k] * b[k][j + 7];
```

と記述したいところですが、そのように記述するとスレッド間で競合が起き、正確な値を得られません。そこで、reduction 指示句を指定し、cSum0 〜 cSum7 へ各要素の総和を求めます。cSum0 〜 cSum7 変数も配列にした方が可読性や保守性が向上しますが、OpenMP のバージョンが新しくないと reduction 指示句へ配列を指定できないので、ここではバージョンに依存しない方法を採用します。

for ループを並列化し、積和の値を変数 cSum0 〜 cSum7 へ求めます。ループ終了後に、得られた積和の値を対応する行列 c の要素に格納します。

```
c[i][j]     = cSum0;
c[i][j + 1] = cSum1;
c[i][j + 2] = cSum2;
c[i][j + 3] = cSum3;
c[i][j + 4] = cSum4;
c[i][j + 5] = cSum5;
c[i][j + 6] = cSum6;
c[i][j + 7] = cSum7;
```

reduction 指示句や firstprivate 指示句については 9.5 節を参照してください。

プリフェッチは、第 4 章「キャッシュメモリ」の 4.4 節「プリフェッチ」で説明した方法と同じものを使用します。同じ方法を用いていますが、プリフェッチする位置と現在処理中の位置の関係は、先の例と大きく異なります。for 文を #pragma omp parallel for で並列化すると、対応するブロックは for 文に指定したインデックス（この場合 k）に特定の値が設定され、内部がスレッドとして起動されます。つまり、インデックスの値とプリフェッチの値に時間的な相関がなくなってしまいます。このため、プリフェッチによる速度向上は予測されない結果となるでしょう。

まず、並列化しない場合を考えてみましょう。行列 b は列を跨いでデータをアクセスするため、k のループのたびにキャッシュミスする可能性があります。そこで、次にアクセスする可能性の高い行列 b の列に対しプリフェッチ命令を発行します。以降に図で示します。

図 9.1 ●並列化しない場合

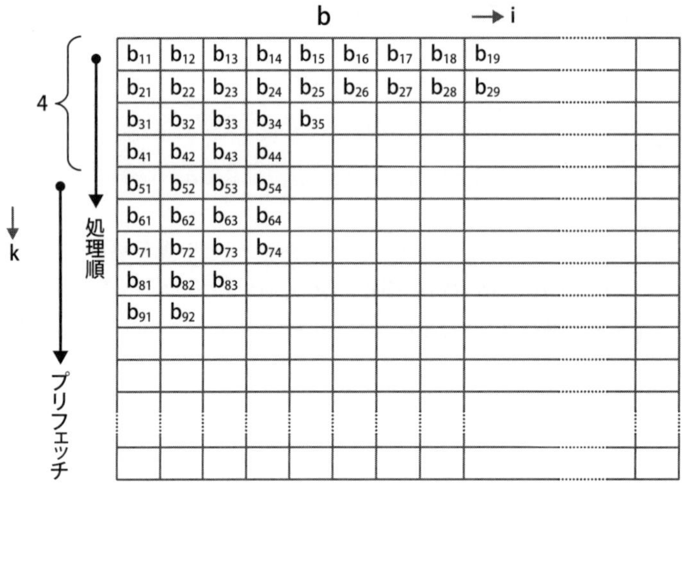

コードを参照すると分かりますが、プリフェッチする要素は、処理する要素の直後ではなく4進んだものを指定しています。これはCPUの演算速度が十分に速いため、直後をアクセスすると、キャッシュにデータがロードされていない可能性が高いため、十分な時間差を確保できる4列先をプリフェッチします。詳細は、第4章「キャッシュメモリ」の4.4節「プリフェッチ」の説明を参照してください。

ところが、forを並列化すると、ループのインデックスであるkがどのような順序で、いくつのスレッドが起動されるかプログラマは予測することはできません。つまり、プリフェッチが有効に働くとは限りません。分かりにくいため、図で示します。以降に現在のkと、プリフェッチするkの関係を図に示します。

図9.2 ●現在のインデックスとプリフェッチするインデックスの関係の一例

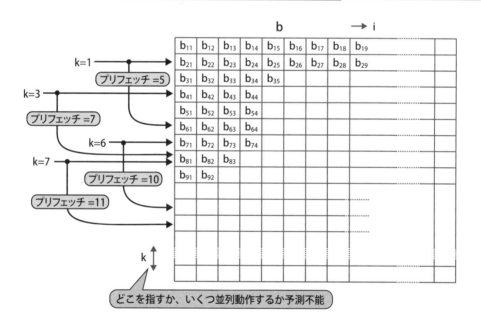

このようなことから、ループのインデックスがどのような値を取るか、そして並列化の関係が不明なため、プリフェッチの効果に疑問を持ちました。ところが、意外と良好な速度向上を観察できました。処理速度の向上は、処理系やコンパイラに依存するのでしょう。今回使用した環境ではkの値が順序性を持っていた可能性が高いです。

以降に、逐次処理したもの、アンロールしたもの、アンロール＋プリフェッチを行ったもの、さらにアンロール＋プリフェッチ＋並列化まで行ったもののベンチマーク結果をグラフ

で示します。

図9.3 ●ベンチマーク結果（CPU：Core i5）

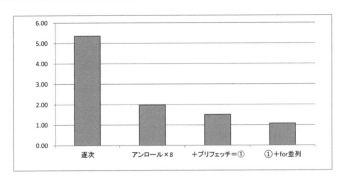

プログラム	処理時間［秒］
逐次	5.3600001
アンロール×8	1.9840000
＋プリフェッチ＝①	1.5150000
①＋for並列	1.0779999

　明らかに逐次処理と比較して高速化が図られていることが分かります。このグラフでは、逐次処理の処理時間が突出して遅いため、プリフェッチや並列化の速度差を観察するのが比較的困難です。そこで、逐次処理を外したグラフも示します。

図9.4 ●逐次処理を除いたベンチマーク結果（CPU：Core i5）

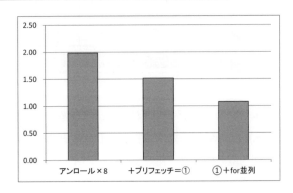

　プリフェッチと並列化を行ったプログラムは、単にアンロールしたプログラムの2倍の速

度向上が観察できます。ベンチマークを行ったシステムは CPU コアが 2 つのため、並列化の効果はさほど大きくないと考えられます。並列化が多いと速度向上が期待されますが、並列化が多すぎるとキャッシュメモリ制御に問題が起こる可能性があります（キャッシュメモリが溢れる）。いずれにしても、OpenMP を使用した for ループの並列化とキャッシュメモリ制御の組み合わせには予測不能な要因が入り込みます。そうはいっても、キャッシュミスが頻発しない限り、一般的には高速化が図られると考えて良い結果が得られました。

9.2 ブロックで分割

　次に、行列を分割して並列化してみましょう。OpenMP は、for 文などを小さな粒度に分解して並列化する方法に加え、ある塊を並列化させるセクションによる並列化も簡単に実装できます。ここでは、行列を 4 つのブロックに分け、並列に処理する例を示します。前節のプリフェッチはインデックスの規則性が不明なため、キャッシュヒットする可能性を予測するのは困難です。ところが、本節で紹介するブロック分割では、ブロック内の順序性は保たれるためプログラマがキャッシュメモリを制御できます。以降にソースリストを示します。

リスト 9.3 ●アンロールとプリフェッチと並列化（parallel sections）を行うプログラム

```
#include <stdio.h>
#include <stdlib.h>
#include <time.h>
#include <immintrin.h>

void verify(int n, float **a, float **b, float **c);

int
main()
{
    const int n = 1024;
    //int i, j, k;
    int i, j;

    float **a = new float*[n];
    float **b = new float*[n];
```

```cpp
        float **c = new float*[n];
        for (i = 0; i < n; i++)
        {
            a[i] = new float[n];
            b[i] = new float[n];
            c[i] = new float[n];
        }

        float **csum = new float*[4];
        for (i = 0; i < 4; i++)
            csum[i] = new float[8];

        for (i = 0; i < n; i++)
        {
            for (j = 0; j < n; j++)
            {
                a[i][j] = (float)(int)(rand()/4096);
                b[i][j] = (float)(int)(rand()/4096);
                c[i][j] = 0.0f;
            }
        }

        clock_t startTime = clock();

        for (i = 0; i < n; i++)
        {
            for (j = 0; j < n; j += 8)
            {

                for (int c0 = 0; c0 < 4; c0++)
                    for (int c1 = 0; c1 < 8; c1++)
                        csum[c0][c1] = 0.0f;

                #pragma omp parallel sections
                {
                    #pragma omp section
                    {
                        for (int k = 0; k < (n / 4) * 1; k++)
                        {
                            _mm_prefetch((char *)&b[k + 4][j], _MM_HINT_T2);

                            csum[0][0] += a[i][k] * b[k][j];
                            csum[0][1] += a[i][k] * b[k][j + 1];
                            csum[0][2] += a[i][k] * b[k][j + 2];
                            csum[0][3] += a[i][k] * b[k][j + 3];
```

```
            csum[0][4] += a[i][k] * b[k][j + 4];
            csum[0][5] += a[i][k] * b[k][j + 5];
            csum[0][6] += a[i][k] * b[k][j + 6];
            csum[0][7] += a[i][k] * b[k][j + 7];
        }
    }
    #pragma omp section
    {
        for (int k = (n / 4) * 1; k < (n / 4) * 2; k++)
        {
            _mm_prefetch((char *)&b[k + 4][j], _MM_HINT_T2);

            csum[1][0] += a[i][k] * b[k][j];
            csum[1][1] += a[i][k] * b[k][j + 1];
            csum[1][2] += a[i][k] * b[k][j + 2];
            csum[1][3] += a[i][k] * b[k][j + 3];
            csum[1][4] += a[i][k] * b[k][j + 4];
            csum[1][5] += a[i][k] * b[k][j + 5];
            csum[1][6] += a[i][k] * b[k][j + 6];
            csum[1][7] += a[i][k] * b[k][j + 7];
        }
    }
    #pragma omp section
    {
        for (int k = (n / 4) * 2; k < (n / 4) * 3; k++)
        {
            _mm_prefetch((char *)&b[k + 4][j], _MM_HINT_T2);

            csum[2][0] += a[i][k] * b[k][j];
            csum[2][1] += a[i][k] * b[k][j + 1];
            csum[2][2] += a[i][k] * b[k][j + 2];
            csum[2][3] += a[i][k] * b[k][j + 3];
            csum[2][4] += a[i][k] * b[k][j + 4];
            csum[2][5] += a[i][k] * b[k][j + 5];
            csum[2][6] += a[i][k] * b[k][j + 6];
            csum[2][7] += a[i][k] * b[k][j + 7];
        }
    }
    #pragma omp section
    {
        for (int k = (n / 4) * 3; k < n; k++)
        {
            _mm_prefetch((char *)&b[k + 4][j], _MM_HINT_T2);

            csum[3][0] += a[i][k] * b[k][j];
```

```
                            csum[3][1] += a[i][k] * b[k][j + 1];
                            csum[3][2] += a[i][k] * b[k][j + 2];
                            csum[3][3] += a[i][k] * b[k][j + 3];
                            csum[3][4] += a[i][k] * b[k][j + 4];
                            csum[3][5] += a[i][k] * b[k][j + 5];
                            csum[3][6] += a[i][k] * b[k][j + 6];
                            csum[3][7] += a[i][k] * b[k][j + 7];
                    }
                }
            }
            for (int c0 = 0; c0 < 4; c0++)
                for (int c1 = 0; c1 < 8; c1++)
                    c[i][j+c1] += csum[c0][c1];
        }
    }

    clock_t stopTime = clock();

    verify(n, a, b, c);

    float etime = (float)(stopTime - startTime) / CLOCKS_PER_SEC;
    printf("elapsed time = %15.7f sec¥n", etime);

    for (int i = 0; i < n; i++)
    {
        delete[] a[i];
        delete[] b[i];
        delete[] c[i];
    }
    delete[] a;
    delete[] b;
    delete[] c;

    return 0;
}
```

　行っていることは、第4章「キャッシュメモリ」の4.4節「プリフェッチ」と同じです。異なるのは、行列bを4分割し、それぞれ異なるスレッドで実行します。CPU数が4以上のシステムであれば、完全に並列実行されるでしょう。CPU数が4未満であっても、いずれかのスレッドが待たされることはあってもブロック内のシーケンスは保たれます。このため、キャッシュが有効に働き、速度が向上することが期待されます。

9.2　ブロックで分割

　以降に行列が分割される様子を図で示します。図のk方向に4つに分割され、並列処理されます。

図 9.5 ●行列が分割される様子

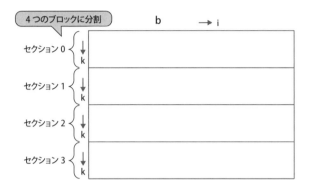

　それぞれのブロックで、以下のようなプリフェッチが行われます。

図 9.6 ●各ブロックで行われるプリフェッチ

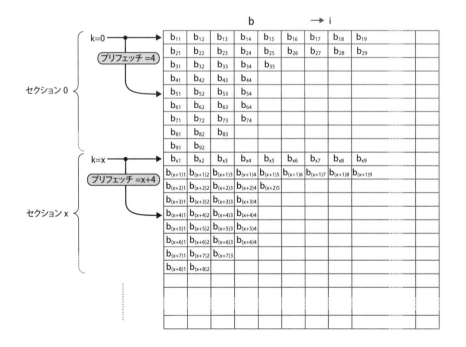

9 並列化とキャッシュ

処理から分かるように、CPU 数に応じてセクションを増減すれば、より実行速度を最適化できるでしょう。しかし、あまりにも並列数を増やすとそれに応じてキャッシュを消費するので、単純に並列数を増やした方が良いとは限りません。

以降に、逐次処理したもの、アンロールしたもの、アンロール＋プリフェッチを行ったもの、さらにアンロール＋プリフェッチ＋並列化（ブロック）まで行ったもののベンチマーク結果をグラフで示します。

図 9.7 ●ベンチマーク結果（CPU：Core i5）

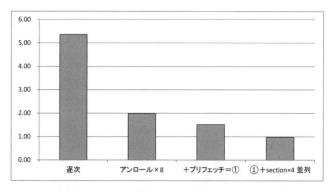

プログラム	処理時間 ［秒］
逐次	5.3600001
アンロール×8	1.9840000
＋プリフェッチ＝①	1.5150000
①＋section×4 並列	0.9830000

明らかに逐次処理と比較して高速化が図られていることが分かりますが、速度差を観察するのが比較的困難です。そこで、逐次処理を外したグラフも示します。また、for 並列と section で並列化したときの比較も示します。

図 9.8 ●逐次処理を外したグラフ

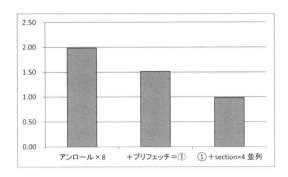

図 9.9 ● for 並列と section で並列化したときの比較

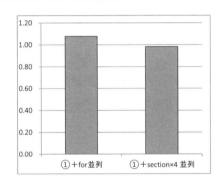

　この結果は 1 つの指標ではありますが、処理速度は CPU 数やキャッシュ容量などに左右されることを忘れないでください。本プログラムは、意外と他のプログラムと比較し、実行速度が揺らぎます。キャッシュ容量などによるものかもしれませんが、深く考察は行いませんでした。

　なお、先のプログラムは冗長なため、マクロによって以下のように書き換えることも可能です。

リスト 9.4 ●マクロを使って書き換えたソース

```
#include <stdio.h>
#include <stdlib.h>
#include <time.h>
#include <immintrin.h>
```

9 並列化とキャッシュ

```c
#define SUM_M(x)                                              ¥
    for (int k = (n / 4) * x; k < (n / 4) * (x+1); k++)       ¥
    {                                                         ¥
        _mm_prefetch((char *)&b[k + 4][j], _MM_HINT_T2);      ¥
                                                              ¥
        csum[x][0] += a[i][k] * b[k][j];                      ¥
        csum[x][1] += a[i][k] * b[k][j + 1];                  ¥
        csum[x][2] += a[i][k] * b[k][j + 2];                  ¥
        csum[x][3] += a[i][k] * b[k][j + 3];                  ¥
        csum[x][4] += a[i][k] * b[k][j + 4];                  ¥
        csum[x][5] += a[i][k] * b[k][j + 5];                  ¥
        csum[x][6] += a[i][k] * b[k][j + 6];                  ¥
        csum[x][7] += a[i][k] * b[k][j + 7];                  ¥
    }

void verify(int n, float **a, float **b, float **c);

int
main()
{
    const int n = 1024;
    int i, j;

    float **a = new float*[n];
    float **b = new float*[n];
    float **c = new float*[n];
    for (i = 0; i < n; i++)
    {
        a[i] = new float[n];
        b[i] = new float[n];
        c[i] = new float[n];
    }

    float **csum = new float*[4];
    for (i = 0; i < 4; i++)
        csum[i] = new float[8];

    for (i = 0; i < n; i++)
    {
        for (j = 0; j < n; j++)
        {
            a[i][j] = (float)(int)(rand()/4096);
            b[i][j] = (float)(int)(rand()/4096);
            c[i][j] = 0.0f;
```

```cpp
            }
        }

        clock_t startTime = clock();

        for (i = 0; i < n; i++)
        {
            for (j = 0; j < n; j += 8)
            {

                for (int c0 = 0; c0 < 4; c0++)
                    for (int c1 = 0; c1 < 8; c1++)
                        csum[c0][c1] = 0.0f;

                #pragma omp parallel sections
                {
                    #pragma omp section
                    {   SUM_M(0);   }
                    #pragma omp section
                    {   SUM_M(1);   }
                    #pragma omp section
                    {   SUM_M(2);   }
                    #pragma omp section
                    {   SUM_M(3);   }
                }
                for (int c0 = 0; c0 < 4; c0++)
                    for (int c1 = 0; c1 < 8; c1++)
                        c[i][j+c1] += csum[c0][c1];
            }
        }

        clock_t stopTime = clock();

        verify(n, a, b, c);

        float etime = (float)(stopTime - startTime) / CLOCKS_PER_SEC;
        printf("elapsed time = %15.7f sec\n", etime);

        for (int i = 0; i < n; i++)
        {
            delete[] a[i];
            delete[] b[i];
            delete[] c[i];
        }
```

```
        delete[] a;
        delete[] b;
        delete[] c;

        return 0;
}
```

9.3 OpenMPの共有変数とプライベート変数

並列化における、変数の扱いについて解説します。`#pragma omp parallel`に続くブロックが並列化されますが、ブロック内で使用する変数の扱いには気をつけなければなりません。基本的に並列リージョン内で宣言された変数はプライベート変数、それ以外で宣言された変数は共有変数です。

■ 9.3.1 共有変数

細かく文章で説明するより、サンプルプログラムを使った方が分かりやすいでしょう。まず、共有変数の例を示します。

リスト 9.5 ●共有変数の例

```
#include <omp.h>
#include <stdio.h>

int main()
{
    int i=0, j=10, k=20;

    #pragma omp parallel
    {
        i=j+k;
    }
```

```
    printf("i=%d, j=%d, k=%d¥n",i,j,k);

    return 0;
}
```

この例で使用したi、j、kは共有変数、つまり各イテレータ（スレッド）は同じ変数を参照します。プログラムの実行例を以降に示します。

```
i=30、 j=10、 k=20
```

基本的にOpenMPの指示文で何も指定しないと、#pragma omp parallelに続くブロック以外で宣言された変数は共有変数として扱われます。

この例で並列化されるのは「i=j+k;」の部分です。この加算式が並列化された分だけ実行され、同じiに代入されます。つまり、「i=j+k;」が並列化数分だけ実行されます。

図9.10 ● 3つに並列化された場合

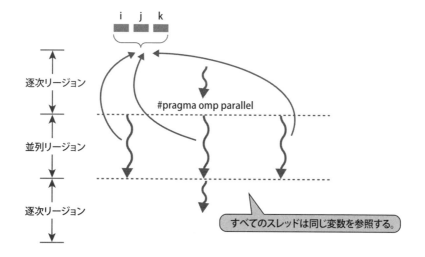

9.3.2 プライベート変数

次に、iだけをプライベート変数とし、スレッド単位にiを割り当てるプログラムを紹介します。変数をプライベート変数として扱うにはprivate指示句を使用します。以降に例を示します。

リスト 9.6 ●スレッド単位に変数iを割り当てる例

```c
#include <omp.h>
#include <stdio.h>

int main()
{
    int i = 0, j = 10, k = 20;

    #pragma omp parallel private(i)
    {
        i = j + k;
    }

    printf("i=%d, j=%d, k=%d\n", i, j, k);

    return 0;
}
```

先のプログラムと異なるのは、parallel指示文にprivate指示句を追加しただけです。このprivate指示句に指定した変数は、続く並列リージョン単位に割り当てられます。この例では、並列リージョンで使用されるiと全体で使われるiとは別物です。しかも、逐次リージョンの値が並列リージョンに引き継がれることも、そして、並列リージョンで設定した値が逐次リージョンへ引き継がれることもありません。

並列リージョンでプライベート変数を使用するか、それとも共有変数をそのまま使用するか切り分ける指示句が存在します。指示句にはさまざまなものがありますが、まずはプライベート変数を示すprivate指示句と、共有変数を示すshared指示句を理解すれば十分です。

この例ではiはプライベート変数なので、並列部に異なるiが割り付けられます。jとkは何も指定していないため、共有変数です。並列リージョンで使用されるiと逐次リージョンで使用されるiは別物なので、実行すると奇妙な結果となります。プログラムの実行例を以降に示します。

```
i=0、 j=10、 k=20
```

　iは初期値のままで変化しません。つまり、「i=j+k;」で使用されたiは並列リージョン内で新たに割り当てられた変数です。printfで指定したiは共有変数のiであり、これらは別物です。

図 9.11 ●スレッド単位にiを割り当てた場合

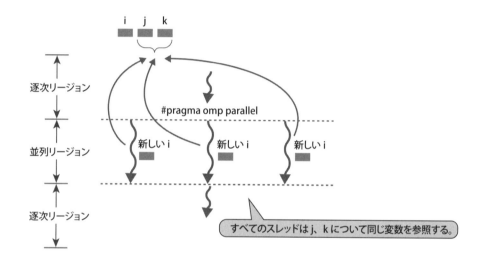

　図から分かるように、iはスレッド単位に割り当てられ、そのスレッド終了時に破棄されます。このため、printfで表示したiは、プログラムの先頭で初期化したiです。スレッドプログラミングやクラスを開発した人なら、コードと変数のインスタンスがどのように生成されるか容易に理解できると思います。

9.3.3　ループのインデックス

　さて、これまでの説明では何か腑に落ちないものを感じるでしょう。実はOpenMPでは、ループをスレッドに分割したとき、ループのインデックスに使用する変数は自動でプライベート変数へ、そうでない変数は共用変数として処理されます。以降に例を示します。

9 並列化とキャッシュ

リスト 9.7 ● OpenMP でループをスレッドに分割する例

```
#include <omp.h>
#include <stdio.h>

int main()
{
    int a[10] = { 1, 2, 3, 4, 5, 6, 7, 8, 9, 10 };
    int b[10] = { 0, 0, 0, 0, 0, 0, 0, 0, 0, 0 };
    int i;

    #pragma omp parallel for
    for (i = 0; i<10; i++)
    {
        b[i] = a[i];
    }

    for (i = 0; i<10; i++)
        printf("b[%d]=%d\n", i, b[i]);

    return 0;
}
```

この例では、iは自動的にプライベート変数として処理されます。実行結果を次に示します。

```
b[0]=1
b[1]=2
b[2]=3
b[3]=4
b[4]=5
b[5]=6
b[6]=7
b[7]=8
b[8]=9
b[9]=10
```

このプログラムを正確に表現すると、以降に示すように書き換えることができます。

リスト 9.8 ●直前のリストの書き換え

```c
#include <omp.h>
#include <stdio.h>

int main()
{
    int a[10] = { 1, 2, 3, 4, 5, 6, 7, 8, 9, 10 };
    int b[10] = { 0, 0, 0, 0, 0, 0, 0, 0, 0, 0 };
    int i;

    #pragma omp parallel for private(i) shared(a,b)
    for (i = 0; i<10; i++)
    {
        b[i] = a[i];
    }

    for (i = 0; i<10; i++)
        printf("b[%d]=%d¥n", i, b[i]);

    return 0;
}
```

　つまり、ループのインデックスである i は private、それ以外は共用変数として指示するのが明示的な使用法です。ただ、OpenMP ではループの並列化は頻繁に行われるので、前プログラムのように省略することができます。変数の扱いについて、他にも指示文や指示句がありますが、詳細は参考資料を参照してください。

9.4　OpenMP の指示文

　本節では、本書で使用する主要な OpenMP 指示文の構文と意味を説明します。OpenMP にはたくさんの指示文があるので、ここでは最低限の説明に留めます。

　OpenMP の指示文は、**#pragma omp** に続いて指定します。以降に指示文の構文を示します。

```
#pragma omp    指示文名    [指示句[ [,] 指示句] ... ]
```

　各指示文には 1 つの指示文名しか指定できません。なお、指示句の順序は重要ではありません。いくつかの指示句には括弧を付けてリストを指定することができます。本書で解説しない指示文もあります。詳細は OpenMP の資料を参照してください。詳細な解説は http://www.openmp.org/ に存在します。なお，指示句は指示節と呼ばれる場合もあります。

■ 9.4.1　parallel 構文

　parallel 構文は，並列実行の開始を指示します。プログラムが parallel 構文に遭遇すると、並列リージョンを実行するために複数のスレッドが生成されます。スレッドの生成数は、明示的に指定された場合、その値が、明示的に指定されていない場合システムが決定します。これらのスレッドの同期は、parallel 構文に続くブロックの最後で同期されます。

■ 9.4.2　for 構文

　for 構文は、関連付けられた for ループの繰り返しがスレッドで並列処理されることを指定します。繰り返し処理は parallel 構文で指定した並列リージョンに存在しているスレッドで分割処理されます。

```
#pragma omp for    [指示句[ [,] 指示句] ... ]
forループ
```

　指示句に指定できるのは、private（リスト）、reduction（オペレータ：リスト）などです。ループ構文に関連付けられる for ループには制限があります。ループの回数を知ることができない、あるいはループインデックスを増加（減少）させる式がループ中に変化するもの、ループ内から一定の条件によってループを抜けるようなものは並列化できません。

9.4.3 sections 構文

sections 構文は、並列実行するブロックをそれぞれ定義するのに使用します。以降に sections 構文を示します。

```
#pragma omp sections   [指示句[ [,] 指示句] . . . ]
{
    [ #pragma omp section]
        処理ブロック
    [ #pragma omp section]
        処理ブロック
    . . .
}
```

sections 構文内の処理ブロックは、section 指示文で始まります。

9.4.4 parallel for 構文

parallel for 構文は、1 つのループ構文だけで構成される parallel 構文を指定するための省略形です。以降に parallel for 構文を示します。

```
#pragma omp parallel for   [指示句[ [,] 指示句] . . . ]
    処理ブロック
```

この構文は、parallel 指示文と for 指示文を連続して指定したのと同等です。これらを連続して指定しても構いませんが、数値計算などではループが点在します。このため、この構文を使うとプログラムの可読性が向上します。

9.4.5　parallel sections 構文

parallel sections 構文は、1 つの sections 構文だけから形成される parallel 構文を指定するための省略形です。以降に parallel sections 構文を示します。

```
#pragma omp parallel sections   [指示句[ [,] 指示句]...]
{
    [ #pragma omp section]
        処理ブロック
    [ #pragma omp section]
        処理ブロック
    ...
}
```

この構文は、parallel 指示文と sections 指示文を連続して指定したのと同等です。

9.5　指示句

主要な指示文をひと通り説明しましたので、今度は指示句を説明します。

9.5.1　shared 指示句

shared 指示句は、並列リージョンで使用される変数を共有変数にすることを宣言します。以降に shared 指示句の構文を示します。

```
shared（リスト）
```

リストに指定された変数は共有変数となり、すべてのスレッドから同一記憶域を指します。通常、何も指定せずに並列リージョンから変数を参照すると共有変数として扱われます。

■ 9.5.2　private 指示句

private 指示句は、並列リージョンで使用される変数をプライベートとすることを宣言します。以降に private 指示句の構文を示します。

```
private (リスト)
```

リストに指定された変数はプライベート変数と解釈され、各スレッドへ別々の記憶域が割り当てられます。各スレッドの変数は初期化されず、変数の初期値は不定です。

■ 9.5.3　firstprivate 指示句

firstprivate 指示句は並列リージョンで使用される変数をプライベート宣言し、並列リージョンへ入る直前で初期化されます。以降に firstprivate 指示句の構文を示します。

```
firstprivate (リスト)
```

リストに指定された変数はプライベート変数となり、すべてのスレッドへ別々の記憶域が割り当てられます。firstprivate 指示句は、private 指示句のスーパーセットです。firstprivate 指示句のリストに指定されたすべての変数は、並列リージョンへ入る前のオリジナルの値を各インスタンスにコピーします。

簡単な使用法を示します。

リスト 9.9 ● firstprivate 指示句の使用例

```
#include <omp.h>
#include <stdio.h>

int main()
{
```

```
    int i;

    i=10;
    printf("並列リージョンに入る前, i=%3d\n",i);
    #pragma omp parallel firstprivate(i)
    {
        i++;
        printf("i=%3d\n",i);
    }
    printf("並列リージョンを出た後, i=%3d\n",i);

    return 0;
}
```

変数 i を firstprivate 指示句へ指定します。i はプライベート変数として扱われますが、並列処理に先立ち、直前の値がすべてのインスタンスへコピーされます。以降に実行例を示します。

```
並列リージョンに入る前, i= 10
i= 11
i= 11
並列リージョンを出た後, i= 10
```

並列リージョン内で i へ 1 加算し表示します。逐次リージョンの値が、並列リージョンの各インスタンスへ引き継がれていることが分かります。並列リージョン内の値は、逐次リージョンへは引き継がれません。このため、最後の表示は、以前の逐次リージョンの値が表示されます。

9.5.4 reduction 指示句

reduction 指示句は、1 つの演算子とリストを指定します。リストに指定したプライベート変数が各スレッドのインスタンスとして生成され、演算子に従って初期化されます。並列リージョンの終了後、オリジナル変数は指定された演算子に従って更新されます。以降に reduction 指示句の構文を示します。

> `reduction (operator:リスト)`

　reduction 指示句は、漸化計算のいくつかの形式を並列に実行するために使用します。リストに指定した変数は、あたかも private 指示句が使用されたかのように、各スレッドにインスタンスが生成されます。これらは演算子に従って初期化されます。reduction 指示句に対応するブロックの終わりで、変数は指定した演算子を使用してそれぞれのインスタンスと最終値の組み合わせによって更新されます。

表 9.1 ●演算子と初期値

operator	初期値
+	0
*	1
-	0
&	～0
|	0
^	0
&&	1
||	0

　簡単な使用法を示します。

リスト 9.10 ● reduction 指示句の使用例

```
#include <omp.h>
#include <stdio.h>

int main()
{
    int a[10]={1,2,3,4,5,6,7,8,9,10};
    int i, sum;

    sum=0;
    #pragma omp parallel for reduction(+:sum)
    for(i=0;i<10;i++)
    {
        sum+=a[i];
    }
```

9 並列化とキャッシュ

```
    printf("sum=%d¥n",sum);

    return 0;
}
```

sum は各スレッドで加算されます。このため reduction 指示句がないと、sum は配列 a の総和になりません。このように総和を求めるような処理には reduction 指示句が必要です。

```
sum=55
```

reduction 指示句がなくても、結果が 55 になることも少なくありません。演算が単純であり CPU 数が少ないと、変数へのアクセス競合が起きにくいためです。ただ、これは運が良かっただけであり、プログラムとしては誤りです。

第10章

水平演算

●●●

　配列の総和を求めるなど、水平方向の演算例を示します。並列化で問題となる漸化計算についても解説します。SIMD命令や並列化は、配列同士の演算（垂直演算）は得意ですが、配列自身の近接要素を相互に演算する演算（水平演算）は得意ではありません。本章では、そのような演算の高速化について解説します。

10 水平演算

10.1 配列の総和

　長大な1次元配列の各要素値の総和を求めるプログラムを高速化する方法を考えてみましょう。

■ 10.1.1 逐次処理

　まず、一般的な逐次処理で求めてみます。単に要素を加算していくだけですが、いくつかの方法があります。以降に、2つの例を示します。

図10.1 ●逐次処理の2つの例

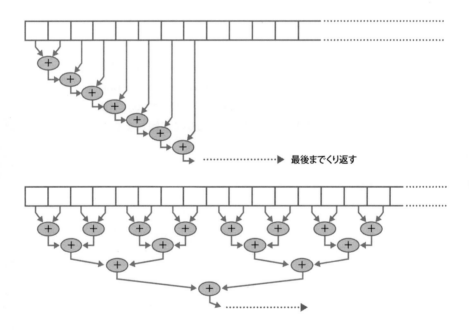

　他にも方法がありますが、ここでは、最も単純と思われる最初の図で示した方法で求めます。以降にソースリストを示します。

リスト 10.1 ●逐次処理で要素を加算していくプログラム

```c
#include <stdio.h>
#include <time.h>
#include <omp.h>

int
main()
{
    const int loop = 65536, n = 65536;
    float x[n], z;

    for (int i = 0; i < n; i++)
        x[i] = (float)0.0001f;

    clock_t startTime = clock();

    for (int j = 0; j < loop; j++)
    {
        z = 0;
        #pragma omp parallel for reduction(+:z)
        for (int i = 0; i < n; i++)
            z += x[i];
    }

    clock_t stopTime = clock();

    printf("z = %.4f¥n", z);

    float etime = (float)(stopTime - startTime) / CLOCKS_PER_SEC;
    printf("elapsed time = %15.7f sec¥n", etime);

    return 0;
}
```

本ソースコードはOpenMP用と共用です。ここではOpenMPを無効化しているので、次のリストと等価です。

リスト 10.2 ●逐次処理で要素を加算していくプログラム（OpenMPが無効な場合）

```c
#include <stdio.h>
#include <time.h>
```

10 水平演算

```
int
main()
{
    const int loop = 65536, n = 65536;
    float x[n], z;

    for (int i = 0; i < n; i++)
        x[i] = (float)0.0001f;

    clock_t startTime = clock();

    for (int j = 0; j < loop; j++)
    {
        z = 0;
        for (int i = 0; i < n; i++)
            z += x[i];
    }

    clock_t stopTime = clock();

    printf("z = %.4f\n", z);

    float etime = (float)(stopTime - startTime) / CLOCKS_PER_SEC;
    printf("elapsed time = %15.7f sec\n", etime);

    return 0;
}
```

　本プログラムは、配列に含まれる全要素を加算し、総和を変数zに求めます。まず、zを初期化した後、ひたすら配列xの各要素をzへ加算し、最後の要素まで続けます。

10.2 並列化

次に、コンパイルオプションで OpenMP を有効にし、for 文の内部が自動で並列化されるようにビルドします。ソースリストは最初に示したものと同じです。OpenMP を有効にしてビルドすると並列処理するプログラムが作られます。

逐次処理の場合、すべての処理を 1 つの CPU で順次行いますが、OpenMP を有効にして for 文を #pragma omp parallel for で並列化すると、for 文内（イテレータ）はスレッドとして起動されます。for 文のインデックス（この例では i）に特定の値を設定され、内部がスレッドとして起動されます。総和を求める z が reduction 指示句に指定されています。これを忘れると z に対するアクセス競合が発生し、正常な値は得られません。

逐次処理プログラムと、OpenMP を有効にして for 文が並列化されたプログラムをベンチマークします。グラフの縦軸単位は秒で、処理に要した時間を表します。高さが低いほど高速です。

図 10.2 ● ベンチマーク結果（CPU：Core i5）

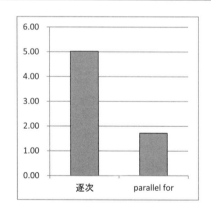

プログラム	処理時間 [秒]
逐次	5.0149999
parallel for	1.7190000

使用した CPU は 2 コア 4 スレッドです。十分高速化されていると考えて良さそうです。

10.3 ベクトル化

ベクトル化して（SIMD命令を使用して）高速化する方法を紹介します。

■ 10.3.1　128ビット

128ビットレジスタを使用するSSE命令を使うプログラムを紹介します。SSE命令を用いると、単精度浮動小数点数なら、同時に4要素を処理することが可能となります。以降に、SSE命令を使用したソースリストを示します。

リスト10.3 ● SSE命令で4要素ずつ加算を行うプログラム

```c
#include <stdio.h>
#include <time.h>
#include <immintrin.h>

int
main()
{
    const int loop = 65536, n = 65536;
    float x[n], z;

    for (int i = 0; i < n; i++)
        x[i] = (float)0.0001f;

    clock_t startTime = clock();

    for (int j = 0; j < loop; j++)
    {
        __m128 vz = _mm_setzero_ps();
        for (int i = 0; i < n; i += sizeof(vz) / sizeof(float))
        {
            __m128 vx = _mm_loadu_ps(&x[i]); // d0, d1, d2, d3
            vz = _mm_add_ps(vz, vx);
        }

        vz = _mm_hadd_ps(vz, vz); // d0+d1,       d2+d3,       d0+d1,       d2+d3
        vz = _mm_hadd_ps(vz, vz); // d0+d1+d2+d3, d0+d1+d2+d3, d0+d1+d2+d3, d0+d1+d2+d3
```

```
            _mm_store_ss(&z, vz);       // z=d0+d1+d2+d3
    }

    clock_t stopTime = clock();

    printf("z = %.4f¥n", z);

    float etime = (float)(stopTime - startTime) / CLOCKS_PER_SEC;
    printf("elapsed time = %15.7f sec¥n", etime);

    return 0;
}
```

for 文を使用し、1 回のループで配列の 4 要素単位で、総和を求めます。最後に、求めた 4 要素の総和を加算し、全体の総和を求めます。処理のイメージ図を次に示します。

図 10.3 ●処理のイメージ

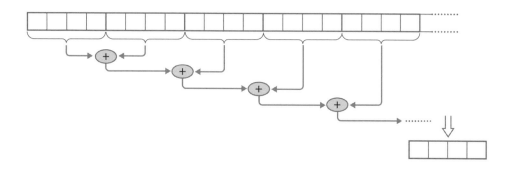

まず、総和を求める __m128 型のベクトル変数 vz を _mm_setzero_ps で初期化します。for ループで、1 回に 4 要素を処理します。このため、先のプログラムに比べループ回数は 1/4 に減ります。for 文の最後で i を増加させますが、単にインクリメントするのではなく「sizeof(vz) / sizeof(float)」分増加させます。

ループ内では、__m128 型の vx に _mm_loadu_ps で、配列 x から対応する 4 要素を読み込みます。次に、_mm_add_ps で vz へ vx を加算します。これによって、要素 x[i*n+0]、x[i*n+1]、x[i*n+2] そして [i*n+3] のそれぞれの総和を vz へ求めます。

全要素の処理が終わったら、vz に対して _mm_hadd_ps を 2 回実行します。

10 水平演算

図10.4 ● vz に対して _mm_hadd_ps を 2 回実行する

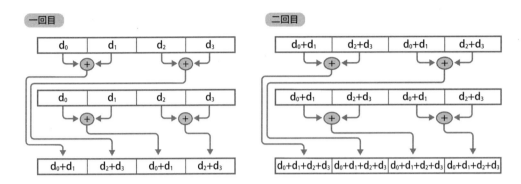

これによって、vz の全要素に総和が求まります。最後に、vz の最下位要素を _mm_store_ss で z へ書き込みます。

逐次処理プログラムと、SSE 命令でベクトル化したプログラムをベンチマークしてみます。本来なら 4 倍に高速化されても良いはずですが、約 3 倍しか高速化されていません。十分高速化されていますが、演算部分の負荷に対し、for 文の処理の負荷が高いのでしょう。

図10.5 ● ベンチマーク結果（CPU：Core i5）

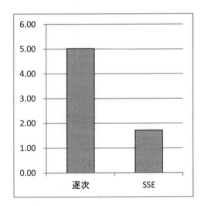

プログラム	処理時間［秒］
逐次	5.0149999
SSE	1.7190000

10.3.2　256ビット

前章で紹介した128ビットレジスタを使用するプログラムを、256ビットレジスタを使用するAVX命令へ拡張します。AVX命令を用いると、同時に8要素を処理することが可能となります。以降に、AVX命令を使用したソースリストの一部を示します。

リスト10.4 ● AVX命令で8要素ずつ加算を行うプログラム（抜粋）

```
    :
for (int j = 0; j < loop; j++)
{
    __m256 vz = _mm256_setzero_ps();
    for (int i = 0; i < n; i += sizeof(vz) / sizeof(float))
    {
        __m256 vx = _mm256_loadu_ps(&x[i]);  // d0, d1, d2, d3
                                             //    d4, d5, d6, d7
        vz = _mm256_add_ps(vz, vx);
    }

    vz = _mm256_hadd_ps(vz, vz);  // d0+d1,   d2+d3,   d0+d1,   d2+d3,
                                  //          d4+d5, d6+d7, d4+d5, d6+d7
    vz = _mm256_hadd_ps(vz, vz);  // d0+d1+d2+d3,  ←,   ←,   ←,
                                  //          d4+d5+d6+d7,  ←,   ←,   ←

    z = vz.m256_f32[0] + vz.m256_f32[4];    // d0+d1+d2+d3+d4+d5+d6+d7
}
    :
```

前節と同様のコードが多いため、異なる部分のみを示します。for文を使用し、1回のループで配列の8要素ずつ処理します。これによってvzの各要素に対応する総和が求まります。求まったvzの全要素を加算することによって、配列全体の総和が求まります。for文のループ回数は、配列の要素数を8で除算した回数です。ソースコード中では即値の8は使用せず、「sizeof(vz) / sizeof(float)」で求めます。

ループ内で、__m256型のvxに_mm256_loadu_psで、配列xから対応する8要素を読み込みます。次に、_mm256_add_psでvzへvxを加算します。これによって、要素x[i*n+0]、x[i*n+1]、……、x[i*n+7]のそれぞれの総和がvzへ格納されます。

vzには、以下に示すような各要素の総和が求まっています。

10 水平演算

$vz = \Sigma\ d0,\ \Sigma\ d1,\ \Sigma\ d2,\ \Sigma\ d3,\ \Sigma\ d4,\ \Sigma\ d5,\ \Sigma\ d6,\ \Sigma\ d7$

次の、`vz = _mm256_hadd_ps(vz, vz);` で、

$vz = \Sigma\ d0 + \Sigma\ d1,\ \Sigma\ d2 + \Sigma\ d3,\ \Sigma\ d0 + \Sigma\ d1,\ \Sigma\ d2 + \Sigma\ d3,$
$\Sigma\ d4 + \Sigma\ d5,\ \Sigma\ d6 + \Sigma\ d7,\ \Sigma\ d4 + \Sigma\ d5,\ \Sigma\ d6 + \Sigma\ d7$

が求まります。さらにもう 1 回 `vz = _mm256_hadd_ps(vz, vz);` を行うことで、

$\Sigma\ (d0+d1+d2+d3),\ \Sigma\ (d0+d1+d2+d3),\ \Sigma\ (d0+d1+d2+d3),\ \Sigma\ (d0+d1+d2+d3),$
$\Sigma\ (d4+d5+d6+d7),\ \Sigma\ (d4+d5+d6+d7),\ \Sigma\ (d4+d5+d6+d7),\ \Sigma\ (d4+d5+d6+d7)$

が vz に格納されます。最後に、`z = vz.m256_f32[0] + vz.m256_f32[4];` で、vz の要素 0 と 4 を加算します。これで配列 x の総和が z へ格納されます。

$z = \Sigma\ d$

`_mm256_hadd_ps` の動作を以降に示します。`_mm256_hadd_ps(a, b)` と指定したときの動作です。レジスタ形式で示すので、これまで示した図に対しメモリアドレスの左右が逆になっている点に留意してください。

図 10.6 ● _mm256_hadd_ps の動作

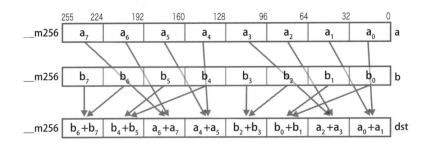

逐次処理プログラムと、AVX 命令でベクトル化したプログラムをベンチマークしてみます。理想値は 8 倍の高速化です。実測値は約 7.3 倍で、for 文のオーバーヘッドを考慮しても十分な結果が得られます。

図 10.7 ● ベンチマーク結果（CPU：Core i5）

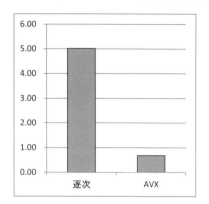

プログラム	処理時間［秒］
逐次	5.0149999
AVX	0.6830000

10.4 並列化とベクトル化の融合

　先の 128 ビットと 256 ビットのベクトル化したプログラムを、さらに並列化してみましょう。並列化は OpenMP を使用します。このような配列自身の総和を求める場合、総和を求める変数は排他的にアクセスしなければなりません。そこで、「parallel for」ではなく「parallel sections」を使用し、並列化は 2 つに留めました。

　以降に、SSE 命令を使用し、配列を 2 つに分けて並列処理したソースリストの一部を示します。これまで示した方法と基本的に変わりはないので、簡略化して示します。

リスト 10.5 ● 128 ビットの例を並列化（抜粋）

```
#pragma omp parallel sections
{
    #pragma omp section
    {
        __m128 vz = _mm_setzero_ps();
        for (int i = 0; i < n / 2; i += sizeof(vz) / sizeof(float))
        {
            __m128 vx = _mm_loadu_ps(&x[i]);    // d0, d1, d2, d3
            vz = _mm_add_ps(vz, vx);
```

10 水平演算

```
        }

        vz = _mm_hadd_ps(vz, vz);    // d0+d1, d2+d3, d0+d1, d2+d3
        vz = _mm_hadd_ps(vz, vz);    // d0+d1+d2+d3, d0+d1+d2+d3,
                                     //   d0+d1+d2+d3, d0+d1+d2+d3

        _mm_store_ss(&z0, vz);       // z=d0+d1+d2+d3
    }
    #pragma omp section
    {
        __m128 vz = _mm_setzero_ps();
        for (int i = n / 2; i < n; i += sizeof(vz) / sizeof(float))
        {
            __m128 vx = _mm_loadu_ps(&x[i]);    // d0, d1, d2, d3
            vz = _mm_add_ps(vz, vx);
        }

        vz = _mm_hadd_ps(vz, vz);    // d0+d1, d2+d3, d0+d1, d2+d3
        vz = _mm_hadd_ps(vz, vz);    // d0+d1+d2+d3, d0+d1+d2+d3,
                                     //   d0+d1+d2+d3, d0+d1+d2+d3

        _mm_store_ss(&z1, vz);       // z=d0+d1+d2+d3
    }
}
z = z0 + z1;
```

基本的に前節のプログラムと同じです。異なるのは、OpenMPを利用し、配列を2分割し並列動作させる点です。以降に、並列化する前のプログラムの動作と、OpenMPのsectionsを使用して2つに分けて並列化したプログラムの動作の概念図を示します。

図 10.8 ●プログラムの動作

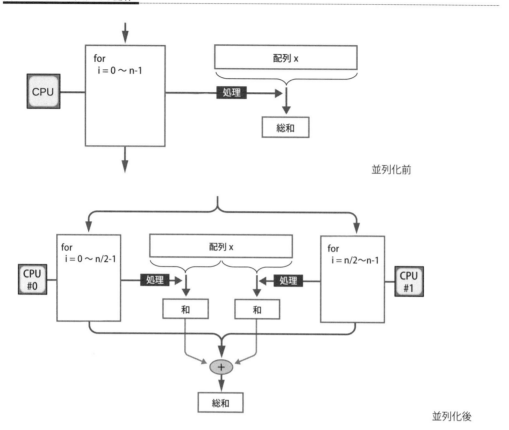

逐次処理プログラムと本プログラムをベンチマークしてみます。理想値は、「4 要素×2 並列」で 8 倍の高速化です。8 倍の速度向上は見られませんでしたが、実測値で約 6.6 倍は、各種オーバーヘッドを考慮しても十分な結果が得られたと考えて良いでしょう。

10 水平演算

図10.9 ●ベンチマーク結果（CPU：Core i5）

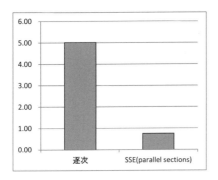

プログラム	処理時間［秒］
逐次	5.0149999
SSE（parallel sections）	0.7560000

　同様に256ビットの例も並列化してみましょう。先ほどと同様に、「parallel for」ではなく「parallel sections」を使用し、並列化は2つに留めました。以降に、AVX命令を使用し、配列を2つに分けて並列処理したソースリストの一部を示します。

リスト10.6 ● 256ビットの例を並列化（抜粋）

```
#pragma omp parallel sections
{
    #pragma omp section
    {
        __m256 vz = _mm256_setzero_ps();
        for (int i = 0; i < n / 2; i += sizeof(vz) / sizeof(float))
        {
            __m256 vx = _mm256_loadu_ps(&x[i]);      // d0, d1, d2, d3
                                                     //    d4, d5, d6, d7
            vz = _mm256_add_ps(vz, vx);
        }
        vz = _mm256_hadd_ps(vz, vz);    // d0+d1,   d2+d3,   d0+d1,   d2+d3
                                        //          d4+d5,   d6+d7,   d4+d5,   d6+d7
        vz = _mm256_hadd_ps(vz, vz);    // d0+d1+d2+d3,  ←,   ←,   ←,
                                        //               d4+d5+d6+d7,  ←,   ←,   ←
        z0 = vz.m256_f32[0] + vz.m256_f32[4];    // d0+d1+d2+d3+d4+d5+d6+d7
    }
    #pragma omp section
    {
        __m256 vz = _mm256_setzero_ps();
        for (int i = n / 2; i < n; i += sizeof(vz) / sizeof(float))
```

```
        {
            __m256 vx = _mm256_loadu_ps(&x[i]);     // d0, d1, d2, d3
                                                    //     d4, d5, d6, d7
            vz = _mm256_add_ps(vz, vx);
        }

        vz = _mm256_hadd_ps(vz, vz);    // d0+d1,   d2+d3,   d0+d1,   d2+d3,
                                        //          d4+d5,   d6+d7,   d4+d5,   d6+d7
        vz = _mm256_hadd_ps(vz, vz);    // d0+d1+d2+d3,  ←,    ←,    ←,
                                        //              d4+d5+d6+d7, ←,   ←,   ←

        z1 = vz.m256_f32[0] + vz.m256_f32[4];       // d0+d1+d2+d3+d4+d5+d6+d7
    }
}
z = z0 + z1;
```

基本的に直前と同じです。同時に処理していたデータ長が128ビットから256ビットに変わる点だけです。

逐次処理プログラムと、本プログラムをベンチマークしてみます。理想値は「8要素×2並列」で16倍の高速化です。実測値は約10.6倍に留まりました。意外と性能向上が高くありません。各種オーバーヘッドが大きいのでしょう。期待値を満足しないと言っても、逐次処理の10倍も高速なので、十分な結果が得られたと言って良いでしょう。

図10.10 ●ベンチマーク結果（CPU：Core i5）

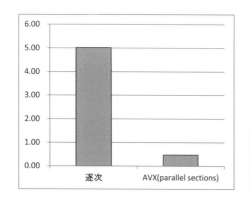

プログラム	処理時間［秒］
逐次	5.0149999
AVX（parallel sections）	0.4710000

10 水平演算

10.5 最大値

長大な1次元配列に含まれる全要素値から最大値を探す方法を考えてみましょう。

■ 10.5.1 逐次処理

長大な1次元配列に、ある波形をサンプリングした値が格納されているとします。以降に、配列に含まれる値を視覚化した図を示します。

図10.11 ●サンプリングした波形

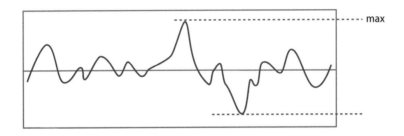

まず、一般的な逐次処理で求めてみます。初期値に、取り得る値の最低値を格納した変数を用意します。そして、先頭から順に比較して大きな値が現れたら、その値を現在値にして最後まで比較を繰り返すのが簡単でしょう。以降に、そのような処理方法を採用したソースリストを示します。

リスト10.7 ●逐次処理で最大値を求めるプログラム

```
#include <stdio.h>
#include <stdlib.h>
#include <time.h>
#include <float.h>

#define max(a,b)  (((a)>(b))?(a):(b))

float frand(void)
{
```

```c
    float f = (float)rand() / RAND_MAX;
    return (float)((f - .5)* (FLT_MAX - FLT_MIN));
}

int
main()
{
    const int loop = 65536, n = 65536;
    float x[n], z = FLT_MIN;

    for (int i = 0; i < n; i++)
        x[i] = frand();

    clock_t startTime = clock();

    for (int j = 0; j < loop; j++)
    {
        for (int i = 0; i < n; i++)
            z = max(z, x[i]);
    }

    clock_t stopTime = clock();

    float etime = (float)(stopTime - startTime) / CLOCKS_PER_SEC;
    printf("elapsed time = %15.7f sec¥n", etime);

    return 0;
}
```

　本プログラムは、配列に含まれる全要素を検査し、最大値を変数 z に求めます。まず、配列 x にランダムな値を格納します。ランダムな値は frand 関数で生成します。

　z を単精度浮動小数点数が取り得る最小値で初期化します。そして、for 文を使用して配列 x の各要素と z を比較し、z より大きな値が見つかったら z へ格納します。比較は max マクロを定義して処理します。

図10.12 ●各要素と比較する様子

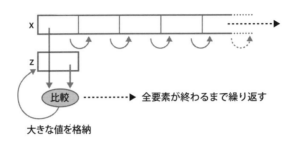

■ 10.5.2　並列化

　コンパイルオプションでOpenMPを有効にし、for文の内部を自動で並列化するのも良いのですが、使用したコンパイラはOpenMPのバージョンが2.0でした。このため、`#pragma omp parallel for`の**reduction指示句**にmaxを指定できません。もし、**reduction指示句**のoperatorにmaxが許されれば、以下のように記述できます。

```
    ︙
    for (int j = 0; j < loop; j++)
    {
        #pragma omp parallel for reduction(max:z)
        for (int i = 0; i < n; i++)
            z = max(z, x[i]);
    }
    ︙
```

　残念ながら、使用したコンパイラのOpenMPバージョンが低かったため、「parallel for」で並列化するのは諦めました。比較する部分をcriticalなどで処理すれば「parallel for」で並列化できます。しかし、それでは並列化の意味はありません。criticalを使用すると、forループ内は並列では動作しないため、単にオーバーヘッドが増大するだけでしょう。

■ 10.5.3　ベクトル化

　256ビットレジスタを使用するAVX命令を使うプログラムを紹介します。AVX命令を用いると、単精度浮動小数点数なら同時に8要素を処理することが可能となります。以降に、

AVX命令を使用したソースリストを示します。

リスト 10.8 ● AVX 命令を使用して最大値を求めるプログラム

```c
#include <stdio.h>
#include <stdlib.h>
#include <time.h>
#include <float.h>
#include <immintrin.h>

#define max(a,b) (((a)>(b))?(a):(b))

float frand(void)
{
    float f = (float)rand() / RAND_MAX;
    return (float)((f - .5)* (FLT_MAX - FLT_MIN));
}

bool verify(const float x[], const int length, const float z)
{
    float verifyZ = FLT_MIN;

    for (int i = 0; i < length; i++)
        verifyZ = max(verifyZ, x[i]);

    return (z == verifyZ);
}

int
main()
{
    const int loop = 65536, n = 65536;
    float x[n], z = FLT_MIN;

    for (int i = 0; i < n; i++)
        x[i] = frand();

    clock_t startTime = clock();

    for (int j = 0; j < loop; j++)
    {
        __m256 vz = _mm256_broadcast_ss((const float*)&z);
        for (int i = 0; i < n; i += sizeof(vz) / sizeof(float))
        {
```

```
            __m256 vx = _mm256_loadu_ps(&x[i]);
            vz = _mm256_max_ps(vz, vx);
        }
        for (int i = 0; i < sizeof(vz) / sizeof(vz.m256_f32[0]); i++)
            z = max(z, vz.m256_f32[i]);
    }

    clock_t stopTime = clock();

    if (!verify(x, n, z))
        printf("error: z = %.4f¥n", z);

    float etime = (float)(stopTime - startTime) / CLOCKS_PER_SEC;
    printf("elapsed time = %15.7f sec¥n", etime);

    return 0;
}
```

for 文を使用し、1 回のループで配列の 8 要素ずつ処理します。AVX 命令を C++ ソース上に直接記述できないため、イントリンシックを使用します。処理のイメージ図を次に示します。

図 10.13 ●処理のイメージ

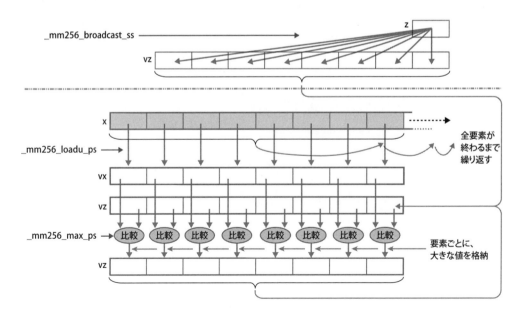

まず、単精度浮動小数点数の最小値で初期化されたzをベクトル変数vzへ_mm256_broadcast_ssで設定します。vzは__m256型の変数です。これは256ビットで、floatが8要素パックされています。_mm256_broadcast_ssで、すべての要素に単精度浮動小数点数の最小値が格納されます。

forループは1回に8要素を処理するため、逐次プログラムに比べループ回数は1/8に減ります。for文の最後でiを増加させますが、単にインクリメントするのではなく「sizeof(va) / sizeof(float)」分増加させます。ループ内ではまず、__m256型のvxに_mm256_loadu_psで配列xから対応する8要素を読み込みます。次に、_mm256_max_psでvzとvxを比較し、大きな値をvzへ求めます。_mm256_max_psを使用すると、各要素の比較はそれぞれ独立して処理されます。

最後に、vzに求めた8個の値から最も大きな値をzへ抜き出します。これが配列に含まれる最大値です。vzの各要素から最大値を求めるのは最後に1回行うだけなので、通常のC言語で記述します。

逐次処理プログラムとベクトル化したプログラムをベンチマークします。グラフの縦軸単位は秒で、処理に要した時間を表します。本来なら8倍に高速化されても良いはずですが、3倍ほどしか高速化されません。

図10.14 ●ベンチマーク結果（CPU：Core i5）

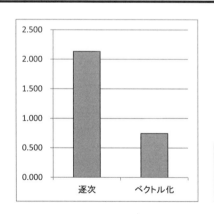

プログラム	処理時間［秒］
逐次	2.1350000
ベクトル化	0.7440000

10.5.4 イントリンシックの解説

本節で使用した主要なイントリンシックの説明を行います。

_mm256_max_ps

パックド単精度浮動小数点値の最大値を特定します。指定された2つのパックド単精度浮動小数点数の対応する要素から、大きい値をディスティネーションオペランドへ格納します。

構文

```
__m256 _mm256_max_ps(__m256 a, __m256 b)
```

引数

a　　8つのパックド単精度浮動小数点値。
b　　8つのパックド単精度浮動小数点値。

返却値

比較演算で得られた最大値。

解説

aで指定された8つのパックド単精度浮動小数点値とbで指定された8つのパックド単精度浮動小数点値をそれぞれ要素ごとに比較し、値の大きい方をディスティネーションオペランドへ格納します。

動作概要図

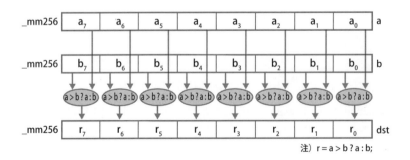

対応するSIMD命令

VMAXPS

■ 10.5.5　並列化とベクトル化の融合

　先のベクトル化したプログラムを、さらに並列化してみましょう。並列化は OpenMP を使用します。ただ、このような配列内の最大値を求める場合、排他的に処理されなければなりません。そこで、「parallel for」ではなく「parallel sections」を使用し、並列化は 2 つに留めました。

　以降に、AVX 命令を使用し、配列を 2 つに分けて並列処理したソースリストの一部を示します。

リスト 10.9 ● AVX 命令を使用し、配列を 2 つに分けて並列処理で最大値を求めるプログラム

```c
#include <stdio.h>
#include <stdlib.h>
#include <time.h>
#include <float.h>
#include <omp.h>
#include <immintrin.h>

#define max(a,b)  (((a)>(b))?(a):(b))

float frand(void)
{
    float f = (float)rand() / RAND_MAX;
    return (float)((f - .5)* (FLT_MAX - FLT_MIN));
}

bool verify(const float x[], const int length, const float z)
{
    float verifyZ = FLT_MIN;

    for (int i = 0; i < length; i++)
        verifyZ = max(verifyZ, x[i]);

    return (z == verifyZ);
}

int
main()
{
    const int loop = 65536, n = 65536;
    float x[n], z0, z1, z = FLT_MIN;
```

```c
    for (int i = 0; i < n; i++)
        x[i] = frand();

    clock_t startTime = clock();

    for (int j = 0; j < loop; j++)
    {
        #pragma omp parallel sections
        {
            #pragma omp section
            {
                __m256 vz = _mm256_broadcast_ss(&z);
                for (int i = 0; i < n / 2; i += sizeof(vz) / sizeof(float))
                {
                    __m256 vx = _mm256_loadu_ps(&x[i]);
                    vz = _mm256_max_ps(vz, vx);
                }
                for (int i = 0; i < sizeof(vz) / sizeof(vz.m256_f32[0]); i++)
                    z0 = max(z0 , vz.m256_f32[i]);
            }
            #pragma omp section
            {
                __m256 vz = _mm256_broadcast_ss(&z);
                for (int i = n / 2; i < n; i += sizeof(vz) / sizeof(float))
                {
                    __m256 vx = _mm256_loadu_ps(&x[i]);
                    vz = _mm256_max_ps(vz, vx);
                }
                for (int i = 0; i < sizeof(vz) / sizeof(vz.m256_f32[0]); i++)
                    z1 = max(z1 , vz.m256_f32[i]);
            }
        }
    }
    z = max(z0, z1);

    clock_t stopTime = clock();

    if (!verify(x, n, z))
        printf("error: z = %.4f\n", z);

    float etime = (float)(stopTime - startTime) / CLOCKS_PER_SEC;
    printf("elapsed time = %15.7f sec\n", etime);
```

```
    return 0;
}
```

基本的に先の例と同じです。異なるのは、OpenMPのsectionsを使用し、配列を2分割し並列動作させる点です。逐次処理と並列処理の概要図を次に示します。

図10.15 ●逐次処理と並列処理の概要

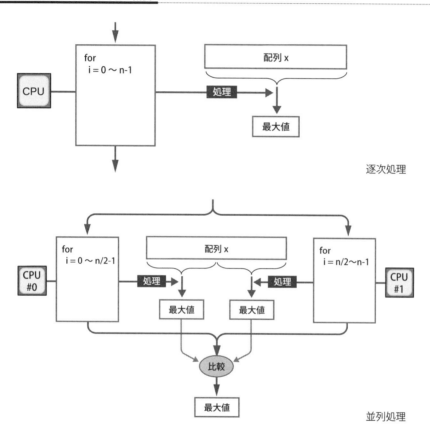

並列化したプログラムではベクトル化も行っているので、得られた最大値は8つのパックド単精度浮動小数点値が2つです。それぞれから最大値を$z0$と$z1$に求めます。すべての処理が終わった後に両者の最大値を比較し、真の最大値をzに求めます。

逐次処理プログラムと本プログラムをベンチマークしてみます。理想値は、「4要素×2並列」で、8倍の高速化です。実測値で約4.6倍でした。各種オーバーヘッドを考慮しても十

分な結果が得られたと考えて良いでしょう。

図10.16 ●ベンチマーク結果（CPU：Core i5）

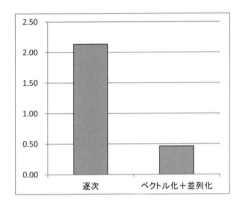

プログラム	処理時間［秒］
逐次	2.1350000
ベクトル化＋並列化	0.4620000

　今回は配列内の最大値を求めましたが、最小値や最大振幅も同様の方法で求めることが可能です。

第11章

フィルタ

●●●

　1次元配列の積和を行うプログラムは、少し工夫するだけでデジタルフィルタへ書き換えることができます。本章では、これまでのプログラムを応用してデジタルフィルタを開発します。科学技術計算などでは、行列の演算や、このような積和をひたすら繰り返す作業は頻繁に発生します。少しの最適化で大きな効果を得られる場合もあります。

11.1 積和でフィルタ

　一般的なデジタルフィルタ（FIR）を、逐次プログラム、並列化したプログラム、ベクトル化したプログラム、そしてこれらを融合して開発し、何が高速化に貢献するか考察します。本節で開発するプログラムを、図で一般のフィルタ形式にしたものを示します。タップ数（係数の数）を変更し、タップ数と高速化手法の関係も考察してみましょう。

図11.1 ●本節で開発するプログラムの概要

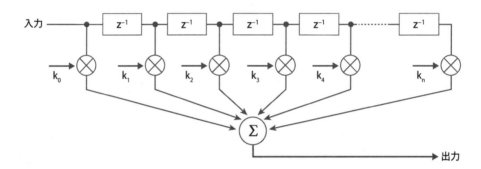

　そもそもFIRは、周波数軸に対する操作です。真面目にFIRを時間軸で記述するより、データを周波数軸に対して処理すれば、演算量を大幅に削減できるはずです。そこでFFTを使用した例も示し、ミクロな点に着目した高速化と、アルゴリズム変更に着目した高速化について考察します。

11.1.1 逐次

　まず、単純なC++言語で記述したプログラム例を紹介します。上図を単純にC/C++言語で記述するだけです。単純ですが、1つの結果を得るために係数分の積和が必要です。このため、処理時間は係数が多くなるに従い非常に長くなります。

　フィルタ自体には特定の機能を持たせず、データも係数も外部からテキスト形式で受け取ります。少し余計な処理を行っていますが、それはSIMD命令が扱うのに都合の良い長さにデータを調整している点です。この処理は本節で紹介するプログラムには不要な処理です。

しかし、後述する高速化したプログラムと統一するため追加しました。これによって、フィルタ特性に影響が出ないように、データ長が SIMD 命令の扱うデータ長に不足した場合、付加するデータは結果として使用しません。付加するデータには 0 を設定し、結果に影響が出ないように工夫します。以降に、ソースリストを示します。

リスト 11.1 ●単純なフィルタプログラム

```
#define _CRT_SECURE_NO_WARNINGS
#include <stdio.h>
#include <omp.h>
#include "../Class/Cpfm.h"

//-----------------------------------------------------------------------
//  マクロの宣言
#define SP_DELETE(p)         if(p) { delete p; p=NULL;}

//-----------------------------------------------------------------------
//countLines
int
countLines(const char* fname)
{
    FILE  *fp;
    float d;

    if ((fp = fopen(fname, "rt")) == NULL)
        throw "ファイルをオープンできません.";

    int count = 0;
    while (fscanf(fp, "%f", &d) == 1)
        count++;

    fclose(fp);

    if (count <= 0)
        throw "ファイルの読み込み失敗.";

    return count;
}

//-----------------------------------------------------------------------
//countLines
int
```

11 フィルタ

```cpp
adjustAlignment(const int length, const int align)
{
    int lengthOfAlignment = length%align ?
        ((length / align) + 1)*align : length;

    return lengthOfAlignment;
}

//-------------------------------------------------------------------------
//readAndZeropad
//
// data read and padding zero
void
readAndZeropad(const char* fname, float d[],
                                const int orgLength, const int length)
{
    FILE *fp;

    if ((fp = fopen(fname, "rt")) == NULL)
        throw "ファイルをオープンできません。";

    for (int i = 0; i < orgLength; i++)
        fscanf(fp, "%f", &d[i]);

    fclose(fp);

    for (int i = orgLength; i < length; i++)
        d[i] = 0.0f;
}

//-------------------------------------------------------------------------
//main
int
main(int argc, char* argv[])
{
    float *d = NULL, *k = NULL, *z = NULL;
    int dLength, kLength, dOrgLength, kOrgLength;
    const int ALIGN = 32;
    Cpfm spCpfm;

    try
    {
        if (argc != 3)
            throw "<データファイル名> <係数ファイル名> を指定してください。";
```

11.1 積和でフィルタ

```
            char* dName = argv[1];
            char* kName = argv[2];

            kOrgLength = countLines(kName);
            kLength = adjustAlignment(kOrgLength, ALIGN);
            dOrgLength = countLines(dName);
            dLength = adjustAlignment(dOrgLength, ALIGN);

            d = new float[dLength];                          // 入力用メモリ割付
            k = new float[kLength];                          // データ用メモリ割付
            z = new float[dLength];                          // 処理結果格納用メモリ割付

            readAndZeropad(kName, k, kOrgLength, kLength);   // 係数読込，  w/ zeropad
            readAndZeropad(dName, d, dOrgLength, dLength);   // データ読込, w/ zeropad

            spCpfm.getTime();                                // 計測開始

            #pragma omp parallel for
            for (int n = 0; n < dLength - kLength; n++)      // fir実行
            {
                z[n] = (float)0.0;
                for (int m = 0; m < kLength; m++)
                    z[n] += (k[m] * d[n + m]);
            }

            spCpfm.getTime();                                // 計測終了
            spCpfm.printTime();                              // 処理時間表示

            for (size_t n = 0; n < dOrgLength; n++)          // 結果出力
                printf("%12.4f¥n", z[n]);
        }
        catch (char *str)
        {
            fputs(str, stderr);
        }

        SP_DELETE(d);                                        // メモリ解放
        SP_DELETE(k);
        SP_DELETE(z);

        return 0;
    }
```

11 フィルタ

このソースコードは並列化（OpenMP）と共用するため、OpenMP の pragma も含まれています。いくつかの関数は、他のプログラムにも現れるので、ここに表にまとめます。

表 11.1 ●関数

関数	説明
int countLines(　const char* fname)	テキストファイルの行数をカウントします。
int adjustAlignment(　const int length, 　const int align)	引数 length を、引数 align に合わせて、長さのアライメント調整を行います。
void readAndZeropad(　const char* fname, 　float d[], 　const int orgLength, 　const int length)	テキストファイルに格納されている数値データを float 配列に読み込みます。そして、残りの要素（length – orgLength）に 0 をパディングします。 引数 　fname：テキストファイル名 　d：float 配列 　orgLength：テキストファイルに含まれるデータ数 　length：d の配列長

さて、main 関数を順に説明します。まず、引数の数をチェックします。適切な引数が与えられていない場合、使用法を throw して例外を発生させます。例外が発生すると catch ステートメントで捕らえられ、コンソールにメッセージとして表示されます。

countLines 関数で、データファイルと係数ファイルの行数をカウントします。この値を、adjustAlignment 関数を使用し、アライメントを第 2 引数に合わせます。この例では、SIMD 命令に適合するように長さを調整します。本プログラムでは、このようなアライメントの調整は不要ですが、ベクトル化したプログラムと同一コードを使用したいので、このような調整を行います。adjustAlignment 関数が返した値を使用して、データ用、係数用、処理結果用の float 配列を割り付けます。

readAndZeropad 関数を使用し、データと係数を float 配列へ読み込むとともに、末尾の要素にゼロパディングを行います。これでフィルタ処理の準備ができました。処理に入る前に、Cpfm クラスのオブジェクトである spCpfm の getTime メソッドで、現在時間を取得します。Cpfm クラスについては後述します。

続く for ループは、最初に示したデジタルフィルタの図そのものです。短い行数ですが、1 つの解を求めるのに、係数分の積和を行わなければなりません。係数が長くなるほど飛躍的に演算量が増加します。

処理が終わったら、処理に要した時間を表示した後、結果を stdout へ出力します。データ

をファイルに保存したい場合、リダイレクトしてください。最後に、確保したメモリを破棄します。

メモリ（オブジェクト）の削除に SP_DELETE を使用しています。これはファイルの先頭で定義したマクロです。すでに削除したオブジェクトを誤って再び削除しないようにマクロで定義しました。SP_DELETE は、オブジェクトが NULL でないか検査し、NULL でないときだけ delete します。そして、オブジェクトのポインタに NULL を設定します。このようにしておくと、すでに削除したオブジェクトに delete を再発行することを避けることができます。また、このマクロを使用すると、削除済みのオブジェクトへのポインタは必ず NULL に設定されます。本マクロを使用する際は、オブジェクトのポインタを宣言するときに、初期値として NULL を設定してください。

11.1.2 並列化

先ほどのプログラムを並列化します。並列化にはいくつもの手法がありますが、これまでのように手軽に使用できる OpenMP を採用します。すでに先のソースコードは OpenMP に対応しているので、OpenMP のオプションを有効にしてリビルドするだけです。

逐次処理プログラムと並列化を行ったプログラムをベンチマークします。以降に、データの条件を示します。

表 11.2 ●データの条件

項目	データ数
入力データ数	9,850,176
係数の数	8,191

並列化するのは係数分のループ部分です。係数のデータ量が比較的少ないため、それほど性能向上していません。係数の数が多くなるほど高速化が期待できるでしょう。

図 11.2 ●ベンチマーク結果（CPU：Core i5）

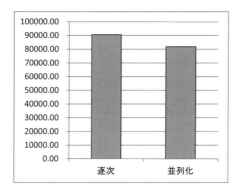

プログラム	処理時間［ミリ秒］
逐次	90592.097
並列化	81814.710

■ 11.1.3　実行方法

　プログラムの実行方法は、プログラムに続きデータファイル名と係数ファイル名を指定します。処理結果は stdout に表示されます。ここで使用したデータファイルは、0［Hz］〜 20［kHz］の信号を、44.1［kHz］でサンプリングしたもので、サンプリングビット数は 16 ビットです。この値が浮動小数点形式（実数）のテキストで格納されています。係数も同様に浮動小数点形式のテキストで格納されています。係数には、カットオフ周波数 5［kHz］の FIR フィルタ係数を与えます。まず、処理に使用したデータファイルの一部を示します。

リスト 11.2 ●データファイル（一部）

```
       :
   -953.0000
   -888.0000
   -645.0000
   -437.0000
   -215.0000
   -130.0000
   -142.0000
   -165.0000
   -357.0000
   -538.0000
   -677.0000
   -916.0000
  -1041.0000
```

```
  -1081.0000
  -1019.0000
     ⋮
```

以降に 5［kHz］以下を通すフィルタの係数を示します。タップ数 = 31、カットオフ周波数 = 5000［Hz］です。

リスト 11.3 ● 5 kHz 以下を通すフィルタの係数

```
-0.0016167912325660463
-0.0010676190201608530
 0.0004783499447079797
 0.0034209219719891757
 0.0067181644741917505
 0.0073518454492776110
 0.0017993777710573224
-0.0107942038062843160
-0.0257423136726325430
-0.0327711419303010070
-0.0200019002795680450
 0.0194261289766270400
 0.0816712906186884800
 0.1511987335451436300
 0.2059674617807305300
 0.2267573696145124300
 0.2059674617807305300
 0.1511987335451436300
 0.0816712906186884800
 0.0194261289766270400
-0.0200019002795680450
-0.0327711419303010070
-0.0257423136726325430
-0.0107942038062843160
 0.0017993777710573224
 0.0073518454492776110
 0.0067181644741917505
 0.0034209219719891757
 0.0004783499447079797
-0.0010676190201608530
-0.0016167912325660463
```

コマンドの指定例を示します。引数には、データファイルと係数ファイルを指定します。
出力は長大になる可能性が高いのでリダイレクトするのが良いでしょう。

コマンド指定例

```
fir  foo.txt  bar.txt  > baz.txt
```

構文

プログラム名　データファイル名　係数ファイル名　【>　リダイレクト先】

■ 11.1.4　Cpfm クラス

　時間計測に使用した Cpfm クラスを説明します。本書の主目的ではないため、クラスのコードは簡略化して記述します。コンストラクタで LARGE_INTEGER の配列 liTime を割り付けます。要素数は 10 固定です。このため、このクラスは 10 個の時間しか保持できません。本格的なクラスに作り直したいなら、時間を保持する変数を動的に確保し、保持できる時間の上限を設けないようにすると良いでしょう。

　getTime メソッドを呼び出すたびに、QueryPerformanceCounter API を使用し時間を取得し、配列 liTime へ格納します。

　printTime メソッドで、取得した各時間の値、ならびに総時間を表示します。計測した時間が 2 つしかない場合、開始と終了の時間差しか表示しません。getTime の呼び出しを複数回行えば途中の経過時間も表示します。複雑な処理のプロファイリングを行いたい場合、便利に利用できるでしょう。

リスト 11.4 ● Cpfm クラス

```
#ifndef spCpfmh
#define spCpfmh

#include <windows.h>

//------------------------------------------------------------
// クラス
```

```
class Cpfm
{

private:
    int         counter;
    const static int   maxCounter = 10;
    LARGE_INTEGER   *liTime;


public:
    Cpfm(void)                              // コンストラクタ
    {
        liTime = new LARGE_INTEGER[maxCounter];
        counter = 0;
    }

    virtual ~Cpfm(void)                     // デストラクタ
    {
        delete[] liTime;
    }



    //-------------------------------------------------------
    // get current counter
    void getTime(void)
    {
        if (counter >= maxCounter)
            throw "counter overflow <Cpfm>!";

        QueryPerformanceCounter(&(liTime[counter]));
        counter++;
    }



    //-------------------------------------------------------
    // print time
    void printTime(void)
    {
        LARGE_INTEGER   liFreq;
        QueryPerformanceFrequency(&liFreq);

        if (counter > 2)
```

```
            {
                for (int i = 1; i < counter; i++)
                {
                    fprintf(stderr, "%d: time = %16.9lf[ms]\n", i,
                        1000.0*(double)(liTime[i].QuadPart
                        - liTime[i - 1].QuadPart) / liFreq.QuadPart);
                }
            }
            fprintf(stderr, "total    = %16.9lf[ms]\n",
                1000.0*(double)(liTime[counter - 1].QuadPart
                - liTime[0].QuadPart) / liFreq.QuadPart);
        }
};
//---------------------------------------------------------------------------
#endif
```

時間計測を正確に行いたい場合、本クラスは考察の余地があります。本書で行うベンチマークは、大まかな傾向を掴むだけで十分なため、Windows APIを利用しました。

■ 11.1.5　ベクトル化

並列化ですが、さほど高速化されません。これは係数が比較的少ないためでしょう。デジタルフィルタとしてタップ数8191は十分に多いと思われますが、並列化で効果を得るには十分とは言えないでしょう。本節では、ベクトル化を行ってみます。

ベクトル化すると、積和を行うときに同時に複数の要素を処理し、演算の回数を減らすことができます。ここでは256ビットレジスタを使用するAVX命令を使うプログラムを紹介します。AVX命令を用いると、1回に8要素を処理することが可能となります。以降に、AVX命令を使用したソースリストを示します。前節で説明した共通関数などは省略し、一部を示します。

リスト11.5 ● AVX命令を使用してベクトル化したフィルタプログラム（抜粋）

```
#define _CRT_SECURE_NO_WARNINGS
#include <stdio.h>
#include <omp.h>
#include <immintrin.h>
#include "../Class/Cpfm.h"
```

11.1 積和でフィルタ

```cpp
//-------------------------------------------------------------------
// マクロの宣言
#define SP_DELETE(p)         if(p) { delete p; p=NULL;}
#define SP_MM_FREE(p)        if(p) { _mm_free(p); p=NULL;}

  ⋮

//-------------------------------------------------------------------
//main
int
main(int argc, char* argv[])
{
    float *d = NULL, *k = NULL, *z = NULL;
    int dLength, kLength, dOrgLength, kOrgLength;
    const int ALIGN = 32;
    Cpfm spCpfm;

    try
    {
        if (argc != 3)
            throw "<データファイル名> <係数ファイル名> を指定してください。";

        char* dName = argv[1];
        char* kName = argv[2];

        kOrgLength = countLines(kName);
        kLength = adjustAlignment(kOrgLength, ALIGN);
        dOrgLength = countLines(dName);
        dLength = adjustAlignment(dOrgLength, ALIGN);

        d = new float[dLength];                             // 入力用メモリ割付
        //k = new float[kLength];                           // データ用メモリ割付
        k = (float *)_mm_malloc(sizeof(float)* kLength, ALIGN);
        z = new float[dLength];                             // 処理結果格納用メモリ割付

        readAndZeropad(kName, k, kOrgLength, kLength);      // 係数読込,   w/ zeropad
        readAndZeropad(dName, d, dOrgLength, dLength);      // データ読込, w/ zeropad

        spCpfm.getTime();                                   // 計測開始

        #pragma omp parallel for
        for (int n = 0; n < dLength - kLength; n++)         // fir実行
        {
            __m256 sumZ = _mm256_setzero_ps();
```

```
            for (size_t m = 0; m < kLength; m += ALIGN / sizeof(float))
            {
                __m256 kk    = _mm256_load_ps(k + m);        // k0, k1, k2, k3,
                                                             //   k4, k5, k6, k7
                __m256 dd    = _mm256_loadu_ps(d + n + m);   // d0, d1, d2, d3,
                                                             //   d4, d5, d6, d7
                __m256 mulZ  = _mm256_mul_ps(kk, dd);        // z0, z1, z2, z3, z4,
                                                             //   z5, z6, z7 (z=k*d)
                sumZ = _mm256_add_ps(sumZ, mulZ);            // z += (k * d) [8vector]
            }
                        // z0+z1, z2+z3, z0+z1, z2+z3, z4+z5, z6+z7, z4+z5, z6+z7
            sumZ = _mm256_hadd_ps(sumZ, sumZ);
                        // z0+z1+z2+z3, <-,   <-,   <-,   z4+z5+z6+z7, <-,   <-,   <-
            sumZ = _mm256_hadd_ps(sumZ, sumZ);
            //z[n] = min(32767.0f, max(tmpZ, -32768.0f));
            z[n] = sumZ.m256_f32[0] + sumZ.m256_f32[4];
        }

        spCpfm.getTime();                                    // 計測終了
        spCpfm.printTime();                                  // 処理時間表示

        for (size_t n = 0; n < dOrgLength; n++)              // 結果出力
            printf("%12.4f¥n", z[n]);
    }
    catch (char *str)
    {
        fputs(str, stderr);
    }

    SP_DELETE(d);                                            // メモリ解放
    SP_MM_FREE(k);
    SP_DELETE(z);

    return 0;
}
```

　前節と同様のコードが多いため、異なる部分のみを示します。for 文を使用し、1 回のループで配列の 8 要素を処理する点が異なります。

　メモリの割り付け法が、先の例と少し異なります。係数のデータは必ず SIMD 命令のアライメントでアクセスすることが分かっているので、SIMD 命令が高速に処理されるようにアライメントを揃えて割り付けます。配列の割り付けに new を用いず _mm_malloc を使用し、

アライメントを SIMD 命令に最適な境界へ揃えます。_mm_malloc については 6.8 節「SIMD 命令とメモリ管理」を参照してください。

for 文を使用し、フィルタ処理を行いますが、この処理を AVX 命令で記述します。AVX 命令を C++ 言語のソースファイルに直接記述できないためイントリンシックを用います。

アライメントされたメモリの削除に SP_MM_FREE を使用します。これはファイルの先頭で定義したマクロです。すでに削除したメモリを誤って再び削除しないように、マクロで定義しました。オブジェクトが NULL でないか検査し、NULL でないときだけ _mm_free します。そして、オブジェクトのポインタに NULL を設定します。このようにしておくと、すでに削除したオブジェクトに _mm_free を再発行することを避けることができます。また、このマクロを使用すると、削除済みのオブジェクトへのポインタは必ず NULL に設定されます。本マクロを使用する際は、オブジェクトのポインタを宣言するときに、初期値として NULL を設定してください。

FIR の実行部分を C++ 言語で逐次処理したものと、ベクトル化（AVX 命令）したものを比較します。ベクトル化したものは、1 回のループで配列の 8 要素を処理します。以降に両方のソースコードを示します。

```
for (int n = 0; n < dLength - kLength; n++)        // fir実行
{
    z[n] = (float)0.0;
    for (int m = 0; m < kLength; m++)
        z[n] += (k[m] * d[n + m]);
}
```

単純に積和を行っているだけです。次に、これを AVX 命令で書き直したものを示します。

```
for (int n = 0; n < dLength - kLength; n++)        // fir実行
{
    __m256 sumZ = _mm256_setzero_ps();
    for (size_t m = 0; m < kLength; m += ALIGN / sizeof(float))
    {
        __m256 kk   = _mm256_load_ps(k + m);      // k0, k1, k2, k3, k4, k5, k6, k7
        __m256 dd   = _mm256_loadu_ps(d + n + m); // d0, d1, d2, d3, d4, d5, d6, d7
        __m256 mulZ = _mm256_mul_ps(kk, dd);      // z0, z1, z2, z3, z4, z5, z6, z7
                                                  //                          (z=k*d)
        sumZ = _mm256_add_ps(sumZ, mulZ);         // z += (k * d)   [8vector]
    }
```

11 フィルタ

```
                    // z0+z1, z2+z3, z0+z1, z2+z3, z4+z5, z6+z7, z4+z5, z6+z7
    sumZ = _mm256_hadd_ps(sumZ, sumZ);
                    // z0+z1+z2+z3, <-,   <-,   <-,  z4+z5+z6+z7, <-,   <-,   <-
    sumZ = _mm256_hadd_ps(sumZ, sumZ);
    z[n] = sumZ.m256_f32[0] + sumZ.m256_f32[4];
}
```

　すでにこれまでにベクトル化や総和を求めるプログラムを紹介しました。この例は、それらを統合した処理を行います。

　まず、`_mm256_setzero_ps` で `sumZ` の全要素を初期化します。1 回で 8 要素を処理するため、逐次プログラムに比べ、for ループの回数は 1/8 に減ります。

　`_mm256_load_ps` で係数をベクトル変数 `kk` へ読み込みます。同様に、`_mm256_loadu_ps` でデータをベクトル変数 `dd` へ読み込みます。`kk` はアライメントを揃えたため `_mm256_load_ps` を、データは 1 要素単位でアクセスするため `_mm256_loadu_ps` を使用します。`kk` と `dd` は `__m256` 型の変数です。これは 256 ビットで、float が 8 要素パックされています。これらを `_mm256_mul_ps` で乗算し、結果を `mulZ` へ求めます。最後に、この値を `_mm256_add_ps` で `sumZ` へ加算します。

　for ループが終了したら、`sumZ` の全要素の総和を求め、配列 z の対応する位置へ書き込みます。この処理を、d 要素すべてが終わるまで繰り返します。

　逐次処理プログラムとベクトル化したプログラムをベンチマークしてみます。グラフの縦軸単位は秒で、処理に要した時間を表します。高さが低いほど高速です。理想的には 8 倍に高速化されても良いはずですが、オーバーヘッドなどがあるため、約 5.9 倍の高速化に留まっています。それでも、十分高速化されたといって良いでしょう。

図 11.3 ●ベンチマーク結果（CPU：Core i5）

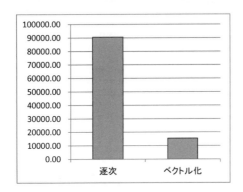

プログラム	処理時間［ミリ秒］
逐次	90592.097
ベクトル化	15372.320

以降に、逐次処理プログラム、並列化を行ったプログラム、そしてベクトル化したプログラムを比較します。

図 11.4 ●ベンチマーク結果（CPU：Core i5）

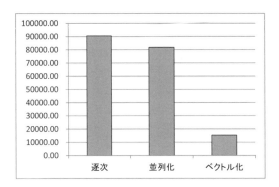

プログラム	処理時間［ミリ秒］
逐次	90592.097
並列化	81814.710
ベクトル化	15372.320

　並列化の効果が大きくないのはフィルタのタップ数が小さいためと思われます。for 文を並列化せず、sections（ブロック）で並列化した方が効果的な可能性があります。

■ 11.1.6　スペクトル

　実行結果を観察してみます。まず、入力の波形と周波数スペクトルを示します。周波数スペクトルの周波数軸は 20［kHz］までなので対数は使わずリニア表示します。

図 11.5 ●入力データの波形

図 11.6 ●入力データのスペクトル

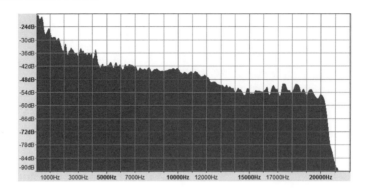

　次に逐次プログラムで処理した、波形と周波数スペクトルを示します。カットオフ周波数を 5 ［kHz］にしたので、5 ［kHz］付近から減衰しています。タップ数は 31 です。

図 11.7 ●タップ数 31、カットオフ周波数 =5000Hz、逐次の波形

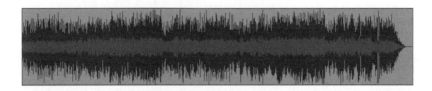

図 11.8 ●タップ数 31、カットオフ周波数 =5000Hz、逐次のスペクトル

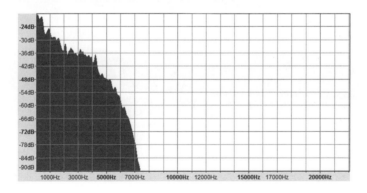

　以降に、次にベクトル化したプログラムで処理した、周波数スペクトルを示します。波形は観察しても、違いが分からないので省略します。

図 11.9 ●タップ数 31、カットオフ周波数 =5000Hz、ベクトル化したプログラムのスペクトル

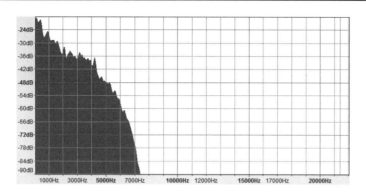

　同様の条件で、タップ数を 1023 にしたものを示します。図は逐次プログラムで処理したものに続き、ベクトル化したプログラムで処理した周波数スペクトルです。

図 11.10 ●逐次とベクトル処理のスペクトル、条件はタップ数 1024、カットオフ周波数 =5000Hz

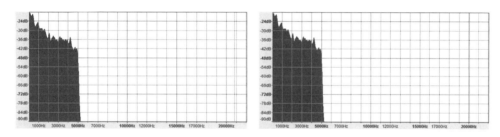

　タップ数が 31 個のものに比べ、急峻に 5 ［kHz］付近から減衰しています。

　同様の条件で、タップ数を 4095 にしたものを示します。

図 11.11 ●逐次とベクトル処理のスペクトル、条件はタップ数 4095、カットオフ周波数 =5000Hz

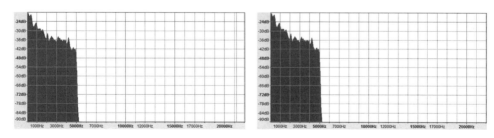

こちらはスペクトルを見ただけでは、それほど違いは分かりません。いずれにしても、普通に逐次処理で記述した FIR プログラムとベクトル化したプログラムで、同じ結果を得られていることが分かります。指定したカットオフ周波数に従って信号が減衰しています。

11.2 FFT でフィルタ

前節で、ひたすら積和を行うデジタルフィルタを実装しました。前節では手法を問わず、ミクロな高速化について検討を進めました。それはそれで有益ですが、そもそもアルゴリズムを変えてしまった方が良い場合があります。先のプログラムは、ある音源に対してその周波数帯域に操作を加えます。つまり、周波数帯域に対する処理なので、時間軸を周波数軸に変換し処理することによって、大幅に演算数を減らすことができます。

■ 11.2.1 重畳加算法（オーバーラップアッド法）

重畳加算法（オーバーラップアッド法、overLap-add method）とは、非常に長い信号と FIR フィルタの離散畳み込みを分割して処理する手法です。簡単に概念図を示します。

図 11.12 ●重畳加算法の概念

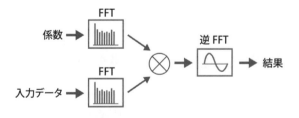

この図は有限で短いデータを扱っていますが、実際は長さが不明な場合や長大であるため、ある一定のデータ数で区切って処理します。本書では、FFT や IFFT の処理に有名な fftw3 ライブラリを採用します。fftw3 の使用法やインストールについては次節で簡単に説明します。以降に、fftw3 ライブラリを使用したフィルタのソースリストを示します。

リスト 11.6 ● fftw3 ライブラリを使用したフィルタプログラム

```
#define _CRT_SECURE_NO_WARNINGS
#include <stdio.h>
#include <omp.h>
#include "../Class/Cpfm.h"

#include "/fftw-3.3.4-dll64/fftw3.h"
#pragma comment(lib, "/fftw-3.3.4-dll64/libfftw3f-3.lib")

//-----------------------------------------------------------------------
//   マクロの宣言
#define SP_DELETE(p)         if(p) { delete p; p=NULL;}

//-----------------------------------------------------------------------
//countLines
int
countLines(const char* fname)
{
    FILE  *fp;
    float d;

    if ((fp = fopen(fname, "rt")) == NULL)
        throw "ファイルをオープンできません.";

    int count = 0;
    while (fscanf(fp, "%f", &d) == 1)
        count++;

    fclose(fp);

    if (count <= 0)
        throw "ファイルの読み込み失敗.";

    return count;
}

//-----------------------------------------------------------------------
//adjustAlignment
int
adjustAlignment(const int length, const int align)
{
    int lengthOfAlignment = length%align ?
        ((length / align) + 1)*align : length;
```

11 フィルタ

```
        return lengthOfAlignment;
}

//------------------------------------------------------------------------
//readAndZeropad
//
// data read and padding zero
void
readAndZeropad(const char* fname, float d[],
                                 const int orgLength, const int length)
{
    FILE *fp;

    if ((fp = fopen(fname, "rt")) == NULL)
        throw "ファイルをオープンできません.";

    for (int i = 0; i< orgLength; i++)
        fscanf(fp, "%f", &d[i]);

    fclose(fp);

    for (int i = orgLength; i < length; i++)
        d[i] = 0.0f;
}

//------------------------------------------------------------------------
//fftAndZeroPadding, overload, 係数(k)用に一回しか使われない。
//
// dataの要素数はlength
// outの要素数はlength+1
//
// zero paddingするのでFFT点数はlength*2になる。
//
void
ZeroPaddingAndFft(fftwf_complex *out, float data[], const int length)
{
    float *in = new float[length * 2];
    memcpy((void*)in, data, sizeof(data[0])*length);
    for (int i = length; i<length * 2; i++)           // Zero padding
        in[i] = 0.0f;

    fftwf_plan plan = fftwf_plan_dft_r2c_1d(length * 2, in, out, FFTW_ESTIMATE);
    fftwf_execute(plan);
    fftwf_destroy_plan(plan);
```

```cpp
        delete in;
}

//---------------------------------------------------------------------
//mulComplex
//
// overwrite d
//
//  Z1 = a + jb, Z2 = c + jd ( j: image)
//
//  Z3 = Z1*Z2
//     = (a + jb)(c + jd )
//                     2
//     = ac + jad  + jbc + jbd
//     = (ac - bd ) + j(ad + bc)
//
void
mulComplex(fftwf_complex *k, fftwf_complex *d, int length)
{
    for (int i = 0; i<length; i++)
    {
        float real = (k[i][0] * d[i][0]) - (k[i][1] * d[i][1]);    //  (ac - bd )
        float imag = (k[i][0] * d[i][1]) + (k[i][1] * d[i][0]);    //  j(ad + bc)
        d[i][0] = real;
        d[i][1] = imag;
    }
}


//---------------------------------------------------------------------
//dataIFFT(ifft)
void
dataIFFT(float *dIFFT, fftwf_complex *dFFT, const int length)
{
    fftwf_plan plan = fftwf_plan_dft_c2r_1d(length, dFFT, dIFFT, FFTW_ESTIMATE);
    fftwf_execute(plan);
    fftwf_destroy_plan(plan);

    for (int i = 0; i < length; i++)
        dIFFT[i] /= (float)length;
}

//---------------------------------------------------------------------
//main
```

11 フィルタ

```c
int
main(int argc, char* argv[])
{
    float *d = NULL, *k = NULL, *z = NULL, *dIFFT = NULL;
    fftwf_complex *dFFT = NULL, *kFFT = NULL;
    int dLength, kLength, dOrgLength, kOrgLength;
    const int ALIGN = 32;
    Cpfm spCpfm;

    try
    {
        if (argc != 3)
            throw "<データファイル名> <係数ファイル名> を指定してください.";

        char* dName=argv[1];
        char* kName=argv[2];

        kOrgLength = countLines(kName);
        kLength = adjustAlignment(kOrgLength, ALIGN);    // align AVX
        dOrgLength = countLines(dName);
        dLength = adjustAlignment(dOrgLength, kLength); // align FFT tap

        d = new float[dLength];                          // 入力用メモリ割付
        k = new float[kLength];                          // 係数用メモリ割付

        readAndZeropad(kName, k, kOrgLength, kLength);  // 係数読込,  w/ zeropad
        readAndZeropad(dName, d, dOrgLength, dLength);  // データ読込, w/ zeropad


        spCpfm.getTime();                                // 計測開始

        // create kFFT ---------------------------------
        int kFFTlength = kLength + 1;                    // length of FFT k
        kFFT = fftwf_alloc_complex(kFFTlength);
        ZeroPaddingAndFft(kFFT, k, kLength);


        // create dFFT ---------------------------------
        int dFFTlength = dLength + (dLength / kLength); // length of FFT data
        dFFT = fftwf_alloc_complex(dFFTlength);
        for (int i = 0; i < dLength; i += kLength)
            ZeroPaddingAndFft(&dFFT[i + (i / kLength)], &d[i], kLength);


        // multiply kFFT * dFFT ------------------------
```

```cpp
            for (int i = 0; i < dFFTlength; i += kFFTlength)
                mulComplex(kFFT, &dFFT[i], kFFTlength);       // multiply, d=k*data(complex)


        // IFFT data -----------------------------------
        int dIFFTlength = dLength * 2;                  // length of IFFT data
        dIFFT = new float[dIFFTlength];
        for (int i = 0; i < dLength; i += kLength)
            dataIFFT(&dIFFT[i * 2], &dFFT[i + (i / kLength)], kLength * 2);



        // overlapped add, z1' + z2' +z3' + .... --------------------------
        z = new float[dLength];                         // 処理結果格納用メモリ割付
        int pos = 0;
        for (int j = kLength; j < dIFFTlength - (kLength * 2); j += (kLength * 2))
            for (int i = 0; i < kLength; i++)
                z[pos++] = dIFFT[j + i] + dIFFT[j + i + kLength];


        spCpfm.getTime();                               // 計測終了
        spCpfm.printTime();                             // 処理時間表示

        for (size_t n = 0; n < dOrgLength; n++)         // 結果出力
            printf("%12.4f\n", z[n]);
    }
    catch (char *str)
    {
        fputs(str, stderr);
    }

    if (kFFT != NULL)                                   // メモリ解放
        fftwf_free(kFFT);
    if (dFFT != NULL)
        fftwf_free(dFFT);

    SP_DELETE(dIFFT);
    SP_DELETE(d);
    SP_DELETE(k);
    SP_DELETE(z);

    return 0;
}
```

11 フィルタ

いくつかの関数は、これまでと同様ですが、いくつか新しい関数を追加しましたので表で示します。

表 11.3 ●関数

関数	説明

void ZeroPaddingAndFft(
  fftwf_complex *out,
  float data[],
  const int length)
	FFTを実行します。入力データはdata配列に格納されており、結果はoutへ返されます。outはfftwf_complex型で、呼び出し側で割り付ける必要があります。lengthは入力データ数を表します。outにdataをFFTした結果が格納されますが、fftwf_plan_dft_r2c_1dでFFTを実行するため、結果の長さはlength + 1です。

void mulComplex(
  fftwf_complex *k,
  fftwf_complex *d,
  int length)
	複素数kとdの乗算を行います。結果はdに上書きされます。$k = a+bi$, $d = c + di$ とすると、$k \times d = (a + bi) \times (c + di) = (ac - bd) + (ad + bc)i$ となり、実数部と虚数部を別々に格納します。なお、コードのコメントではiではなくjを使用します。工学系の人なら、iを使用しない理由はご存じだと思います。

void dataIFFT(
  float *dIFFT,
  fftwf_complex *dFFT,
  const int length)
	FFTされたデータがdFFTに格納されています。それをIFFTして、dIFFTに格納します。

main関数を頭から順に説明します。配列長の調整、データや係数のメモリ割り付けやゼロパディングなどの前処理の説明は省略します。

まず、係数をFFTします。係数をFFTした値を格納するkFFTを割り付けます。kFFTの割り付けにはfttw3が用意するfftwf_alloc_complex関数を用います。通常なら入力データ長の2倍（2N）が必要ですが、FFTにfftwf_plan_dft_r2c_1d関数を用いるので、1つの区間kLengthに対し、FFTした結果はkLength + 1となります。割り付けが完了したら、ZeroPaddingAndFft関数を呼び出し、係数をFFTした結果をkFFTに格納します。

次に、データをFFTした値を格納するdFFTを割り付けます。先ほどと同様に、fftwf_alloc_complex関数を用いて、データをFFTした値を格納するdFFTを割り付けます。データ用のFFT用のメモリ確保もfftwf_alloc_complex関数を使用し、引数にdFFTlengthを指定します。dFFTlengthは「dLength + (dLength / kLength)」を保持しています。for文を使用し、係数長(kLength)単位でZeroPaddingAndFft関数を呼び出しFFTします。格納するdFFTの位置は少しずつずれます。これは、出力が入力と同じ数でないためです。

これで、dのデータをFFTした結果がdFFTへ、kの係数をFFTした結果がkFFTに納められます。係数とデータをFFTしたら、その値を複素数乗算します。この処理は、mulComplex関数で実行されます。FFTの点数単位で区切って処理していますが、全体を一

気に処理してもよいでしょう。FFT の点数単位で区切ったのは、メモリを全部確保できない場合があることです。さらに、FFT の単位を変更する可能性があるため、このように記述しました。今回のケースに限れば分割する必要はないでしょう。

次に IFFT（逆 FFT）し、元へ戻します。本プログラムは全体を割り付けているので、IFFT した結果を納めるメモリ量はデータ量の倍になります。dFFT と dIFFT の所定の位置、そして長さを指定して `dataIFFT` 関数を呼び出し、IFFT します。

最後にオーバーラップアッド法を行います。IFFT した結果をオーバーラップさせて加算した後、結果を所定の位置に格納します。これで、z には周波数帯域に操作を加えた結果が格納されます。上記の流れを図に示します。

図 11.13 ● 処理の流れ

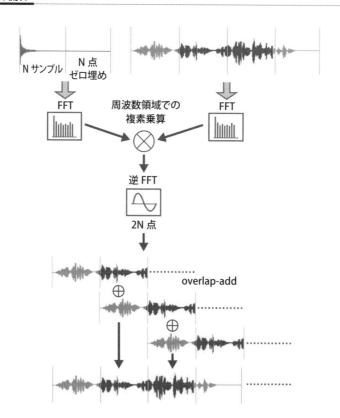

逐次処理プログラムと FFT を利用したプログラムをベンチマークした結果を、これまでに作成した並列化、ベクトル化したプログラムの結果とともに示します。これまで細かな高速

化を行いましたが、手法を変えることによって、これまでよりもはるかに高速化されているのが分かります。逐次処理プログラムと比較すると約100倍高速です。

<u>図11.14 ●ベンチマーク結果（CPU：Core i5）</u>

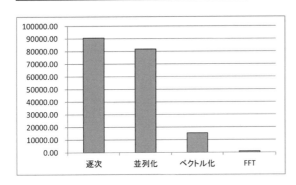

プログラム	処理時間［ミリ秒］
逐次	90592.09
並列化	81814.71
ベクトル化	15372.32
FFT	959.42

　あまりにも速度差があるため、ベクトル化したプログラムとFFTを利用したプログラムのみをグラフで表示します。

<u>図11.15 ●ベクトル化したプログラムとFFTを利用したプログラムのベンチマーク結果</u>

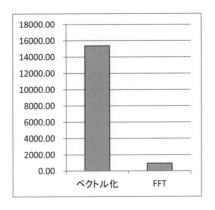

　ベクトル化を行ったプログラムより、FFTを利用したプログラムの方が約16倍も高速です。FIRの係数を多くすると、より性能差が現れるでしょう。ちなみに処理単位（係数）を32にした場合、オーバーヘッドが大きいためFFTを使う方が遅くなりました。比較的短いフィルタ処理ならベクトル化を採用した方が良いでしょう。
　タップ数（係数の数）を変更して、ベクトル化したプログラムとFFTを採用したプログラ

ムの処理時間も調査してみました。ベクトル化したプログラムは演算量に比例して処理時間が長くなるのに比べ、FFTを利用するプログラムは、処理単位が極端に短い場合はオーバーヘッドが大きく処理時間を多く必要としますが、ある程度の単位を超えると、タップ数との相関はなくなります。以降の図は、処理単位と処理時間の相関を示すものです。両者の時間軸は異なるので、それを考慮して比較してください。

図 11.16 ●タップ数による処理時間の変化

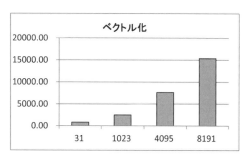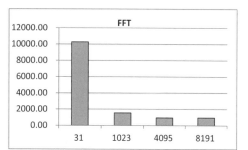

　ここで指摘したかったことは、あまりにもミクロな最適化ばかりを考えていると、本来の目的を見失う場合があるという点です。高速化には数段階の視点が必要です。そもそも無駄な計算を行っていないか、まったく異なる手法があるのではないか、あるいは精度に関しても、求める要求がどこまでの精度を求めているかを見極めるのも重要です。いくら計算精度が高くても、入力装置や出力装置がその精度を再現できない場合、オーバースペックとなり意味を成しません。あるいは、入出力装置がその数値を忠実に再現できても、最終の受け手となるもの、例えば人間の目や耳がその違いを判別できない場合、それは単なる自己満足に過ぎません。

　その上で、コンピュータアーキテクチャ上どのような最適化が適切かを考え、並列化、ベクトル化、キャッシュ制御など、コンピュータ特有の高速化を追求するのが良いでしょう。

　参考のために、係数（次図①）、係数をFFTしたもの（同②）、FFTしたものをさらにIFFTしたもの（同③）を示します。この例は係数の数が31のものです。

図 11.17 ●処理の流れ

図 11.18 ●係数と FFT したもの、さらに IFFT したもの

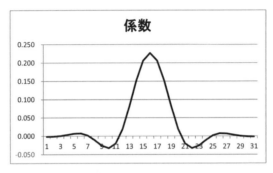

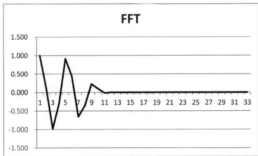

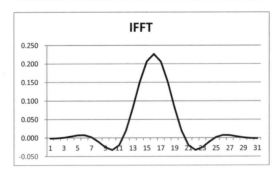

11.2.2 スペクトル

　FFTで処理した結果を観察してみます。入力の波形と周波数スペクトル、そして処理後の周波数スペクトルを示します。まず、入力の波形と周波数スペクトルを示します、周波数軸は20［kHz］までなので、周波数スペクトルは対数は使わずリニアに表示します。

図11.19●入力データの波形

図11.20●入力データのスペクトル

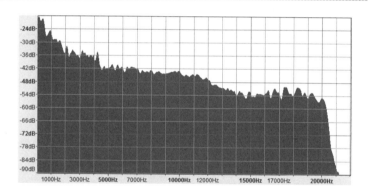

　次に、FFTで処理した波形と周波数スペクトルを示します。カットオフ周波数を5［kHz］にしたので、5［kHz］付近から減衰しています。タップ数は31です。

図11.21●タップ数31、カットオフ周波数=5000Hz、FFTで処理したプログラムの波形

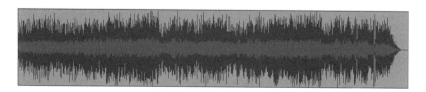

図11.22 ●タップ数31、カットオフ周波数=5000Hz、FFTで処理したプログラムのスペクトル

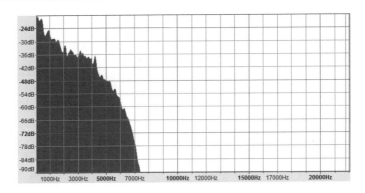

　以降に、タップ数を変更し、FFTで処理したプログラムの周波数スペクトルを示します。タップ数を1023、4095にしたものを示します。波形は観察しても、違いが分からないので省略します。

図11.23 ●タップ数1024と4095、カットオフ周波数=5000Hz、FFTで処理したプログラムのスペクトル

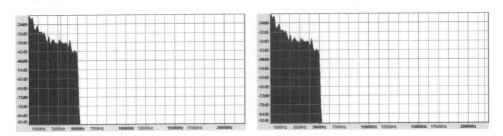

　タップ数が31個のものに比べ、急峻に5［kHz］付近から減衰しています。

11.3 fftw3 について

　FFT を使用したい場合、すでに広く利用されているライブラリを採用するのは賢明な方法です。たくさんの FFT ライブラリが公開されていますが、本節では高速であり、かつ GPL ライセンスを採用している FFTW を解説します。FFTW（Fastest Fourier Transform in the West の略）は、離散フーリエ変換（DFT）を計算するためのライブラリで、マサチューセッツ工科大学で開発されました。このライブラリは、高速フーリエ変換（FFT）を実装したフリーソフトウェアの中では最も高速であるとされています。ただ、他にも高速を謳い、FFTW に似たインタフェースを持つものも存在するので、自身に最適なものを使用すると良いでしょう。

　本節では、FFTW のインストールや環境設定について簡単に説明します。実際のプログラムについては、すでに解説しているので、その章で説明しきれなかった部分を解説します。あくまでも fftw3 のインストールや環境の設定方法であって、高速フーリエ変換について言及するものではありません。

■ 11.3.1 インストール

　FFTW は単に DLL などのファイルの集合です。インストールしても環境に影響を与えないので気軽に使用できます。まず、FFTW の Web サイトを開きます。

　http://fftw.org/

　上部に表示される「Download」のリンクをクリックすると、ダウンロードのページが開きます。

　http://fftw.org/download.html

　FFTW は、複数の環境をサポートしていますし、バイナリだけでなくソースファイルも公開しています。ここでは、Windows 用を使用するため、「here for Windows.」のリンクをクリックして Windows 用のライブラリをダウンロードするページへジャンプします。

　http://fftw.org/install/windows.html

開いたページには、FFTW に関する情報が記述されています。本書では 64 ビットバージョンを使用するので、「fftw-3.3.4-dll64.zip」のリンクをクリックします。バージョンが変わると、クリックする部分の表示が変わります。本書の執筆時点のバージョンは 3.3.4 でした。本ページには Windows で使用する際の注意なども書かれているので、ひと通り目を通すと良いでしょう。

ファイルのダウンロードが終了したら、すべて展開します。今回は、分かりやすいように、ルートへ展開しました。解凍先は「C:¥fftw-3.3.4-dll64」です。

lib の作成

解凍したファイルには DLL など実行に必要なファイルは含まれますが、Visual C++ で必要とする .lib ファイルは含まれません。そこで、ビルド時に必要な .lib ファイルを lib コマンドを使用して作成します。fftw3 ディレクトリに移動して次のコマンドを入力します。

```
lib /machine:x64 /def:libfftw3f-3.def
lib /machine:x64 /def:libfftw3-3.def
lib /machine:x64 /def:libfftw3l-3.def
```

すると、以下の .lib ファイルが生成されます。

- libfftw3-3.lib（倍精度用）
- libfftw3f-3.lib（単精度用）
- libfftw3l-3.lib（ロング精度用）

FFTW は、単精度浮動小数点数、倍精度浮動小数点数、そしてロング精度浮動小数点数をサポートしています。本書では単精度浮動小数点数のみを使用するので、libfftw3f-3.lib だけ生成しても構いません。

fftw の関数名にサフィックスが付いていないものが倍精度浮動小数点数用で、「f」が付くと単精度浮動小数点数用、「l」が付くとロング精度浮動小数点数用です。一例を以降に表で示します。

表11.4 ●計算精度と関数名

精度	関数名
倍精度	fftw_plan_dft_r2c_1d
単精度	fftwf_plan_dft_r2c_1d
ロング精度	fftwl_plan_dft_r2c_1d

.def ファイルは、単に dll がエクスポートしている関数を並べているだけのテキストファイルなので、どのような関数があるかは、エディタで開けばすぐに分かります。

以降に、実際に .def ファイルから .lib を生成した様子を示します。

```
C:¥fftw-3.3.4-dll64>lib /machine:x64 /def:libfftw3f-3.def
Microsoft (R) Library Manager Version 12.00.40629.0
Copyright (C) Microsoft Corporation.  All rights reserved.

ライブラリ libfftw3f-3.lib とオブジェクト libfftw3f-3.exp を作成中

C:¥fftw-3.3.4-dll64>lib /machine:x64 /def:libfftw3-3.def
Microsoft (R) Library Manager Version 12.00.40629.0
Copyright (C) Microsoft Corporation.  All rights reserved.

ライブラリ libfftw3-3.lib とオブジェクト libfftw3-3.exp を作成中

C:¥fftw-3.3.4-dll64>lib /machine:x64 /def:libfftw3l-3.def
Microsoft (R) Library Manager Version 12.00.40629.0
Copyright (C) Microsoft Corporation.  All rights reserved.

ライブラリ libfftw3l-3.lib とオブジェクト libfftw3l-3.exp を作成中
```

ビルド時のヘッダと lib の指定

Visual C++ で開発するプログラムには、ヘッダファイルとライブラリファイルの指定が必要です。以降に例を示します。

```
#include "/fftw-3.3.4-dll64/fftw3.h"
#pragma comment(lib, "/fftw-3.3.4-dll64/libfftw3f-3.lib")
```

この例では、ヘッダはパスまで含んでいますが、環境変数を指定する方法、あるいは Visual C++ のオプションで追加のインクルードファイルを指定する方法など、さまざまな方

法があります。この例ではライブラリも pragma で指定していますが、Visual C++ のオプションで指定しても構わないでしょう。

本書では、なるべく開発環境の機能を使用しない方法を採用しました、この方が明示的に指定するため、読者にとって分かりやすいと判断したためです。

実行パスの設定

これまでの解説でプログラムのビルドまではできるようになりました。しかし、実行するには DLL の所在が分からないと、実行時エラーとなってしまいます。そこで、プログラムの実行に先立ち、パスの指定を行います。以降に例を示します。

```
C:¥>set PATH=C:¥fftw-3.3.4-dll64;%PATH%
```

PATH 環境変数の先頭に、fftw の所在を指定します。恒常的に fftw を使用する場合、システムの環境変数に fftw を解凍したフォルダ名を追加するのも良いでしょう。

fftw 自体の高速化

fftw は並列化やベクトル化にも対応しています。それらに最適化させるには fftw 自体をリコンパイルする必要があります。そのような情報については fftw の Web サイトに詳細な説明があるので、興味のある人は挑戦してみるのも良いでしょう。

11.4 実験データ作成や評価

長大なサンプルデータを入手することや、定性的な結果を得る係数を取得し、その結果が正しいか判断するのは容易ではありません。そこで、1 つの手段として、入力データに CD などの音源を使用する方法を紹介します。係数は、参考サイトに紹介した Web サイトなどで容易に生成できます。周波数スペクトルの表示も、オープンソースの Audacity を使用すると容易です。

サンプリングデータは、自身で持っているWAVファイル（通常は音楽など）やCDから音源をダンプするだけで得られます。なお、CDなどの音源については、著作権に抵触しないように留意してください。CDからWAVファイルを生成する方法は、特に説明の必要はないでしょう。たくさんのソフトウェアがCDからWAVファイル変換に対応しています。あるいは、ネットなどにアップされているWAVファイルを使っても良いでしょう。他にも、ICレコーダの付属ソフトには、録音データをWAV形式で保存できる機能を提供しているものが多く存在します。

係数の生成は、パラメータを入力するだけで生成してくれるプログラムや、Webサイトが存在します。参考サイトに紹介したホームページなどにパラメータを入力することで、容易に係数データを入手できます。他にも、フリーの係数生成ソフトウェアなども存在します。

11.4.1 テキストをWAVファイルへ変換

これまでのプログラムは、すべてサンプリングデータや係数をテキストファイルで処理しています。このままでは、音として聴くことができません。そこで、テキストファイルからWAVファイルへ変換するプログラムを紹介します。本書の目的とは若干異なるので、簡略化して説明します。

入力ファイル形式

まず、入力ファイルの形式を示します。入力は1行に1つのデータが格納されています。モノラルの場合、そのままサンプリング値です。ステレオの場合、2行で1回のサンプリング値に対応します。先に左チャンネル、2番目が右チャンネルです。サンプリング周波数は44.1［kHz］とみなします。

ファイル形式を以降に示します．

表11.5 ●入力ファイル形式

ステレオの場合	モノラルの場合
<左チャンネルの値1>	<値1>
<右チャンネルの値1>	<値2>
<左チャンネルの値2>	<値3>
<右チャンネルの値2>	<値4>
⋮	⋮
<左チャンネルの値n>	<値n>
<右チャンネルの値n>	

11 フィルタ

以降に、実際のファイル例を示します。テキストは実数で格納されています。

```
  3361.5574
  2978.4336
  2279.9534
  1251.5343
   -45.6318
 -1453.9929
 -2741.3792
 -3667.7310
 -4074.7217
 -3960.3320
 -3501.3477
 -3005.3345
 -2802.9360
 -3118.7224
 -3972.8005
 -5155.8071
 -6292.5132
 -6973.7451
 -6906.9780
 -6027.4873
 -4525.7925
 -2779.6421
 -1216.2079
  -158.1176
   287.1856
   253.9505
    53.2853
    46.2592
   506.8862
  1527.6097
  3000.8848
  4676.8003
```

出力ファイル形式（WAV ファイルフォーマット）

出力ファイルは WAV ファイルです。以降に、WAV ファイルのフォーマットを示します。

表 11.6 ● WAV フォーマット全体の構造

大きさ	説明	
4 バイト	RIFF 形式の識別子 'RIFF'	
4 バイト	ファイルサイズ（バイト単位）	
4 バイト	RIFF の種類を表す識別子 'WAVE'	
4 バイト	タグ 1 参照	
4 バイト	データの長さ 1	1 つの単位
n バイト	データ 1	
4 バイト	タグ 2 参照	
4 バイト	データの長さ 2	
n バイト	データ 2	1 つの単位
（以下繰り返し）		

表に WAV フォーマット全体の構造を示します。WAV ファイルは複数の可変長ブロックから成り立っています。全体の大きさを管理しながら、WAV ファイルのチャンクを解析します。固定部をデコードした後は、各チャンクを解析します。本節で紹介するクラスが解析するのは、fmt チャンクと data チャンクのみです。それ以外のチャンクは無視します。fmt チャンクには WAV ファイルの重要な情報が格納されています。data チャンクには、実際の WAV データが格納されています。

表 11.7 ● WAV ファイルヘッダ情報

大きさ	内容	説明
4 バイト	'RIFF'	RIFF ヘッダ
4 バイト	これ以降のファイルサイズ	（ファイルサイズ - 8）
4 バイト	'WAVE'	WAVE ヘッダ RIFF の種類が WAVE であることを表す。
4 バイト	'fmt '	fmt チャンクフォーマットの定義
4 バイト	fmt チャンクのバイト数	リニア PCM ならば 16（10 00 00 00）
2 バイト	フォーマット ID	リニア PCM ならば 1（01 00）

大きさ	内容	説明
2 バイト	チャンネル数	モノラルならば 1 (01 00)、ステレオならば 2 (02 00)
4 バイト	サンプリングレート（Hz）	44.1kHz ならば 44100 (44 AC 00 00)
4 バイト	データ速度（バイト / 秒）	44.1kHz、16 ビットステレオならば、44100 × 2 × 2 = 176400 (10 B1 02 00)
2 バイト	ブロックサイズ（バイト / サンプル×チャンネル数）	16 ビットステレオならば、2 × 2 = 4 (04 00)
2 バイト	サンプルあたりのビット数（ビット / サンプル）	WAV フォーマットでは 8 または 16 ビット。16 ビットならば 16 (10 00)
2 バイト	拡張部分のサイズ	リニア PCM ならば存在しない
n バイト	拡張部分	リニア PCM ならば存在しない
4 バイト	'data'	data チャンク参照
4 バイト	波形データのバイト数	「波形データ」の大きさを格納
n バイト	波形データ	実際の波形データを格納

■ 11.4.2　クラスの説明

本節で使用するクラスを説明します。まず、共通に使用するヘッダファイルを示します。

リスト 11.7 ●共通ヘッダファイル

```
#ifndef COMMONH__
#define COMMONH__

//-------------------------------------------------------------
//  マクロの宣言
#define SP_FREE(p)          if(p) {free(p);   p=NULL;}

#ifndef min
#define min(a,b)  (((a)<(b))?(a):(b))
#endif
#ifndef max
#define max(a,b)  (((a)>(b))?(a):(b))
#endif

#ifndef _MAX_PATH
#define _MAX_PATH    1024
#endif
```

```
//---------------------------------------------------------------------
#endif  /* COMMONH__ */
```

Cwav クラス

WAV ファイル処理用のクラスを開発することにします。

リスト 11.8 ● Cwav クラスのヘッダファイル

```
#ifndef spCwavH
#define spCwavH

#include "common.h"

static const char *STR_RIFF = "RIFF";
static const char *STR_WAVE = "WAVE";
static const char *STR_fmt  ="fmt ";
static const char *STR_data = "data";

static const int WAV_MONAURAL = 1;
static const int WAV_STEREO   = 2;

//---------------------------------------------------------------------
// 構造体の宣言
#pragma pack(push,1)

typedef struct tagSWaveFileHeader
{
    char            hdrRiff[4];         // 'RIFF'
    unsigned int    sizeOfFile;         // ファイルサイズ - 8
    char            hdrWave[4];         // 'WAVE'
} SWaveFileHeader;

typedef struct tagChank
{
    char            hdr[4];             // 'fmt ' or 'data'
    unsigned int    size;               // sizeof(PCMWAVEFORMAT)
                                        //   or Waveデータサイズ
} tChank;
```

```
typedef struct tagWaveFormatPcm
{
    unsigned short      formatTag;          // WAVE_FORMAT_PCM
    unsigned short      channels;           // number of channels
    unsigned int        samplesPerSec;      // sampling rate
    unsigned int        bytesPerSec;        // samplesPerSec * channels
                                            //      * (bitsPerSample/8)
    unsigned short      blockAlign;         // block align
    unsigned short      bitsPerSample;      // bits per sampling
} tWaveFormatPcm;

typedef struct tagWrSWaveFileHeader
{
    SWaveFileHeader     wfh;                // Wave File Header
    tChank              cFmt;               // 'fmt '
    tWaveFormatPcm      wfp;                // Wave Format Pcm
    tChank              cData;              // 'data'
} WrSWaveFileHeader;

#pragma pack(pop)


//-------------------------------------------------------------------------
// クラスのヘッダ
class Cwav
{

private:
    // ----- private member -------------------------------------------
    SWaveFileHeader wFH;
    tWaveFormatPcm  wFP;
    void*           pMem;                   // pointer to WAV data
    long            sizeOfData;

    char wavInFName[_MAX_PATH];             // 入力WAVファイル名
    char wavOutFName[_MAX_PATH];            // 出力WAVファイル名

    // ----- private method -------------------------------------------
    bool readfmtChunk(FILE *fp, tWaveFormatPcm* waveFmtPcm);
    int  wavHeaderWrite(FILE *fp);
    bool wavDataWrite(FILE *fp);


public:
```

```cpp
// ----- Constructor/Destructor -----------------------------------
Cwav(void);                                 // コンストラクタ
virtual ~Cwav(void);                        // デストラクタ

// ----- public method --------------------------------------------
void LoadFromFile(const char *wavefile);    // 読み込み
void SaveToFile(const char *wavefile);      // 書き込み
bool printWavInfo(void);                    // 情報表示

//-----------------------------------------------------------------
bool isPCM(void)                            // PCMか
{ return wFP.formatTag==1 ? true: false;    }

//-----------------------------------------------------------------
bool is16bit(void)                          // 16ビット・サンプリングか
{ return wFP.bitsPerSample==16 ? true: false;   }

//-----------------------------------------------------------------
void to16bit(void)                          // 16ビット・サンプリングへ
{ wFP.bitsPerSample=16;                     }

//-----------------------------------------------------------------
bool isStereo(void)                         // ステレオか
{ return wFP.channels==WAV_STEREO ? true: false;}

//-----------------------------------------------------------------
void toStereo(void)                         // ステレオへ
{ wFP.channels=WAV_STEREO;                  }

//-----------------------------------------------------------------
bool isMonaural(void)                       // モノラルか
{ return wFP.channels==WAV_MONAURAL ? true: false;  }

//-----------------------------------------------------------------
void toMonaural(void)                       // モノラルへ
{ wFP.channels=WAV_MONAURAL;                }

//-----------------------------------------------------------------
unsigned int getSamplesPerSec(void)         // sampling rate取得
{ return wFP.samplesPerSec;                 }

//-----------------------------------------------------------------
// sampling rate設定
void setSamplesPerSec(unsigned int samplesPerSec)
```

11 フィルタ

```
        { wFP.samplesPerSec=samplesPerSec;        }

        //-------------------------------------------------------------------
        void setBytesPerSec(unsigned int bytesPerSec)// bytesPerSec設定
        { wFP.bytesPerSec=bytesPerSec;             }

        //-------------------------------------------------------------------
        long getSizeOfData(void)                   // WAVデータサイズの取得
        { return sizeOfData;                       }

        //-------------------------------------------------------------------
        void setSizeOfData(long size)              // WAVデータサイズの設定
        { sizeOfData=size;                         }

        //-------------------------------------------------------------------
        unsigned short getBitsPerSample(void)      // 「ビット数 / サンプル」の取得
        { return wFP.bitsPerSample;                }

        //-------------------------------------------------------------------
        // 「ビット数 / サンプル」の取得
        void setBitsPerSample(unsigned short bitsPerSample)
        { wFP.bitsPerSample=bitsPerSample;         }

        //-------------------------------------------------------------------
        void* getPWav(void)                        // WAVデータ取得
        { return pMem;                             }

        //-------------------------------------------------------------------
        void setPWav(void* pInMem)                 // WAVデータ設定
        { pMem=pInMem;                             }

        //-------------------------------------------------------------------
        unsigned short getBlockAlign(void)         // WAVデータのblock align取得
        { return wFP.blockAlign;                   }

        //-------------------------------------------------------------------
        // WAVデータのblock align設定
        void setBlockAlign(unsigned short blockAlign)
        { wFP.blockAlign=blockAlign;               }

        //-------------------------------------------------------------------
        unsigned int getNumOfUnits(void)           // WAVデータのデータ数の取得
        { return sizeOfData/(getBitsPerSample()/8); }
```

```
    //----------------------------------------------------------------
    unsigned int getNumOfSamples(void)        // WAVデータのサンプル数の取得
    { return sizeOfData/getBlockAlign();    }

    bool stereo2monaural(void);               // Stereo -> Monaural
    bool monaural2stereo(void);               // Monaural -> Stereo
};

//--------------------------------------------------------------------
#endif
```

簡単なメソッドはヘッダファイルに実装しました。コード量が多いメソッドはcppファイルに記述します。ヘッダに記述しきれなかったメソッドのソースリストを以降に示します。

リスト 11.9 ● Cwav クラスのソースファイル

```
#define _CRT_SECURE_NO_WARNINGS
#include <stdio.h>
#include <string.h>
#include <stdlib.h>
#include "Cwav.h"

//--------------------------------------------------------------------
// コンストラクタ
Cwav::Cwav(void) : pMem(NULL), sizeOfData(0)
{
    memset(&wFH, 0, sizeof(wFH));        // 各初期化
    memset(&wFP, 0, sizeof(wFP));
    wavInFName[0] = '\0';
    wavOutFName[0] = '\0';
}


//--------------------------------------------------------------------
// デストラクタ
Cwav:: ~Cwav(void)
{
    SP_FREE(pMem);                       // WAVデータメモリの削除
}


/****** ↓privateメソッド↓ ******/
```

```cpp
//-------------------------------------------------------------------------
// read and check fmt chank
bool Cwav::readfmtChunk(FILE *fp, tWaveFormatPcm* waveFmtPcm)
{
    if (fread(waveFmtPcm, sizeof(tWaveFormatPcm), 1, fp) != 1)
        return false;

    return true;
}


//-------------------------------------------------------------------------
// wav ヘッダ 書き込み
int Cwav::wavHeaderWrite(FILE *fp)
{
    unsigned short bytes;
    WrSWaveFileHeader wrWavHdr;
    int rCode = -1;

    //RIFF ヘッダ
    strncpy(wrWavHdr.wfh.hdrRiff, STR_RIFF, sizeof wrWavHdr.wfh.hdrRiff);

    //ファイルサイズ
    wrWavHdr.wfh.sizeOfFile = sizeOfData + sizeof(wrWavHdr) - 8;

    //WAVE ヘッダ
    strncpy(wrWavHdr.wfh.hdrWave, STR_WAVE, sizeof wrWavHdr.wfh.hdrWave);

    //fmt チャンク
    strncpy(wrWavHdr.cFmt.hdr, STR_fmt, sizeof(wrWavHdr.cFmt.hdr));

    //fmt チャンク
    wrWavHdr.cFmt.size = sizeof(wrWavHdr.wfp);

    //無圧縮PCM = 1
    wrWavHdr.wfp.formatTag = 1;

    //ch (mono=1, stereo=2)
    wrWavHdr.wfp.channels = wFP.channels;

    //sampling rate(Hz)
    wrWavHdr.wfp.samplesPerSec = wFP.samplesPerSec;
```

```
        //bytes/sec
        bytes = wFP.bitsPerSample / 8;

        wrWavHdr.wfp.bytesPerSec = bytes*wFP.channels*wFP.samplesPerSec;

        //byte/サンプル*チャンネル
        wrWavHdr.wfp.blockAlign = bytes*wFP.channels;

        //bit/サンプル
        wrWavHdr.wfp.bitsPerSample = wFP.bitsPerSample;

        //dataチャンク
        strncpy(wrWavHdr.cData.hdr, STR_data, sizeof(wrWavHdr.cData.hdr));

        //データ長 (byte)
        wrWavHdr.cData.size = sizeOfData;

        //write header
        if (fwrite(&wrWavHdr, sizeof(wrWavHdr), 1, fp) == 1)
            rCode = ftell(fp);
        else
            rCode = -1;

        return rCode;
}


//-------------------------------------------------------------------------
// ファイル内容書き出し
bool Cwav::wavDataWrite(FILE *fp)
{
    if (fwrite(pMem, sizeOfData, 1, fp) != 1)            // 一回で全部書込
        return false;

    return true;
}

/****** ↑privateメソッド↑ ******/


//-------------------------------------------------------------------------
// WAVファイル読み込み
void Cwav::LoadFromFile(const char* wavefile)
{
```

```c
    tChank chank;
    long   cursor, len;
    FILE   *fp = NULL;

    try
    {
        wavInFName[0] = '¥0';                                 // 入力WAVファイル名

        if ((fp = fopen(wavefile, "rb")) == NULL)
            throw "入力ファイルをオープンできない.";

        if (fread(&wFH, sizeof(wFH), 1, fp) != 1)             // ヘッダ情報
            throw "wavヘッダエラー.";

        if (memcmp(wFH.hdrWave, STR_WAVE, 4) != 0)            // WAVE ヘッダ情報
            throw "wavヘッダエラー.";

        if (memcmp(wFH.hdrRiff, STR_RIFF, 4) != 0)
            throw "wavヘッダエラー.";

        // 4Byte これ以降のバイト数 = (ファイルサイズ - 8)(Byte)
        len = wFH.sizeOfFile;

        while (fread(&chank, sizeof chank, 1, fp) == 1)       // チャンク情報
        {
            if (memcmp(chank.hdr, STR_fmt, sizeof chank.hdr) == 0)
            {
                len = chank.size;
                cursor = ftell(fp);
                if (!readfmtChunk(fp, &wFP))
                    throw "wavファイルフォーマットエラー.";
                fseek(fp, cursor + len, SEEK_SET);
            }
            else if (memcmp(chank.hdr, STR_data, 4) == 0)
            {
                sizeOfData = chank.size;
                if ((pMem = malloc(sizeOfData)) == NULL)
                    throw "malloc失敗.";

                if (fread(pMem, sizeOfData, 1, fp) != 1)      // 一回で全部読込
                    throw "wav読み込み失敗.";
            }
            else
            {
```

```cpp
                    len = chank.size;
                    cursor = ftell(fp);
                    fseek(fp, cursor + len, SEEK_SET);
            }
        }
        fclose(fp);

        if (!isPCM())                                        // not PCM
            throw "wavファイルがPCMフォーマットでない.";

        strcpy(wavInFName, wavefile);                        // 入力WAVファイル名
    }
    catch (char *str)
    {
        SP_FREE(pMem);
        if (fp != NULL)
            fclose(fp);

        throw str;
    }
}
//-------------------------------------------------------------------------
// WAVファイル書き込み
void Cwav::SaveToFile(const char *outFile)
{
    FILE *fp = NULL;
    int rCode = 0;

    try
    {
        if ((fp = fopen(outFile, "wb")) == NULL)
            throw "出力ファイルをオープンできない.";

        // wav ヘッダ書き込み
        if (wavHeaderWrite(fp) != sizeof(WrSWaveFileHeader))
            throw "wavヘッダ書き込み失敗.";

        if (!wavDataWrite(fp))                               // wav データ書き込み
            throw "wavデータ書き込み失敗.";

        fclose(fp);

        strcpy(wavOutFName, outFile);                        // 出力WAVファイル名
```

```cpp
        }
        catch (char *str)
        {
            SP_FREE(pMem);
            if (fp != NULL)
                fclose(fp);

            throw str;
        }
    }

    //--------------------------------------------------------------------------
    // print WAV info
    bool Cwav::printWavInfo(void)
    {
        printf("              データ形式: %u (1 = PCM)\n", wFP.formatTag);
        printf("            チャンネル数: %u\n", wFP.channels);
        printf("        サンプリング周波数: %lu [Hz]\n", wFP.samplesPerSec);
        printf("            バイト数 / 秒: %lu [bytes/sec]\n", wFP.bytesPerSec);
        printf("      バイト数×チャンネル数: %u [bytes]\n", wFP.blockAlign);
        printf("         ビット数 / サンプル: %u [bits/sample]\n", wFP.bitsPerSample);
        printf(" WAVデータサイズ=%lu\n\n", sizeOfData);
        printf(" 再生時間=%.3f\n", (float)sizeOfData / (float)wFP.bytesPerSec);

        return true;
    }

    //--------------------------------------------------------------------------
    // ステレオをモノラルへ
    bool Cwav::stereo2monaural(void)
    {
        setSizeOfData(getSizeOfData() >> 1);
        setBlockAlign(getBlockAlign() >> 1);
        toMonaural();

        return true;
    }

    //--------------------------------------------------------------------------
    // モノラルをステレオへ
    bool Cwav::monaural2stereo(void)
    {
        setSizeOfData(getSizeOfData() << 1);
        setBlockAlign(getBlockAlign() << 1);
```

```
        toStereo();

        return true;
}
```

このクラスは、WAV ファイルの読み込みや管理を行います。クラス名は Cwav です。クラスの概要を以降に示します。

宣言など

本クラスでは、いくつかの構造体やコンスタントを使用します。クラスの外側で、コンスタントや構造体の定義を行います。コンスタントはソースコードを参照してください。

各構造体を説明します。tagSWaveFileHeader は WAV ファイルのヘッダ用、tagChank 構造体は各チャンク用、tagWaveFormatPcm 構造体は PCM フォーマット用、そして、tagWrSWaveFileHeader 構造体は WAV ファイルの書き込み用です。

コンストラクタ

Cwav はコンストラクタです。各種のメンバを初期化します。

デストラクタ

~Cwav はデストラクタです。WAV データを格納するメモリが割り付けられていたら破棄します。

メソッド

以降に、各メソッドの機能を簡単にまとめます。

表 11.8 ● public メソッド

public メソッド	説明
`Cwav ()`	コンストラクタです。
`virtual ~Cwav(void)`	デストラクタです。
`void LoadFromFile(` `  const char *wavefile)`	ファイルから WAV データを読み込みます。
`void SaveToFile(` `  const char *wavefile)`	WAV データをファイルへ書き込みます。
`bool printWavInfo(void)`	WAV 情報を表示します。
`bool isPCM(void)`	PCM フォーマットなら true を、そうでなかったら false を返します。
`bool is16bit(void)`	量子化ビットが 16 ビットなら true を、そうでなかったら false を返します。

public メソッド	説明
void to16bit(void)	量子化ビット数を 16 ビットに設定します。
bool isStereo(void)	ステレオなら true を、そうでなかったら false を返します。
void toStereo(void)	ステレオに設定します。
bool isMonaural(void)	モノラルなら true を、そうでなかったら false を返します。
void toMonaural(void)	モノラルに設定します。
unsigned int getSamplesPerSec(void)	サンプリングレートを取得します。
void setSamplesPerSec(unsigned int samplesPerSec)	サンプリングレートを設定します。
void* getPWav(void)	WAV データが格納されているアドレスを取得します。
void setPWav(void* pInMem)	WAV データが格納されているアドレスを設定します。
unsigned short getBlockAlign(void)	WAV データの block align を取得します。
void setBlockAlign(unsigned short blockAlign)	WAV データの block align を設定します。
unsigned int getNumOfUnits(void)	データ数を取得します。
unsigned int getNumOfSamples(void)	サンプル数を取得します。
bool stereo2monaural	ステレオをモノラルへ変換します。
bool monaural2stereo(void)	モノラルをステレオへ変換します。

表 11.9 ● private メソッド

private メソッド	説明

bool readfmtChunk(
  FILE *fp,
  tWaveFormatPcm* waveFmtPcm)
	チャンクを読み込みます。

int wavHeaderWrite(FILE *fp)	WAV ファイルのヘッダ部を書き込みます。
bool wavDataWrite(FILE *fp)	WAV ファイルのデータ部を書き込みます。

表 11.10 ● private フィールド

private フィールド	説明
SWaveFileHeader wFH	SWaveFileHeader 構造体です。
tWaveFormatPcm wFP	tWaveFormatPcm 構造体です。
void* pMem	WAV データを指すポインタです。
long sizeOfData	WAV データのサイズです。
char wavInFName[_MAX_PATH]	入力 WAV ファイル名を保持します。
char wavOutFName[_MAX_PATH]	出力 WAV ファイル名を保持します。

11.4.3 プログラム本体の説明

Cwavクラスを使用したプログラムの説明を行います。実数で格納されたテキストファイルから、WAVファイルを生成します。以降に、プログラムのソースリストを示します。

リスト 11.10 ●数値テキストファイルからWAVファイルを生成するプログラム

```
#define _CRT_SECURE_NO_WARNINGS
#include <stdio.h>
#include <stdlib.h>
#include "../../Class/Cwav.h"

//--------------------------------------------------------------------------
//countLines
size_t
countLines(const char* fname)
{
    FILE   *fp;
    float data;

    if ((fp = fopen(fname, "rt")) == NULL)
        throw "入力ファイルをオープンできません.";

    int count = 0;
    while (fscanf(fp, "%f", &data) == 1)
        count++;

    fclose(fp);

    if (count <= 0)
        throw "入力ファイルの読み込み失敗.";

    return count;
}

//--------------------------------------------------------------------------
//readData
void
readData(const char* fname, float data[], const size_t length)
{
    FILE *fp;

    if ((fp = fopen(fname, "rt")) == NULL
```

```
            throw "入力ファイルをオープンできません.";

    for (size_t i = 0; i < length; i++)
        if (fscanf(fp, "%f", &data[i]) != 1)
            throw "入力ファイルの読み込み失敗.";

    for (size_t i = 0; i < length; i++)
        if (data[i] > 32767.0f || data[i] < -32768.0f)
        {
            fprintf(stderr, "%8d = %10.2f¥n", i, data[i]);

            data[i] = min(data[i], 32767.0f);
            data[i] = max(data[i], -32768.0f);
        }

    fclose(fp);
}

//--------------------------------------------------------------------------
// main
int
main(int argc, char *argv[])
{
    Cwav spCwav;
    float *wav = NULL;
    short *sWav = NULL;
    unsigned int len = 2u;                       // monaural

    try
    {
        if (argc < 3)                            //引数チェック
            throw "引数に <入力.txt> " ¥
                "<出力.wav> [<m|s>]を指定してください.";

        if (argc == 4)
            if (argv[3][0] == 's' || argv[3][0] == 'S')
            {
                len = 4u;                        // stereo
                printf("入力はステレオ<L, R, L, R, ...>.¥n");
            }
            else
                printf("入力はモノラル.¥n");

        size_t wavLength = countLines(argv[1]);
```

```
            wav = new float[wavLength];
            if ((sWav = (short*)malloc(wavLength*sizeof(sWav[0]))) == NULL)
                throw "malloc失敗.";

            readData(argv[1], wav, wavLength);       //テキスト読み込み
            for (size_t i = 0; i < wavLength; i++)
                sWav[i] = (short)wav[i];

            spCwav.to16bit();
            if (len == 4u)
                spCwav.toStereo();
            else
                spCwav.toMonaural();
            spCwav.setSamplesPerSec(44100);
            spCwav.setBytesPerSec(len);
            spCwav.setSizeOfData((long)wavLength * 2u);
            spCwav.setBitsPerSample(16u);
            spCwav.setPWav(sWav);
            spCwav.setBlockAlign(len);

            spCwav.SaveToFile(argv[2]);              //wav書き込み

            printf("¥n[%s] を [%s] へ変換しました.¥n", argv[1], argv[2]);
        }
        catch (char *str)
        {
            fputs(str, stderr);
        }
        if (wav != NULL)
            delete[] wav;

        return 0;
    }
```

　最初に制御が渡る main 関数で、引数が２つ以上指定されているか調べます。本プログラムには、「入力用のテキストファイル名」と「出力用の WAV ファイル名」、そしてオプションのステレオかモノラルかを指定しなければなりません。引数が少ないときは、使用法を文字列として throw し例外を発生させます。引数が３つのときは、ステレオかモノラルか判断します。

　次に、countLines 関数で入力テキストの行数をカウントします。countLines 関数が返

した値を使って float の配列を割り付けます。その配列 wav に readData 関数でデータを読み込みます。

以降は Cwav クラスの spCwav オブジェクトを使用し、WAV ヘッダやデータを設定し、最後に SaveToFile メソッドで WAV ファイルを書き込みます。

countLines 関数は、入力テキストの行数をカウントするだけです。何かエラーを検出したら例外を throw します。

readData 関数は、テキストを float へ変換し配列に格納します。その際に、読み込みデータが 16 ビットサンプリングの範囲を超えていた場合、$-2^{15}-1 \sim 2^{15}$ へ飽和させます。これはフィルタ係数や処理の誤差によって範囲を超える可能性があるためです。もし、これを忘れるとオーバーフローやアンダーフローが発生し、生成された WAV ファイルにグリッチが乗る可能性があります。

■ 11.4.4 使用法

以降に、コマンドの形式を示します。

```
text2Wav <入力ファイル>  <出力ファイル>  [ s | m ]
```

引数

　入力ファイル　　テキスト形式の波形ファイル名。
　出力ファイル　　入力ファイルを変換するファイル名（wav 形式）。
　s | m　　　　　s は入力がステレオ、m は入力がモノラルを示す。省略するとモノラル。

使用例

```
C:\>text2Wav  moon.txt  moon.wav
```

■ 11.4.5　WAV ファイルをテキストへ変換

WAV ファイルを実数形式のテキストファイルに変換するプログラムも紹介します。フィルタに使用するサンプルデータを入手できない場合、このプログラムを使用し、WAV ファイルをダンプすると良いでしょう。先に紹介した Cwav クラスを使用するのでとても簡単です。

以降に、プログラムのソースリストを示します。

リスト 11.11 ● WAV ファイルを数値テキストファイルに変換するプログラム

```c
#define _CRT_SECURE_NO_WARNINGS
#include <stdio.h>
#include "../../Class/Cwav.h"

//-------------------------------------------------------------------
// main
int
main(int argc, char *argv[])
{
    Cwav spCwav;

    try
    {
        if (argc!=2)                                    // 引数チェック
            throw "引数に <入力ファイル名> を指定してください.";

        spCwav.LoadFromFile(argv[1]);                   // WAVファイルを読み込む

        unsigned int numOfUnits=spCwav.getNumOfUnits();
        short *pMem=(short *)spCwav.getPWav();

        for (unsigned int i=0; i<numOfUnits ; i++)      // dump wav
            printf("%12.4f\n", (float)pMem[i]);
    }
    catch (char *str)
    {
        fputs(str, stderr);
    }

    return 0;
}
```

　最初に制御が渡る main 関数で、引数が 2 つ指定されているか調べます。本プログラムには、「入力ファイル名」を指定しなければなりません。引数が少ないときは、使用法を文字列として throw し例外を発生させます。

　Cwav クラスのインスタンス spCwav は、main 関数の先頭で生成されています。この LoadFromFile メソッドで WAV ファイルを読み込みます。そして、getNumOfUnits メ

ソッドで要素数を求め、forループを使用してデータを`printf`で出力するだけです。Cwavクラスを使用するため、とても簡単です。割り付けたメモリなどは、`main`関数の終了時に`spCwav`のデストラクタで解放されます。

索引

数字

3D ベクトルの正規化 203

A

_aligned_free 関数 193
_aligned_malloc 関数 192
_aligned_offset_malloc 関数 193
_aligned_offset_realloc 関数 193
_aligned_realloc 関数 193
AOS 203
    SOA へ変換 205, 207, 211, 215
__asm 164
assert 151
AVX 命令 .... vii, 7, 144, 275
    並列化 225

B

binary16 58

C

CISC 10
Concurrent 25
Cpfm クラス 302
CPU 2
Cwav クラス 333

D

__declspec 189, 190
DSP 33

E

endp 174

F

FFT 312, 325
FFTW 325
firstprivate 指示句 240, 263
for 構文 260
for ループ並列化 118

G

GPGPU 8, 19, 33
GPU 2

H

Hyper-Threading Technology 8

M

__m128 .... 139, 189, 191
__m256 .... 145, 190, 191
MCU 2
MIMD 8, 29
MISD 8
_mm_free 関数 194
_mm_hadd_ps 274
_mm_load1_ps 140
_mm_loadu_ps 141
_mm_malloc 関数 194
_mm_mul_ps 142
_mm_storeu_ps 143

_mm256_broadcast_ss 146
_mm256_hadd_ps 276
_mm256_loadu_ps 147
_mm256_max_ps 288
_mm256_mul_ps 148
_mm256_storeu_ps 149
MOVSS 141
MOVUPS 142, 143
MPI 19
MULPS 142

O

omp.h 116, 133
omp_get_thread_num 関数 121
OpenCL 19, 108
OpenMP 19, 108, 115
  AVX 命令 225
  SSE 命令 223
  Visual C++ 126
OpenMP 指示文 117, 259
out of order 30

P

Parallel 25
parallel 構文 260
parallel for 構文 261
parallel sections 構文 262
#pragma omp 259
#pragma omp for 260
#pragma omp parallel 116, 260
#pragma omp parallel for 107, 118, 261
#pragma omp parallel sections 111, 123, 262
#pragma omp section 111, 123
#pragma omp sections 261
private 指示句 256, 263
proc 174

R

reduction 指示句 240, 264
RISC 10

S

section 111
sections 構文 261
shared 指示句 256, 262
SHUFPS 141
SIMD 7, 29
SIMD 命令 .... vii, 19, 187
  変数の初期化 190
  変数の宣言 189
  メモリの動的割り付け 192
SIMD レジスタ 186
SISD 7
SMP 31
SOA 203
  AOS へ変換 210, 215
SSE 命令 .... vii, 7, 137, 272
  並列化 223

T

_TEXT ends 174
_TEXT segment 174
Turbo Boost 37

V

VBROADCASTSS 147
verify 関数 108
Visual C++ 126, 161, 163, 171, 176
VLIW 6, 29
VMAXPS 288
VMOVUPS 148, 149
VMULPS 148
volatile 63

W

WAV ファイルフォーマット 331

あ

アセンブリ言語 157
    Visual C++ 163
        64 ビット環境 171
    関数呼び出し 180
    引数 180
    返却値 180
アドレスジャンプ 17, 86
アドレス変換器 3
アムダールの法則 35
アムダールマシン 37
アライメント 150, 189
    メモリの割り付け 152
    割り込み 153
一時変数 60
イントリンシック 138, 144, 161
インラインアセンブラ 162
インライン展開 59
オーバーヘッド 38, 101
オーバーラップアッド法 312
オペコード 4
オペランド 4

か

外部メモリ 16
括弧 53
可変長命令 4
キャッシュ .... vi, 12
キャッシュミス 17, 19, 84
キャッシュメモリ 15, 16
キャッシュライン 17
共有変数 254
行列 vi
行列の分割 90, 245

行と列の入れ替え 196
組み込み関数 162
    Visual C++ 163
構造体の配列 203
高速フーリエ変換 325
固定長命令 4
コンパイラオプション 44, 49

さ

時間計測 304
指示句 262
実験データ作成 328
シフト命令 58
除算 56
水平演算 267
スーパースカラー 11
スカラー 203
スカラーコンピュータ 11
ストリップマイニング 92
スループット 41
スループットマシン 37
スレッド 33, 116
スレッドプログラミング 19
制御器 5
セクション並列化 110, 122

た

タップ数 294
逐次処理 20, 107, 136, 222, 268, 282, 294
逐次リージョン 22
重畳加算法 312
データアクセス競合 38
データキャッシュメモリ 17
データ並列化 29
デジタルフィルタ 294

な

ニーモニック 165

は

配列 vi
配列の構造体 203
配列の分割＋ベクトル化 226
配列要素の参照順序 80
パックド 203
半精度浮動小数点数 58
汎用レジスタ 4
複雑化 38
浮動小数点レジスタ 4
プライベート変数 254, 256
フラグレジスタ 4
プリフェッチ 96
　　ループアンロール 236
　　　　並列化 238
フリンの分類 .... vii, 6
プロセス 33
並行 25
並列 19, 25
並列化 271, 284, 299
　　プリフェッチとループアンロール 238
　　　　ベクトル化 277, 289
並列化の課題 38
並列化の限界 35
並列処理 20, 108
並列リージョン 22, 116
ベクトル化 137, 144, 272, 275, 284, 304
　　配列の分割 226
　　　　並列化 277, 289
ベクトルコンピュータ 11
ベクトル命令 vii
ヘッダファイル 162
ヘテロジニアス 8, 32
ホモジニアス 8, 32

ま

マスタースレッド 116
マルチ CPU 32
マルチコア CPU 32
命令キャッシュメモリ 17
命令デコーダ 4
命令の並列化 6, 29
メインメモリ 12, 15
メニーコア CPU 8
メモリ 15
メモリイメージ 85
メモリ管理 187
メモリ共有型 31
メモリコピー 18
メモリ分散型 30

ら

離散フーリエ変換 325
ループアンロール 66
　　プリフェッチ 236
　　　　並列化 238
ループ展開 66
ループ並列化 118
レイテンシ 41
レジスタ 12, 15, 183
レジスタエイリアス 183
レジスタ群 4, 184

著者紹介

北山 洋幸（きたやま ひろゆき）

鹿児島県南九州市知覧町出身（旧：川辺郡知覧町）、富士通株式会社、日本ヒューレット・パッカード株式会社（旧：横河ヒューレット・パッカード株式会社）、米国 Hewlett-Packard 社、株式会社 YHP システム技術研究所を経て有限会社スペースソフトを設立、現在に至る。情報処理学会員。

　　長らく Media Convergence 分野に傾注していましたが、最近は Parallel Computing や HPC 分野、そして再び組み込み機器へと迷走中です。

主な著訳書

「手軽に始める 組み込みシステムプログラミング」カットシステム／「C++ インタフェースによる OpenCV プログラミング」カットシステム／「GPU 高速動画像処理」カットシステム／「Java で始める OpenCV プログラミング」カットシステム／「OpenCV で始める簡単動画プログラミング第 2 版」カットシステム／「C++/CLI & OpenCV 画像処理 GUI プログラミング」カットシステム／「実践 OpenCV 2.4 映像処理&解析」カットシステム（協力）／「C# による OpenCL 並列プログラミング」カットシステム／「OpenCL 応用 メニーコア CPU & GPGPU 時代の並列処理」カットシステム／「Visual C# でプログラミング アスキーアートを作る」カットシステム／「WAV プログラミング C 言語で学ぶ音響処理［増補版］」カットシステム／「Win32/64 API システムプログラミング」カットシステム／「C# と OpenCV の融合プログラミング」カットシステム／「Parallel プログラミング—in .NET Framework 4.0」カットシステム／「アセンブラ WAV プログラミング—SIMD による高速化と音響処理」カットシステム／「OpenCL 入門—GPU& マルチコア CPU 並列プログラミング for MacOS Windows Linux」株式会社秀和システム（協力）／「OpenCV で始める簡単動画プログラミング」カットシステム／「Win64 API システムプログラミング」カットシステム／「OpenMP 入門—マルチコア CPU 時代の並列プログラミング」株式会社秀和システム／「WAV プログラミング .NET C# で学ぶ音響処理」カットシステム／「一週間で作るデジタルフォトフレーム by Visual C#」カットシステム／「Win32 API システムプログラミング with Visual C++ 2008」カットシステム／「WAV プログラミング—C 言語で学ぶ音響処理」カットシステム／「組み込みシステム実践入門」カットシステム（協力）／「NET フレームワークのための C# システムプログラミング VS2008 対応」カットシステム／「IA-32SIMD リファレンスブック 上、下」カットシステム（共著）／「.NET Framework プログラミングテクニック Vol.5 ～ Vol.8」カットシステム／「共通課程情報学総論」近代科学社（共著）／「ここが変だよ C 言語」カットシステム（共著）／「アセンブラ画像処理プログラミング—SIMD による処理の高速化」カットシステム（共著）／「Delphi 2005 プログラミングテクニック Vol.7」カットシステム（協力）／「C++ Builder6 コンポーネント活用ガイド & 実践プログラミング Vol.4 ～ Vol.7」カットシステム／「実践 Windows インターネットプログラミング」カットシステム／「JBuilder でインターネットプログラミング」CQ 出版／「VisualC++.NET ではじめる Win32 API システムプログラミング」カットシステム／「JBuilder で組む！はじめての Java」技術評論社／「Java による はじめてのインターネットプログラミング」技術評論社／「Windows 2000 デバイスドライバ入門」CQ 出版／「基本プロトコル解説から IEEE1394 機器の設計，ドライバ開発まで」CQ 出版社（共著）／「はじめての Visual Basic 6.0 グラフィックス＆ゲームプログラミング」技術評論社／「インターネットプログラミング 300 の技」技術評論社（共著）／「Windows によるハードウェア制御」CQ 出版／「Windows2000 時代の Win32API システムプログラミング with Visual C++ 6.0」カットシステム／「はじめての Visual Basic 6.0 インターネットプログラミング」技術評論社／「パソコンユーザのためのプリンタいろいろガイド」トッパン（共著）／「技術者のための Visual C++ 実践プログラミング技法」技術評論社／「Visual Basic システムプログラミング」技術評論社／「C++ Builder インターネットプログラミング」技術評論社／「ネットワーク機器」オーム社（共著）／「きみも今日から Windows プログラマ」CQ 出版／「Windows プログラミングの鉄人」CQ 出版／「ネットワーク OS」オーム社／「プリンタの鉄人」トッパン（共著）／「サバイバル マクロプログラミング作法」トッパン（監修）／「オープン・コンピューティング図解ブック」オーム社（共著）他、月刊誌、辞典、季刊誌などへのコラム・連載の執筆多数。

高速化プログラミング入門

2016 年 1 月 10 日　　初版第 1 刷発行

著　者　　北山 洋幸
発行人　　石塚 勝敏
発　行　　株式会社 カットシステム
　　　　　〒 169-0073　東京都新宿区百人町 4-9-7　新宿ユーエストビル 8F
　　　　　TEL (03)5348-3850　　　FAX (03)5348-3851
　　　　　URL　http://www.cutt.co.jp/
　　　　　振替　00130-6-17174
印　刷　　シナノ書籍印刷 株式会社

本書に関するご意見、ご質問は小社出版部宛まで文書か、sales@cutt.co.jp 宛に e-mail でお送りください。電話によるお問い合わせはご遠慮ください。また、本書の内容を超えるご質問にはお答えできませんので、あらかじめご了承ください。

■ 本書の内容の一部あるいは全部を無断で複写複製(コピー・電子入力)することは、法律で認められた場合を除き、著作者および出版者の権利の侵害になりますので、その場合はあらかじめ小社あてに許諾をお求めください。

Cover design　Y.Yamaguchi　　© 2015 北山洋幸
Printed in Japan　ISBN978-4-87783-387-9

ダウンロードサービス

このたびはご購入いただきありがとうございます。
本書をご購入いただいたお客様は、著者の提供するサンプルファイルを無料でダウンロードできます。

ダウンロードの詳細については、こちらを切ってご覧ください。

有効期限：奥付記載の発行日より10年間
ダウンロード回数制限：50回

キリトリ線

注）ダウンロードできるのは、購入された方のみです。中古書店で購入された場合や、図書館などから借りた場合は、ダウンロードできないことがあります。